数智化时代会计专业
—————— 融合创新系列教材 ——

U0725102

大数据财务分析

微课版

李盼盼　邢玉敏◎主　编
邵可政　王捷舒　孙　畅◎副主编

人民邮电出版社
北京

图书在版编目（CIP）数据

大数据财务分析：微课版 / 李盼盼，邢玉敏主编. --
北京：人民邮电出版社，2024. --（数智化时代会计专
业融合创新系列教材）. -- ISBN 978-7-115-65739-8

Ⅰ. F275

中国国家版本馆 CIP 数据核字第 202466U1U2 号

内 容 提 要

本书依托新道 DBE 财务大数据分析与决策平台，设计了丰富的教学模块：模块一为"大数据通识"，
包括 4 个项目，基于大数据财务分析基础知识，围绕数据采集、数据清洗、数据集成及数据可视化的
知识和技能，训练学生掌握大数据分析工具的使用方法及技巧；模块二为"大数据背景下的财务分析"，
包括 5 个项目，主要训练学生运用大数据分析工具对企业基础财报、企业财务能力、企业费用、企业
销售及企业资金进行深入分析和预测；模块三为"大数据背景下的财务分析报告"，包括 1 个项目，主
要训练学生撰写财务分析报告。

本书教学资源丰富，配有省级精品在线课程，可作为职业院校大数据与会计、大数据与财务管理、
大数据与审计等财经类专业的教材，也可作为企业财务人员学习大数据技术在财务中的应用的参考书。

◆ 主　　编　李盼盼　邢玉敏

　　副 主 编　邵可政　王捷舒　孙　畅

　　责任编辑　崔　伟

　　责任印制　王　郁　彭志环

◆ 人民邮电出版社出版发行　　北京市丰台区成寿寺路 11 号

　　邮编　100164　电子邮件　315@ptpress.com.cn

　　网址　https://www.ptpress.com.cn

　　三河市中晟雅豪印务有限公司印刷

◆ 开本：787×1092　1/16

　　印张：14　　　　　　　　　　2024 年 12 月第 1 版

　　字数：366 千字　　　　　　　2024 年 12 月河北第 1 次印刷

定价：49.80 元

读者服务热线：(010)81055256　印装质量热线：(010)81055316
反盗版热线：(010)81055315

前　言

党的二十大报告指出，加快发展数字经济，促进数字经济和实体经济深度融合，打造具有国际竞争力的数字产业集群。科技进步靠人才，人才培养靠教育，教育是人才培养和科技进步的根基，科技创新又将为教育注入新动能。社会各行各业对数字化人才的需求不断增加，人才培养成为行业数字化转型升级的关键推力。专业升级与数字化改造是职业教育"一盘大棋"中的关键落子。2021年3月，教育部印发《职业教育专业目录（2021年）》（以下简称《目录》）。新版《目录》对接"十四五"时期新形势，面向战略性新兴产业重点领域，系统梳理新职业场景、新职业岗位对技术技能人才的需求，对职业教育的不同层次专业进行一体化设计。在大数据时代背景下，大数据财务分析技能逐渐成为财务人员的必备技能。本书正是为了适应新经济、新技术、新业态、新职业，培养职业院校学生的大数据财务分析技能而编写。

本书在传统的企业财务分析教材中融入新技术应用，满足大数据时代财经领域发展对人才培养的需求，围绕高等职业教育财经类相关专业的核心素养，采用任务驱动、小组合作、理实结合等多种教学方法，结合大数据、业财融合发展等技术和理念，通过大数据平台操作，培养学生进行数据采集、数据预处理、数据可视化分析和数据洞察的能力，提升学生的数据素养、创新意识和团队协作精神。

本书特色

1. 理实一体，突出实践技能训练

本书将大数据技术与企业财务分析理论核心内容进行深度融合，通过典型任务带领学生掌握大数据技术在财务中的应用、分析企业财务问题、撰写财务分析报告，培养学生的企业财务分析技能。

2. 德技并修，践行立德树人根本任务

本书以《高等学校课程思政建设指导纲要》为指导，落实立德树人根本任务，坚持问题导向、目标导向和效果导向相统一，在"项目导读"——"素养目标"——"项目小结"中融入思政元素，实现知识讲授与价值引领的融合。

3. 任务导向，对接岗位工作流程

本书按照财务数据分析师岗位的工作设计教学内容，按照从了解一门计算机编程语言、运用大数据分析工具进行数据分析到撰写财务分析报告的路径安排教学项目，细化教学任务，培养学生成为懂财务、精数据、善管理、会沟通的技术技能型人才，提升学生的岗位胜任力。

　　本书由辽宁经济职业技术学院多位具有丰富教学经验的教师合作完成，具体编写分工如下：李盼盼编写项目一、项目二、项目四、项目六并负责全书统稿工作，邢玉敏编写项目十，邵可政编写项目八，王捷舒编写项目五、项目九，孙畅编写项目三、项目七。在编写本书的过程中，新道科技股份有限公司的吴刚作为企业顾问提供了很多宝贵意见和资料，在此表示感谢。

　　由于编者水平和实践经验有限，书中难免存在不妥之处，恳请广大读者批评指正。

编者

2024 年 10 月于沈阳

目　录

模块三　大数据背景下的财务分析报告

模块一

大数据通识

会计人员职业道德规范之【坚持诚信，守法奉公】

牢固树立诚信理念，以诚立身、以信立业，严于律己、心存敬畏。学法知法守法，公私分明、克己奉公，树立良好职业形象，维护会计行业声誉。

项目一
认识大数据财务分析

项目导读

培养数据思维，服务数字中国

进入数字社会，数据对生产、分配、流通、消费和社会服务管理等各环节产生了重要影响，深刻改变着生产方式、生活方式和社会治理方式。在当前的数字化浪潮下，向数字化生产和管理要效益已成为企业建立差异化竞争优势的主要手段。数据作为新型生产要素，能加速推动产业发展模式向创新驱动转变。

2021年11月，财政部印发《会计改革与发展"十四五"规划纲要》，提出了以数字化技术为支撑，以推动会计审计工作数字化转型为抓手，推动会计职能实现拓展升级的总体目标。财务工作者要适应新形势，抓住新机遇，打破传统的结构化和内部数据认知，培养新时代的数据思维，切实学好用好大数据，利用与财务有关的海量数据资源和丰富应用场景优势，发掘和释放财务数据要素的价值，充分发挥财务数据分析的作用，推进会计数字化转型，为企业经营决策提供科学依据，推动以数据为重要生产要素的数字经济，更好地服务数字中国建设。

学习目标

知识目标

1. 了解大数据的定义及特征；
2. 了解大数据财务分析的概念及特征；
3. 掌握大数据财务分析的流程。

技能目标

1. 能够识别结构化数据、非结构化数据和半结构化数据；
2. 能够阐述大数据财务分析的流程。

素养目标

1. 具备基本的数据素养，为企业数字化运营提供数据支撑；
2. 树立直面财务大数据、用好财务大数据的目标和信心。

任务一 认识大数据

任务场景

置身互联网，你的每一次消费、出行、分享或探索都会触及由数据构成的世界。视频数据、社交数据、可穿戴设备数据等构成的多样化大数据，为生活提供了便利，为社会创造了价值。

任务要求：大数据正在帮助我们以前所未有的速度理解新技术、掌握新未来，下面让我们一起开启大数据之旅，去拥抱大数据。

任务准备

一、大数据的概念及特征

（一）大数据的概念

马修·方丹·莫里（Matthew Fontaine Maury）是一位美国海军军官，在常年的远航中积累了丰富的经验，他发现库房里存放了大量航海书籍、图表等。1855年，他把这些无章可循的资料整理成一张全新的航海地图，绘制了120万个数据点，这张航海地图被沿用至今。莫里把杂乱的航海资料变成有用的数据，从这个意义上讲，莫里就是大数据应用的先驱。

2015年国务院发布的《促进大数据发展行动纲要》对大数据的定义为：大数据是以容量大、类型多、存取速度快、价值密度低为主要特征的数据集合。

麦肯锡咨询公司对大数据的定义是：一种规模大到在获取、存储、管理、分析方面大大超出了传统数据库软件工具能力范围的数据集合。

（二）大数据的特征

普遍获得业界认同的大数据特征可以简称为5V特征，即大量（Volume）、高速（Velocity）、多样（Variety）、低价值（Value）密度、真实（Veracity）。每年的"双十一"购物节都会产生海量数据，从衣食住行到生鲜冷链，云端数据不计其数。2023年"双十一"购物节全网交易额近11 385亿元，包裹量达52.64亿件。网络购物不仅产生了大量的结构化数据，如文本、数字等，也会产生海量的非结构化数据，如图片、视频、网页、地理位置等。分析这些海量的数据，企业可以精准了解客户的需求，实现市场预测，消费者可以在大数据技术的推荐下购买到心仪的产品。这些数据将使消费行业全产业链受益。

二、大数据的分类

大数据分为结构化数据、非结构化数据、半结构化数据。

1. 结构化数据

结构化数据是指能够用统一的结构加以表示的信息，如数字、符号等。结构化数据使用关系数据库存储，通常表现为二维表格式。表1-1-1所示的员工信息即为结构化数据。

表1-1-1　　　　　　　　　　　　　　员工信息　　　　　　　　　　　　　　金额单位：元

员工ID	姓名	性别	部门	月薪
2365	吴冠	男	技术部	15 000
3398	李利	女	行政部	8 000
7465	王梅	女	行政部	7 000
7500	李申	男	财务部	10 000
7699	张宏	女	营销部	12 000

2. 非结构化数据

非结构化数据即没有固定结构的数据，如图片、视频等，通常保存为不同类型的文件。

3. 半结构化数据

半结构化数据介于结构化数据和非结构化数据之间，具有一定的结构化特征，但不符合关系数据库或其他数据表的格式。半结构化数据包含相关标记，用来分隔语义元素，以及对记录和字段进行分层，具有可识别的模式，如 XML（可扩展标记语言）数据。

任务实施

一、大数据技术应用于财务分析

数字经济时代，大数据技术已然成为现代企业生存和发展的重要手段之一，其凭借检索速度快、时效高、收集全面的特点，给企业经营提供了全新的管理模式及多元的信息内容。将大数据技术应用于财务分析，可提高企业对财务数据的分析能力，同时提高财务分析在进行重大事项决策时的前瞻性，保障业务顺利进行，是大数据时代企业发展的重要机遇。

大数据财务分析呈现以下特征。

（1）分析量越来越大。企业内部静态的财务指标是财务人员依据企业会计准则对基础经营数据进行加工而形成的，加工过程中不可避免地会产生数据失真现象，分析的数据越基础、越全面，产生的财务分析结果质量越高。

（2）非财务指标比重越来越大。大数据财务分析包括政策导向、市场变化、行业趋势等外部指标，以及企业人才储备、产品研发、管理革新、市场反馈等内部指标，这些内、外部非财务指标是支撑高质量财务分析的基础。

（3）业务与财务交互趋势逐渐显现。大数据财务分析运用信息技术通过建模的方式，对内、外部数据与企业动态和静态业务数据进行融合处理，直接生成高质量的财务分析结果，建立指标与动态业务数据间的交互查询关系。

（4）智能化、精细化要求不断提高。财务分析人员把繁重的数据处理工作交给计算机系统，充分利用人工智能技术的优势，根据不同财务分析结果，提供多领域、交互式的个性化财务分析报告。

二、常见的大数据财务分析工具

目前市面上的大数据财务分析工具琳琅满目，下面就主流的大数据财务分析工具进行介绍。

1. Excel

在 Excel 中，让某几列高亮显示、制作几张图表都很简单，用户也很容易对数据有大致的了解，然而 Excel 一次所能处理的数据量有限。在大数据背景下，用 Excel 进行全面的数据分析或者公开发布交互式图表有一定的难度。

2. 用友分析云

用友分析云的架构可以分为数据采集层、数据持久化层、数据处理层、数据挖掘层、数据应用层，以及系统运维层。用友分析云可以实现展示数据、识别数据的功能，为用户智能推荐相关图表，而且可将不同的可视化图表按业务进行汇总，为用户提供决策建议。用友分析云还支持同比计算、环比计算等高级计算功能，可以识别业务异常数据，并通过短信、邮件、微信等方式向用户发送预警信息。

3. Tableau

Tableau 致力于帮助人们查看并理解数据，快速分析、可视化并分享信息。Tableau 易于操作，导入数据后，用户可以通过拖曳数据，快速实现数据可视化效果。

4. Power BI

Power BI 的可视化效果多样。使用 Power BI 可以处理多个数据源的数据清洗、数据建模工作，且进行大数据的清洗、整理、分析工作非常便捷。

任务二 大数据财务分析流程

任务场景

随着新兴技术的发展，大数据等技术在财务中的应用越来越广泛，给财务工作带来了技术性的变革，让财务工作变得更加高效、便捷。数字技术与财务深度融合，是财务转型升级的重要基础和驱动力。作为财务数据分析师，我们应该构建能快速反映业务线、财务健康状况的指标体系，结合行业均值、竞争对手情况、对标企业等进行对比分析，总结归纳分析结果，编写财务分析报告，为企业经营决策提供支持。

任务要求：AJHXJL 有限责任公司成立于 2003 年，属于采矿业，非上市公司。总公司下辖 28 家子公司，拥有矿山 31 个，资源占有量 16.61 亿吨。2024 年 2 月，AJHXJL 公司投资部正在寻找新的投资对象，财务部王经理要求财务数据分析师将有色金属冶炼及压延加工业作为投资对象所在行业，筛选出一个综合能力表现优秀的企业进行投资。

任务准备

大数据财务分析流程可以用 5 个步骤进行概括，即业务理解、数据采集、数据预处理、数据分析与挖掘、报告撰写。

一、业务理解

业务理解是指了解公司经营管理的模式、确定大数据分析的目标及要达成的成果。根据业务背景信息，发现问题并清晰定义问题，确定数据分析与挖掘的目标。这有助于确定分析的重点和方法，提高分析的针对性和有效性。

二、数据采集

数据采集是指在业务理解的基础上采集需要分析的数据。进行数据采集需要先确定数据来源、数据采集方法，制定数据采集方案，明确如何获取需要分析的数据。企业数据分为内部数据和外部数据，内部数据通过信息管理系统采集、数据填报、问卷调查、深度访谈等方式获得，外部数据通过第三方发布、网络搜索、爬虫软件采集等方式获得。

三、数据预处理

数据预处理是指将采集的数据整理成能分析的相对统一的数据格式。企业采集的数据来自不同的渠道、不同的方法，有不同的类型，因此我们需要对数据进行预处理，例如处理缺失值、处理异常值、集成数据、变换数据、降低维度和复杂性、消减数据等，以提高数据的质量。数据预处理的目的是将原始数据转换为适合分析的格式，以便于后续进行数据分析和挖掘。

四、数据分析与挖掘

数据分析是指根据分析目标，选择合适的数据分析方法和模型，对整理后的数据进行分析。数据分析的方法包括描述性分析、关联性分析、趋势分析、预测分析等。通过数据分析，可以发现财务数据的规律和特点，为企业提供有价值的财务信息。

数据挖掘是指在分析的基础上，进一步挖掘数据中隐藏的信息和潜在价值。数据挖掘的方法包括聚类分析、分类分析、关联规则挖掘、时序分析等。通过数据挖掘，可以发现财务数据的深层次规律和关系，为企业提供更有价值的决策支持。

五、报告撰写

完成数据分析和挖掘后，可将结果以报告的形式直观地呈现给企业决策者，让决策者快速了解分析结果，为决策提供依据。此外，分析结果可为企业提供有针对性的财务决策建议，包括资金管理、成本控制、投资决策、风险管理等。其目的是帮助企业优化财务管理，提升经营效益。

大数据财务分析是一个持续的过程，需要不断地对分析方法、模型、数据源等进行优化和改进，提升大数据财务分析的效果和价值，为企业提供更好的决策支持。在进行大数据财务分析的过程中，要关注潜在的风险和问题，如数据安全、隐私保护、合规性等。通过风险监控，可以确保大数据财务分析顺利进行，为企业提供安全、可靠的决策支持。

总之，大数据财务分析是一个系统、全面的过程，需要企业充分利用大数据技术，对企业的财务数据进行深入分析和挖掘，为企业提供有价值的财务信息和决策支持。通过大数据财务分析，企业可以更好地把握市场动态，优化财务管理，提升经营效益。

任务实施

财务数据分析师可以使用"项目分析五步法"对有色金属冶炼及压延加工业进行财务能力分析。

（1）业务理解：根据 AJHXJL 公司的投资需求，深入分析有色金属冶炼及压延加工业的财务能力情况，如分析企业的三大财务报表（资产负债、利润表、现金流量表）和四大能力（盈利能力、偿债能力、运营能力、发展能力）。

（2）数据采集：确定数据来源并进行采集，如采集财务报表数据、业务数据等。

（3）数据预处理：将采集到的数据转换成可进行分析的标准数据格式。

（4）数据分析与挖掘：用图表等形式进行可视化分析。

（5）报告撰写：得出结论，提出投资建议。

项目小结

从计算机的发明，到如今物联网、云计算、人工智能等各类数字技术的不断涌现，数字技术已经形成了完整的数字化价值链。大数据为各行各业不断创造新的价值。工欲善其事，必先利其器。企业数字化转型需要更多掌握新技术的数字化人才。未来的财务数据分析师，唯有手握新技术、掌握新技能，才能为企业财务数字化转型、智能化升级、精准化决策提供有价值的数据。

项目测试

一、单项选择题

1. XML 文档属于（　　）。

   A. 结构化数据　　　B. 半结构化数据　　　C. 非结构化数据　　　D. 视频数据

2. 大数据最核心的价值是（　　）。

   A. 预测　　　　　　B. 统计　　　　　　C. 分析　　　　　　D. 收集

3. 属于非结构化数据的是（　　）。

   A. 数字　　　　　　B. 符号　　　　　　C. 全文文本　　　　D. 日期

4. 大数据财务分析流程包括（　　）步骤。

   A. 数据采集—业务理解—数据分析与挖掘—数据预处理—报告撰写

   B. 数据采集—业务理解—数据可视化—数据挖掘—报告撰写

   C. 业务理解—数据采集—数据预处理—数据分析与挖掘—报告撰写

   D. 业务理解—数据采集—数据清洗—数据挖掘—数据可视化

二、多项选择题

1. 大数据的特征有（　　）。

   A. 大量　　　　　　B. 高速　　　　　　C. 多样　　　　　　D. 低价值密度

2. 以下哪些可以作为企业经营管理相关数据来源？（　　）

   A. 内部填报数据　　　　　　　　　B. 调查数据

   C. 第三方发布数据　　　　　　　　D. 企业信息管理系统数据

3. 大数据包含哪些类别？（　　）

   A. 结构化数据　　　B. 非结构化数据　　　C. 半结构化数据　　　D. 类结构化数据

三、判断题

1. 大数据源于互联网的发展。（　　）

2. 不是所有可以固定格式存储、访问和处理的数据都被称为结构化数据。（　　）

3. 大数据技术的战略意义在于对数据进行精细化处理。（　　）

4. 大数据可以分为结构化数据、非结构化数据和半结构化数据。（　　）

5. 大数据在客户相关领域中的应用多于财务领域。（　　）

四、应用实战

请你谈一谈大数据对财务部门职能的影响，以及给财务工作人员带来的挑战。

项目二
数据采集

项目导读

坚持求真务实，保证数据安全

进行大数据财务分析，需要获取与财务有关的海量数据，并从中分析出有价值的信息。例如，要获取企业的历史数据和最新数据、同类企业的相关财务数据，以及相关政策信息，同时确保这些数据的完整性、及时性、真实性、安全性等。这就要求我们在获取数据时务必做到严谨细致，坚持求真务实。财务工作者进行数据采集时，应以维护国家数据安全、保护个人信息和商业秘密为前提。《中华人民共和国数据安全法》规定，任何组织、个人收集数据，应当采取合法、正当的方式，不得窃取或者以其他非法方式获取数据。我们应当遵守获取数据的相关法律法规，不得非法获取或损害处于有效保护和合法利用状态的数据，合理运用网络爬虫技术获取公开信息，以更好地保护个人和组织的合法权益，维护国家、企业的数据安全和发展利益。

学习目标

知识目标

1. 了解数据采集的范围和数据采集的工具；
2. 了解网络爬虫采集数据的基本原理；
3. 熟悉在网站上进行数据采集的代码逻辑。

技能目标

1. 能够从网站爬取数据；
2. 能够根据任务要求修改 Python 爬虫代码。

素养目标

1. 具备基本的编程素养，更新知识储备；
2. 树立数据保护意识，不能窃取其他公司的隐私数据。

任务一 认识数据采集

任务场景

数据采集技术是影响企业大数据财务分析的重要技术之一，可帮助企业获得竞品、市场行情、相关政策、消费者评价等数据，辅助企业实现更精准的销售预测、定价决策、选品决策、投融资决策。通过本任务的学习，我们将熟悉上海证券交易所（以下简称"上交所"）XBRL 财务报告的查询方法，为数据采集实战做准备。

任务要求：登录 DBE 财务大数据分析与决策平台，进入上交所上市公司 XBRL 教学专用网站，查询中芯国际 2020—2023 年资产负债表、利润表、现金流量表。

任务准备

一、数据采集

（一）数据采集的概念

数据采集又称数据获取，是指将数据从数据源采集到可以支持大数据架构环境的过程。数据采集是数据挖掘、数据分析的前提。再好的分析原理、建模算法，没有高质量的数据都是徒劳的。数据采集的质量直接决定了后续的分析是否准确。

（二）数据采集的特征

数据采集主要呈现以下特征。

1. 采集规模大
数据采集应充分考虑企业规模和数据规模的增长，提前做好积累数据的准备。

2. 采集范围全
数据量足够大，足够支撑分析需求。

3. 采集维度多
灵活、快速地自定义不同类型的数据，从而满足不同的分析需求。

4. 采集时效准
提高数据采集的时效，从而提高后续数据应用的及时性。

（三）数据采集的数据源

数据采集的数据源有内部数据和外部数据。其中，内部数据包括业务数据和财务数据等；外部数据包括国家统计局数据，地方政府公开数据，上市公司的年报、季报和研究机构的调研报告等。

二、数据采集的工具

数据是一切分析的前提。在大数据时代，要进行数据分析，首先要获取数据，除了可直接获取的企业内部数据，还有企业外部数据。企业外部数据从何而来？我们可能会想到在网上搜索，然后手动下载，但是并非所有的网站都提供下载功能，如果进行手动复制，那么工作低效且乏味。此时数据采集工具——爬虫就显得尤为重要。

（一）爬虫

1. 爬虫的概念
爬虫（网络爬虫的简称）是一种按照一定规则实现自动抓取网络信息的程序。可以将爬虫理解为一只在网络上爬行的蜘蛛。互联网就像一张大网，爬虫便是在这张网上爬来爬去的蜘蛛。如果遇到猎物（即所需的资源），它就会将其抓取下来。所以，爬虫的目的在于将目标网页数据下载至本地，以便进行后续的数据分析。Python 是一门非常适合编写爬虫的编程语言，它能提供许多与爬虫相关的库，可以高效实现网页爬取，并且可以用极短的代码实现网页标签过滤功能。

2. 浏览网页的过程

在日常学习中，我们只需要打开浏览器，输入网址即可浏览网页上的文字、图片，那么这一过程是如何实现的呢？

（1）用户输入网址，计算机提取域名。

（2）浏览器查找与域名对应的 IP（互联网协议）地址。

（3）浏览器获取 IP 地址后，向相应 IP 地址发起对该资源的访问请求。

（4）服务端响应请求，并把相应的数据传给浏览器，即返回 HTML（超文本标记语言）页面。浏览器对 HTML 页面进行解析，之后我们就能看到文字和图片等。

（二）爬虫的基本工作流程

1. 爬虫的操作步骤

爬虫的具体操作步骤如下。

（1）发送请求。通过 URL（统一资源定位符）向服务器发送请求，这里的 URL 就是我们熟知的网络地址。发送请求指浏览器发送消息给该网址所在的服务器，这个过程叫作 HTTP Request。

（2）获取响应内容。如果服务器能正常响应，则会得到响应信息，即所要获取的页面内容。服务器收到浏览器发送的消息后，能够根据浏览器发送的消息做相应处理，然后把消息回传给浏览器，这个过程叫作 HTTP Response。浏览器收到服务器的响应信息后，会对信息进行相应处理，然后展示出来。

（3）解析内容。可以用正则表达式、网页解析库等对返回的响应内容进行解析，提取所需数据。

（4）保存数据。可将数据保存为各种形式，如保存在数据库中或特定格式的文件等。

2. 爬虫中的专业术语

（1）HTML。HTML 是用来描述网页的一种语言。用户看到的网页实际上是由 HTML 代码构成的。简单来说，爬虫就是模拟用户浏览网页的操作，通过模拟浏览器向网站发送请求，获取资源后提取有用的数据并保存。所以，原则上只要浏览器能做的事情，爬虫都能做到。

（2）IITTP（超文本传送协议）。在访问网页时，服务器把网页传给浏览器实际上就是把网页的 HTML 代码发送给浏览器，让浏览器显示出来。而浏览器和服务器之间的传输协议是 HTTP。HTTP 是互联网上应用最为广泛的一种网络协议，所有网页文件的传输都必须遵守这个协议。最初设计 HTTP 的目的是提供一种发布和接收 HTML 页面的方法。HTTP 是一种基于"请求与响应"模式的、无状态的应用层协议，采用 URL 作为定位网络资源的标识符。

（3）URL。互联网上的每个文件都有唯一的 URL。爬取数据时，必须有一个目标 URL 才可以获取数据。URL 是爬虫获取数据的依据。一个网页对应一个唯一的 URL，网页中加载的图片、视频、文件也同样分别对应唯一的 URL。一个 HTML 页面中可能存在多个 URL，想要获取一个页面的所有 URL，则需在爬取网页后，利用 Python 解析库对爬取的页面进行解析，提取所有 URL。

三、HTTP 对资源的操作方法

HTTP 对资源的操作方法如表 2-1-1 所示。

表 2-1-1 　　　　　　　　　　　　　HTTP 对资源的操作方法

操作方法	方法解释
get	请求获取 URL 位置的资源
head	通过请求获取 URL 位置资源的响应消息报告，获得资源的头部信息
post	请求向 URL 位置的资源附加新的消息
put	请求向 URL 位置存储一个资源，覆盖原 URL 位置的资源
patch	请求更新 URL 位置的资源，即改变该处资源的部分内容
delete	请求删除 URL 位置存储的资源

HTTP 对资源的操作方法中，get、head 是从服务器获取信息到本地，post、put、patch、delete 是从本地服务器提交信息。HTTP 通过 URL 对资源进行定位，通过操作方法对资源进行管理，每次操作都是独立、无状态的。

四、requests 库

requests 库是一个功能强大的网络请求库，可以请求网站获取网页上的数据。爬取网页最简单的方法为 r=requests.get(url)，即通过 requests 库调用 get 方法，传入需要获取资源的 URL，构造一个 HTTP 请求，并获取相应内容。其引入方式为：import requests。

requests 库的基本方法与 HTTP 对资源的操作方法是一一对应的。

五、上交所 XBRL 财务报告与行业分类指引

通过 DBE 财务大数据分析与决策平台采集上交所 XBRL 文档中的数据，需要明确 XBRL 财务报告及行业分类指引。

（一）上交所 XBRL 财务报告

XBRL（可扩展商业报告语言），是将 XML 用于财务报告信息交换的一种应用，是目前应用于非结构化信息处理（尤其是财务信息处理）的最新标准和技术。XBRL 实质上是一种数据描述语言，通过它可以使各种商业信息在不同软件、平台、技术间实现数据的可靠提取和顺畅交换，并且依据底层元数据的重新组合能够使财务报表适应变化的会计制度和报表格式要求，给财务报表数据的存储、传递、再利用都提供了有效的工具。

（二）证监会行业分类指引

1.《上市公司行业分类指引》内容

《上市公司行业分类指引》（以下简称《指引》）于 1999 年发布，此后于 2001 年、2012 年先后进行修改完善。《指引》对上市公司分类的原则和方法、编码方法、管理机构及其职责、沟通反馈机制、行业分类流程、分类结构与代码等做出了明确规定，在上市公司行业分类信息统计、评价、分析等方面发挥着重要作用。

2. 行业分类原则与方法

（1）以上市公司营业收入等财务数据为主要分类标准和依据，所采用财务数据为经过会计师

事务所审计并已公开披露的合并报表数据。

（2）当上市公司某类业务的营业收入比重大于或等于 50%，则将其划入该业务相对应的行业。

（3）当上市公司没有一类业务的营业收入比重大于或等于 50%，但某类业务的收入和利润均在所有业务中最高，而且均占到公司总收入和总利润的 30%以上（包含本数），则该公司归属于此项业务对应的行业类别。

（4）不能按照上述分类方法确定行业归属的，由上市公司行业分类专家委员会根据公司实际经营状况判断公司行业归属；归属不明确的，划为综合类。

3. 行业类别名称与代码

根据 2012 年修订的《上市公司行业分类指引》，共有 19 个一级大类，下设 90 个二级分类。

知识链接

上市公司行业分类

（三）上交所仿真网站

由于程序自动爬取数据会给服务器带来访问压力，因而许多网站都会建立反爬机制，以此拒绝爬虫程序的访问。如果短时间内有大量来自同一 IP 地址的计算机频繁访问某网站，该网站就会判断这些计算机的访问为异常访问，进而暂时关闭这些计算机的访问权限，从而导致无法访问该网站，爬虫无法获取到数据。

鉴于此，我们在教学中运用上交所仿真教学网站进行数据采集，以支持多人同时进行报表数据采集。

▣ 任务实施

根据任务要求，登录 DBE 财务大数据分析与决策平台，进入上交所上市公司 XBRL 教学专用网站，查询中芯国际 2020—2023 年资产负债表、利润表、现金流量表。

步骤一：登录 DBE 财务大数据分析与决策平台，在"工作应用"中选择"上证"，如图 2-1-1 所示，进入上交所上市公司 XBRL 教学专用网站。

图 2-1-1　登录 DBE 财务大数据分析与决策平台

该网站上有不同行业上市公司的企业简称与股票代码，截至 2024 年 10 月，财务报告数据更新至 2023 年度，如图 2-1-2 所示。

步骤二：在"请输入代码或简称"处输入中芯国际的代码"688981"或简称"中芯国际"，在"报告类型"下拉列表中选择"年报"，单击"搜索"按钮，如图 2-1-3 所示。

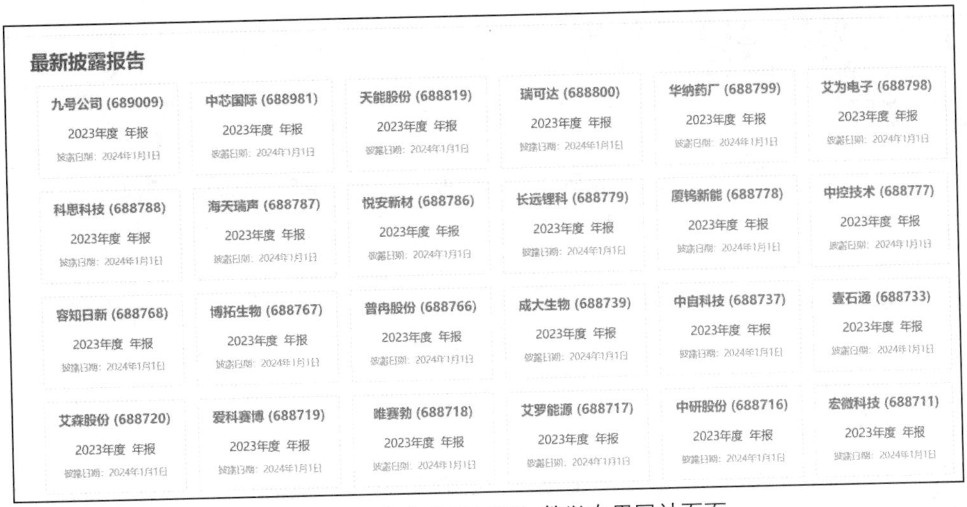

图 2-1-2　上市公司 XBRL 教学专用网站页面

图 2-1-3　查询中芯国际基本信息（部分）

步骤三：查看中芯国际财报信息。单击"资产负债表""利润表""现金流量表"等不同标签，即可查询中芯国际的相关财报信息，如图 2-1-4 所示。

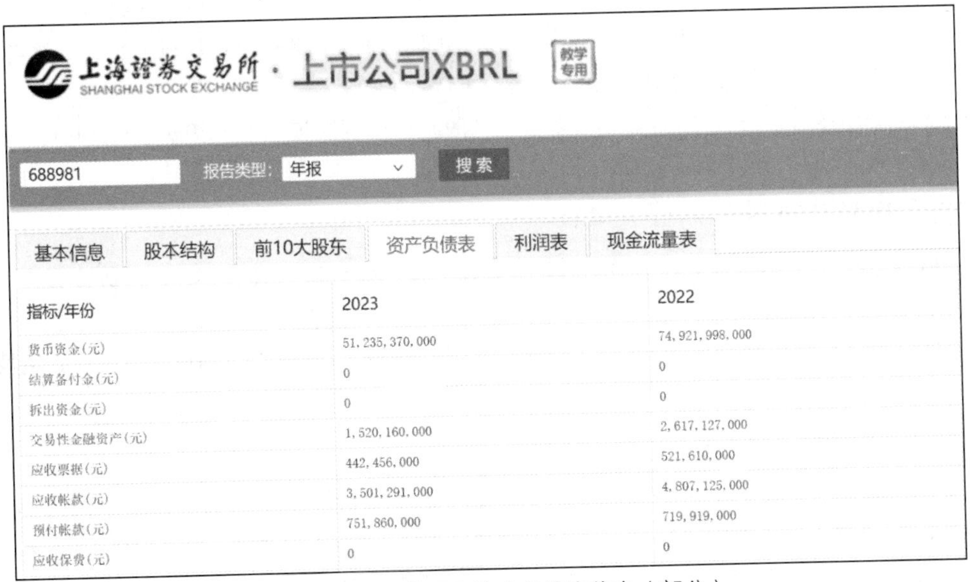

图 2-1-4　中芯国际资产负债表信息（部分）

任务二 采集单报表数据

任务场景

在大数据时代，对海量数据进行分析能够产生极大的商业价值，那么，如何才能获取海量数据？通过本任务的学习，我们将了解数据采集的 Python 代码，理解爬虫的基本原理和步骤，完成单报表数据的采集。

任务要求： 从上交所上市公司 XBRL 教学专用网站采集江西铜业 2022 年基本信息表数据；采集美克家居、柳钢股份、三一重工、贵州茅台 2020—2022 年资产负债表数据。

任务准备

本任务将利用新道代码编辑器编辑 Python 代码完成单报表数据采集。因此，需要对 Python 代码有一定的认识与理解。下面总结了在进行数据采集时常用的代码知识。

一、单报表数据采集中 Python 代码解读

（一）print()函数

print()函数是 Python 中很常用的函数，在括号中加上字符串即可输出指定文本内容。

> **注意**
>
> 字符串是 Python 中常用的数据类型之一，属于文本数据，使用引号标识。引号需要在英文状态下输入。

print()函数可用于多个文本的输出，文本之间用逗号（,）隔开即可。print()函数也可以输出数值或表达式的计算结果。

（二）注释

注释用来向用户提示或解释指定代码的作用或功能。Python 解释器在执行代码时会忽略注释，不进行任何处理。注释的最大作用是提高程序的可读性。

Python 中注释以#开头。当需要编写多行注释时，可以使用成对的三单引号（'''）或三双引号（"""）。

（三）变量及变量名

在 Python 中，变量类似于数学中的方程变量。变量不仅可以代表数字，还可以代表任意数据类型。

在 Python 中，在使用变量前必须给变量赋值，变量被赋值以后才被创建；给变量赋值使用等号（=）。

> **提示**
>
> 在 Python 中，变量相当于一个名字，也可以将其理解为标签，给变量赋值就相当于将标签贴在一个对象上。变量本身没有任何含义，它会根据不同的数据表示不同的意义，重新赋值后，含义改变。

（四）变量命名规则

变量是一种标识符，Python 中的标识符包括变量名、函数名、模块名等。标识符的命名规则如下：

（1）标识符通常包括字母、数字和下画线，且不能以数字开头；

（2）标识符需要区分大小写，如 Amount 和 amount 是两个不同的变量名；

（3）标识符不能使用关键字，Python 中常见的关键字如下。

and	False	if	for	def	with	assert
or	True	elif	while	lambda	try	async
not	from	else	break	return	except	await
is	import	None	continue	global	finally	pass
in	as	class	del	nonlocal	yield	raise

（五）变量命名方式

当变量或函数名由两个或多个单词组成时，可按照以下方式命名，如表 2-2-1 所示。

表 2-2-1　　　　　　　　　　　　变量命名方式

变量命名方法	解释
小驼峰式命名法	第一个单词首字母小写，从第二个单词开始，以后的每个单词的首字母都大写，如 grossProfit
大驼峰式命名法	每个单词首字母都大写，如 GrossProfit
下画线命名法	单词与单词之间通过下画线连接，如 gross_profit

> **提示**
>
> 变量命名方式被视为一种惯例，无强制性，目的是增强代码的可读性；变量名应当能够描述变量表示的信息，让人见名知意。

（六）Python 中常见的数据类型

Python 中常见的数据类型如表 2-2-2 所示。

表 2-2-2　　　　　　　　　　Python 中常见的数据类型

数据类型	解释
字符串	主要用于存储文本型数据
数值	主要用于存储整型（int）、浮点型（float）和布尔型（bool）数据
列表	多个有联系的数据
元组	类似于列表，但元组内部数据不可变，存储数据更加安全
字典	多个有映射关系的数据
集合	一组无序且不重复的数据

（1）字符串（string）是以单引号或双引号引起来的任意文本，如'这是我的第一个 Python 程序'。字符串在 Python 中是最常用的数据类型之一。

> ✏️ **提示**
>
> 单引号和双引号只是一种表示方式，不是字符串的一部分；一个字符串使用哪种引号开头就必须以哪种引号结束；数值用引号引起来也是字符串。

（2）转义字符用"\"标识。在某些字符前面加上转义字符可以表示特别的含义，如表 2-2-3 所示。

表 2-2-3　　　　　　　　　　　转义字符的表示

转义字符（\）	表示
\'	单引号
\"	双引号
\t	制表符
\n	换行符
\r	回车符，光标移至下一行最前面
\\	反斜线

（3）索引。字符串是一种序列，序列中每个元素都有自己特定的序号，这种序号称为索引。在 Python 中，字符串有两种索引方式——正索引和负索引，如表 2-2-4 所示。

表 2-2-4　　　　　　　　　　　索引方式

方式	解释
正索引	从左到右，默认从 0 开始，最大索引是字符串长度减 1
负索引	从右到左，默认从-1 开始

二、单报表数据采集步骤

（一）观察上交所上市公司 XBRL 教学专用网站

以浦发银行为例，在搜索框输入股票代码"600000"，选择需要的报告类型"一季报"，单击"搜索"按钮即可查询需要的报告，如图 2-2-1 所示。XBRL 报告类型分为 4 种，其中，一季报用"4000"表示，半年报用"1000"表示，三季报用"4400"表示，年报用"5000"表示。

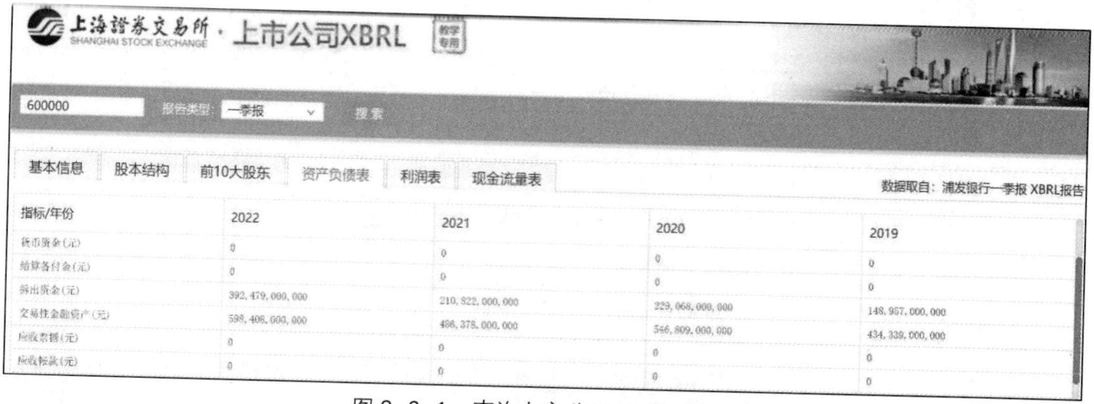

图 2-2-1　查询上市公司 XBRL 报告

（二）观察示例代码

根据代码中的注释，明确每部分代码的编写意图。

（三）了解示例代码及修改内容

按照任务要求，参考示例代码，了解需要修改哪些内容才能完成数据采集任务，比如修改上市公司股票代码、报表年份等信息，如图 2-2-2 所示。

```
#一、导入Python库文件
import requests
import pandas as pd

#二、请输入股票代码、报表年份、报表类型、请求连接
code = [("600000","浦发银行")]
year = ["2019"]
report_period_id = ["4000"]
url = ["https://ssecurity.seentao.com/debug/security/security.info.get"]
```

图 2-2-2　修改代码

（四）获取请求参数

数据采集过程中有一个"获取请求参数"操作。状态码为 200 OK，代表成功获得响应。获取请求参数如图 2-2-3 所示。

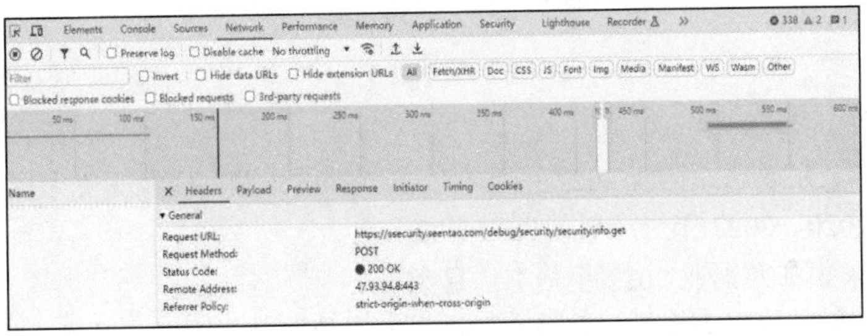

图 2-2-3　获取请求参数

（五）改写代码并运行

在代码编辑器中修改部分代码，然后运行代码，如图 2-2-4 所示。

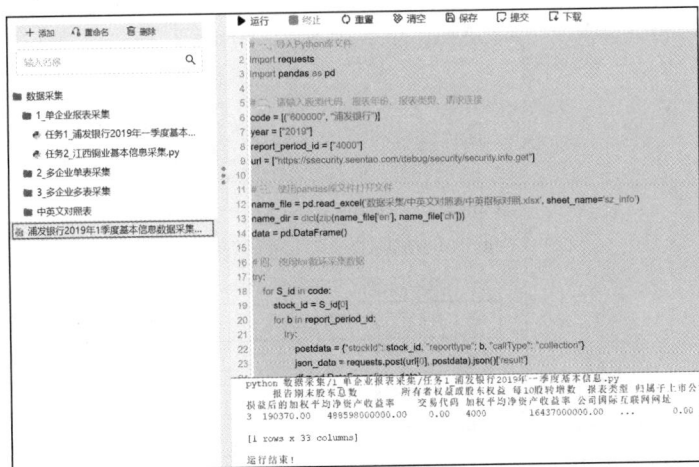

图 2-2-4　运行代码

（六）保存并下载

保存采集结果，并将之下载到本地，如图2-2-5所示。

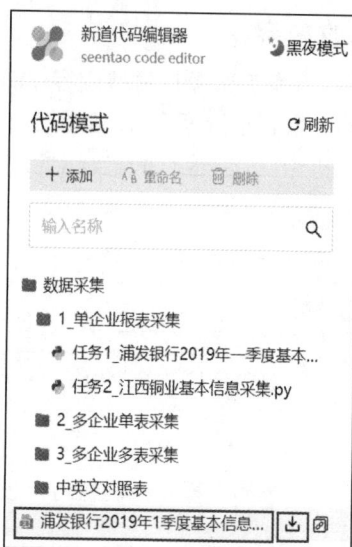

图2-2-5　下载采集结果

任务实施

根据任务要求，完成江西铜业2022年基本信息数据的采集，以及美克家居、柳钢股份、三一重工、贵州茅台2020—2022年资产负债表数据的采集。

【子任务1】采集江西铜业2022年基本信息数据。

步骤一：进入新道代码编辑器，选择右侧"数据采集"项目下的"任务2_江西铜业基本信息采集.py"，如图2-2-6所示。

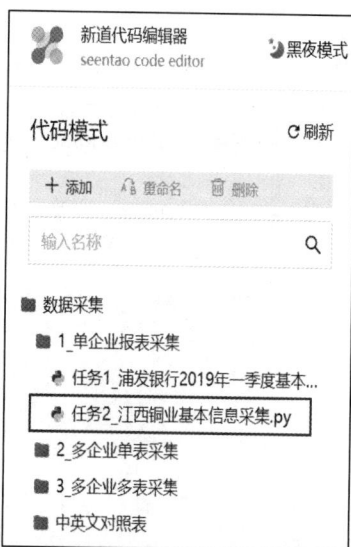

图2-2-6　选择代码编辑脚本（单企业报表采集）

步骤二：在代码编辑界面，将右侧的缺失代码补充完整。

（1）导入 Python 库文件。根据任务要求，这里需要导入两个第三方库文件，分别为 requests 库、pandas 库，且设置 pandas 库的别名为 pd。参考代码如图 2-2-7 所示。

```
1   # 一、导入Python库文件
2   import requests
3   import pandas as pd
```

图 2-2-7　导入 Python 库文件

（2）输入股票代码、报表年份、报表类型。将江西铜业股票代码"600362"、企业简称"江西铜业"作为 code 变量的值，将报表年份"2022"作为 year 变量的值，将报表类型"5000"作为 report_period_id 变量的值。在 XBRL 后台获取 URL 地址（见图 2-2-8），并赋值给 url 变量。参考代码如图 2-2-9 所示。

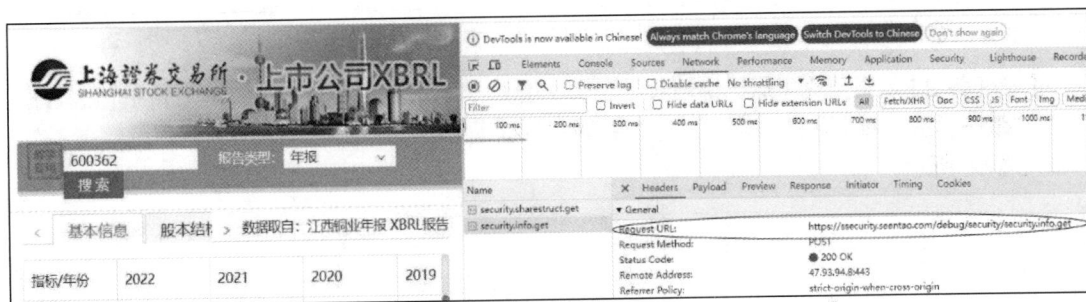

图 2-2-8　获取 URL 地址

```
5   # 二、请输入股票代码、报表年份、报表类型
6   code = [("600362", "江西铜业")]
7   year = ["2022"]
8   report_period_id = ["5000"]
9   url = ["https://ssecurity.seentao.com/debug/security/security.info.get"]
```

图 2-2-9　输入股票代码、报表年份、报表类型

（3）创建 DataFrame。创建 DataFrame 的参考代码如图 2-2-10 所示。

```
14  #三、创建 DataFrame
15  data = pd.DataFrame()
```

图 2-2-10　输入 Python 库文件

步骤三：运行代码，下载采集到的数据，如图 2-2-11 所示。

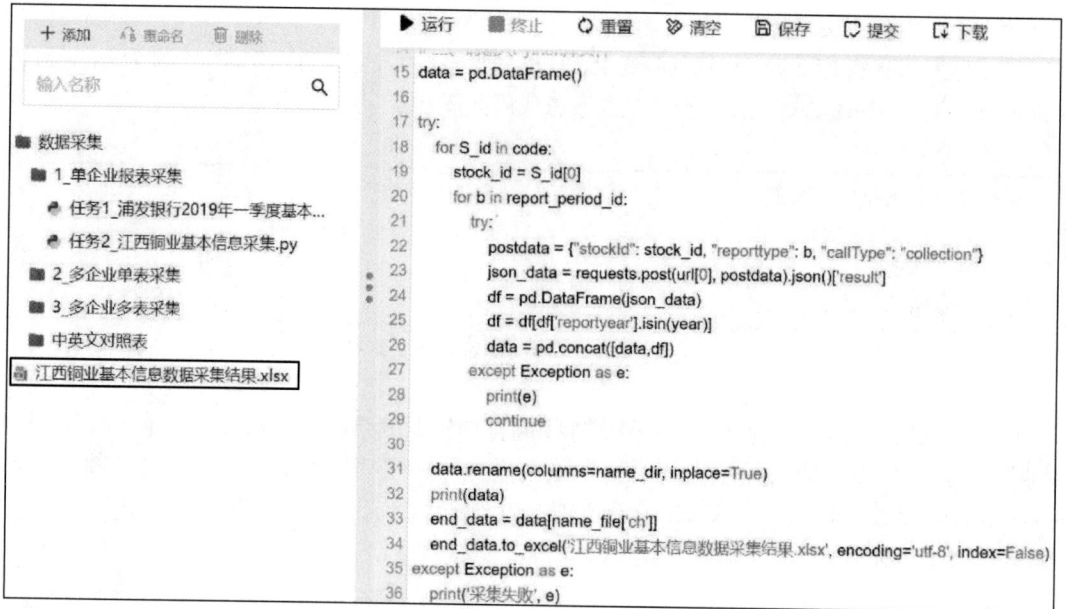

图 2-2-11　运行代码

【子任务 2】采集美克家居、柳钢股份、三一重工、贵州茅台 2020—2022 年资产负债表数据。

步骤一：进入新道代码编辑器，选择右侧"数据采集"项目下的"任务 4_资产负债表.py"，如图 2-2-12 所示。

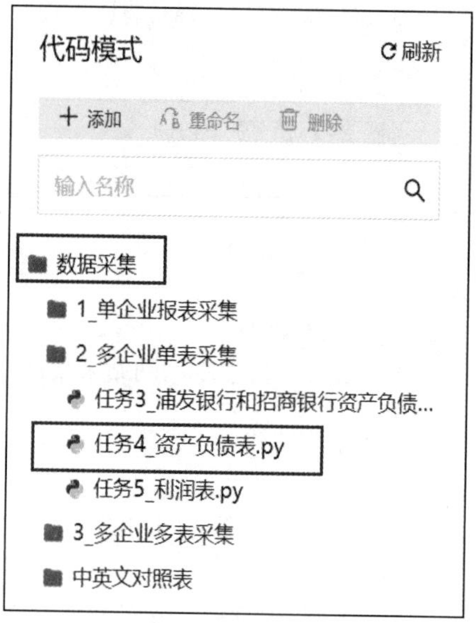

图 2-2-12　选择代码编辑脚本（多企业单表采集）

步骤二：在代码编辑界面，将右侧的缺失代码补充完整。

（1）导入 Python 库文件。根据任务要求，这里需要导入两个第三方库文件，分别为 requests 库、pandas 库。代码参考子任务 1 的步骤二。

（2）输入股票代码、报表年份、报表类型。将美克家居股票代码"600337"、柳钢股份股票代码"601003"、三一重工股票代码"600031"、贵州茅台股票代码"600519"作为 code 变量的值，将报表年份"2022""2021""2020"作为 year 变量的值，将"5000"作为 report_period_id 变量的值，参考代码如图 2-2-13 所示。

```
5    # 二、请输入股票代码、报表年份、报表类型
6    code = [("600337", "美克家居"),("601003", "柳钢股份"),("600031", "三一重工"),("600519", "贵州茅台")]
7    year = ["2022","2021","2020"]
8    report_period_id = ["5000"]
```

图 2-2-13　输入股票代码、报表年份、报表类型

（3）输入报表名称。在 url 变量中，输入资产负债表的英文名称"balancesheet"。使用 read_excel() 函数读取文件"中英文指标对照.xlsx"，并将结果保存在 name_file 变量中。参考代码如图 2-2-14 所示。

```
10   # 三、请输入报表名称
11   url = ["https://ssecurity.seentao.com/debug/security/security.balancesheet.get"]
12   name_file = pd.read_excel('数据采集/中英文对照表/中英指标对照.xlsx', sheet_name='sz_balancesheet')
13   name_dir = dict(zip(name_file['en'], name_file['ch']))
```

图 2-2-14　输入报表名称

步骤三：运行代码，下载采集到的数据。

任务三　采集多报表数据

任务场景

在任务二中，我们已经体验到网络爬虫强大的数据抓取功能。本任务将通过上交所上市公司 XBRL 教学专用网站采集上市公司的多报表数据。

任务要求：通过上交所上市公司 XBRL 教学专用网站采集浦发银行、招商银行 2021—2022 年资产负债表和利润表数据。

任务准备

下面介绍 Python 中比较常用的 pandas 库、re 库、time 库及流程控制的内容，为多报表数据采集做准备。

一、Python 第三方库——pandas 库

在 Python 中，pandas 是一个扩展程序库，我们可以把它理解为数据工具箱，用于数据分析。pandas 库的优点在于它纳入了大量数据库和数据模型，提供了高效地操作大型数据集所需的工具。因此，使用它处理数据会很简单、便捷。经过多年的发展与完善，pandas 库目前已被广泛应用于大数据分析的各个领域。

（一）pandas 库的数据结构

pandas 库的引入规则是：

```
import pandas as pd。
```

pandas 库包含 Series 和 DataFrame 两种数据结构。这里主要介绍 DataFrame。DataFrame 是二维数据结构，相当于 Excel 表格，每列值的数据类型可以不同。DataFrame 既有行索引，也有列索引，常用于表现二维数据。DataFrame 是最常用的 pandas 库数据结构，也是财务数据在 Python 中的最佳存储方式。

1. 创建 DataFrame

DataFrame 由其同名函数创建，语法规则如下：

```
pd.DataFrame(data,columns=[序列],index=[序列])
```

若不传入 columns 和 index 参数，则默认为自动索引（从 0 开始）。

2. DataFrame 基本函数

下面针对 DataFrame 介绍几个基本函数。

（1）insert()函数。insert()函数用于将列插入 DataFrame 中的指定位置。

insert()函数的语法规则如下：

```
DataFrame.insert(loc,column,value,allow_duplicates=False)
```

具体参数描述如下。

◆　loc：int，插入列的位置。要插入第一列，则 loc=0。

◆　column：插入列的列名。

◆　value：插入的值，可选（int、Series、数组）。

◆　allow_duplicates：描述是否允许列名重复，默认为 False。如果列名已经存在，系统会报错。如果该参数值设置为 True，表示允许列名重复。

（2）drop()函数。drop()函数用于删除指定行、列。

drop()函数的语法规则如下：

```
DataFrame.drop(labels= None,axis=0,index=None,columns=None,level=None,
inplace=False,errors= 'raise')
```

具体参数描述如下。

◆　labels：描述为单个标签或标签列表。

◆　axis：用于指定操作的方向，即按行还是按列进行操作。axis=0 表示按照行的方向（从上到下）进行操作，也就是对每一列数据进行操作；axis=1 表示按照列的方向进行操作，也就是对每一行数据进行操作。

◆　index：单个标签或标签列表，index=labels 等效于 labels axis=0。

◆　columns：描述为单个标签或标签列表，columns=labels 等效于 labels axis=1。

◆　level：多级列表时使用。

◆　inplace：False 表示返回新的 DataFrame，True 表示直接在原数据上删除。

◆　errors：控制非数值的处理方式，默认为'raise'，进而处理缺失值和异常值。

（二）pandas 数据筛选

pandas 通过索引来筛选数据，具体方法如下。

1. 直接筛选

直接筛选是直接使用[]获取行或列数据，类似于字典访问值操作。直接筛选的语法规则为：df[]。

具体方式如下。

（1）筛选单列数据：df['列']。

（2）筛选多列数据：df[['列 1','列 2']]，表示通过由列名组成的列表选择多列数据。

（3）筛选多行数据：df[起始索引：结束索引]，如 df[1:3]表示筛选行索引为 1～2 的数据，不含行索引为 3 的数据。

> **注意**
>
> 　使用直接筛选方法无法对列数据进行切片操作，且无法通过两个列表选择多行多列数据。对多行、多列数据进行筛选需要使用索引器（loc、iloc）。

2. 条件筛选

条件筛选是根据布尔条件选择对应的行。根据选择条件的数量，条件筛选可分为以下两种。

（1）单列布尔筛选：df[df['列']==条件]，表示选择某列满足一定条件的行。

（2）多列布尔筛选：df[(df['列 1']==条件)&(df['列 2']>条件)]，表示选取多列满足一定条件的行。

> **注意**
>
> 　设置条件时可以使用&、|、~操作符，但是不能使用 and、or、not 关键字。布尔筛选的结果还是 DataFrame，所以可以对结果进行切片，或用索引器进行访问。

3. 索引器筛选

在 pandas 的两种数据结构中，原始索引（位置信息）和自定义索引（标签信息）并存。

（1）loc 索引器。在 loc 索引器内只能使用自定义索引，如果数据中没有自定义索引，则使用原始索引。根据行索引和列索引进行选取，先行后列，也可以只选取行索引，常见形式有如下几种。

◆ 筛选单行、多行数据：df.loc['行']、df.loc[['行 1','行 2']]。

◆ 筛选多行、多列数据：df.loc[['行 1','行 2'],['列 1','列 2']]，通过两个列表选取行列组合。

◆ loc 布尔筛选：df.loc[df['列']>条件]，按条件选取单列（多列）满足一定条件的行。

◆ loc 切片（筛选连续的多行多列）：df.loc['行 1':'行 2','列 1':'列 2']，通过切片选择连续的行、列组合。冒号前为空表示从第一个行或列开始取值，冒号后为空表示选取到最后一个行或列。loc 索引器切片为闭区间，即起始和结束索引都包含在内。

> **提示**
>
> 　在进行多行、多列数据筛选时，列表和切片可联合使用。loc 索引器不能直接选取列，必须先行后列。

（2）iloc 索引器。iloc 索引器与 loc 索引器的使用方法几乎相同，唯一不同的是，在 iloc 索引器中只能使用原始索引，不能使用自定义索引。

> **注意**
>
> 　loc 索引器切片为闭区间。iloc 索引器切片在操作时，起始索引是包含在内的，但结束索引不包含在内，即前闭后开。

二、Python 中的 re 库

re 库是 Python 独有的匹配字符串的标准库，该库提供的很多功能是基于正则表达式实现的。正则表达式用于对字符串进行模糊匹配，提取需要的字符串部分。re 库的引入规则为：

```
import re
```

正则表达式是一种强大的文本处理工具，用于描述一组字符串的模式。它可以用于匹配、查找、替换等操作，几乎所有现代编程语言都支持正则表达式的使用。在 Python 中，开发人员可以直接调用 re 库来实现正则匹配。

三、Python 中的 time 库

Python 的 time 库是一个用于处理与时间相关操作的标准库，是最基础的时间处理库。time 库的引入规则为：

```
import time
```

四、流程控制

（一）流程控制概述

流程，即计算机执行代码的顺序。流程控制是指对计算机执行代码的顺序进行有效的管理。

流程分为顺序流程、分支（选择）流程、循环流程。其中，顺序流程是指代码自上而下执行，是 Python 默认的流程；分支流程是指根据某一步的判断条件，有选择地去执行相应的代码；循环流程是指在满足一定条件的情况下，一直重复执行某段代码。此处重点介绍分支流程和循环流程。

（二）分支流程

1. if...else 语句

如果条件为真，则执行 if 后的代码，否则执行 else 后的代码。if...else 语句的标准语法如下。

```
if 条件：
    满足条件时要执行的代码
else：
    不满足条件时要执行的代码
```

> 💡 **注意**
>
> Python 中用缩进的方式来设置代码的层次结构，一般按 Tab 键来设置缩进。

【示例】某企业根据销售收入判断业绩是否达标：销售收入超过 1 000 万元，输出"业绩达标"；销售收入未超过 1 000 万元，则输出"业绩不达标"。我们可以编写以下代码实现该条件判断。

```
#创建变量income接收销售收入值
income =8000000
# 条件语句
if income>10000000:
    print('业绩达标')
else:
    print('业绩不达标')
```

> **💡注意**
>
> 条件判断语句的执行结果为布尔值，通过判断结果来执行代码块。

2. if...elif...else 语句

elif 的含义类似于"否则如果"，跟在 if 或另一条 elif 语句后面。if...elif...else 语句的标准语法如下。

```
if 条件 1:
    满足条件 1 时要执行的代码
elif 条件 2:
    满足条件 2 时要执行的代码
elif 条件 3:
    满足条件 3 时要执行的代码
else:
    不满足以上所有条件时要执行的代码
```

> **💡注意**
>
> elif 语句提供了另一个条件，仅在前面的条件为 False 时才检查该条件。如果某个条件的结果是 True，则忽略剩下的 elif 和 else。

3. if 嵌套

if 嵌套语句的标准语法如下。

```
if 条件 1:
    满足条件 1 要执行的代码
    if 条件 2:
        满足条件 1 且满足条件 2 要执行的代码
    elif/else:
        满足条件 1 但不满足条件 2 要执行的代码
elif/else:
    不满足条件 1 要执行的代码
```

> **✏️提示**
>
> 只有外部的 if 语句满足条件才能执行内部的 if 语句；内外层都可使用 elif、else，具体使用方式可以根据实际情况进行选择。

（三）循环流程

循环流程是重复执行一条或多条语句。Python 的循环包括 while 循环和 for 循环两种。循环语句的逻辑若符合条件，则反复执行循环体中的语句；若不符合条件，则退出循环。

1. while 循环

在 while 循环中，只要条件满足就不断循环，条件不满足则退出循环。

```
#while 循环标准写法（三要素）
i=0          #初始化表达式：通过表达式初始化一个变量
while<5:      #条件表达式：用来设置循环执行的条件
    print(i)
    i+=1      #更新表达式：修改初始变量的值
```

> ☀ **注意**
>
> 变量 i 增加到 5 时，不再满足 while 条件，退出循环；缺少更新表达式或条件表达式永远满足（比如 while 1=1）会引起死循环。

2. for 循环

for 循环通过遍历序列的每一个元素来实现循环。for 循环的标准语法如下。

```
for 临时变量 in 可迭代对象：
    循环满足条件时执行的代码
```

> ✐ **提示**
>
> 能够通过 for 循环遍历的对象称为可迭代对象，包括列表、元组、字典等。

range()函数一般用于 for 循环中指定循环的次数。rang()函数的语法规则为：

```
range(start,end,step)
```

◆ start：起始值，默认为 0。

◆ end：终止值，计数不包括终止值。

◆ step：步长值，默认为 1。

for 循环依次遍历一个可迭代对象中的每个元素，分别进行操作。

```
#创建一个列表
account=['主营业务收入','主营业务成本','税金及附加']
#遍历列表元素，并输出所有元素
for i in account:
    print(i)
```

运行结果如下。

```
主营业务收入
主营业务成本
税金及附加
```

📟 任务实施

根据任务要求，采集浦发银行、招商银行 2021—2022 年资产负债表和利润表数据。

步骤一：进入新道代码编辑器，选择"数据采集"项目下的"任务 6_资产负债表和利润表.py"，如图 2-3-1 所示。

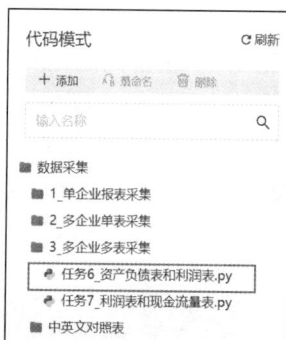

图 2-3-1 选择代码编辑脚本（多企业多表采集）

步骤二：在代码编辑界面，将右侧的缺失代码补充完整。

（1）导入 Python 库文件。根据任务要求，这里需要导入 4 个 Python 库文件，分别为 requests 库、re 库、pandas 库、time 库，参考代码如图 2-3-2 所示。

```
1   # 一、导入Python库文件
2   import   requests
3   import   re
4   import pandasas pd
5   import time
```

图 2-3-2　导入 Python 库文件

（2）输入股票代码、报表年份、报表类型。将浦发银行股票代码"600000"、招商银行股票代码"600036"作为 code 变量的值，将报表年份"2022""2021"作为 year 变量的值，将"5000"作为 report_period_id 变量的值，参考代码如图 2-3-3 所示。

```
# 二、输入股票代码、报表年份、报表类型
code = [ ("600000", "600036")]
year = ["2022", "2021"]
report_period_id = ["5000"]
```

图 2-3-3　输入股票代码、报表年份、报表类型

（3）输入请求连接。获取资产负债表的 URL 地址，如图 2-3-4 所示；获取利润表的 URL 地址，如图 2-3-5 所示。

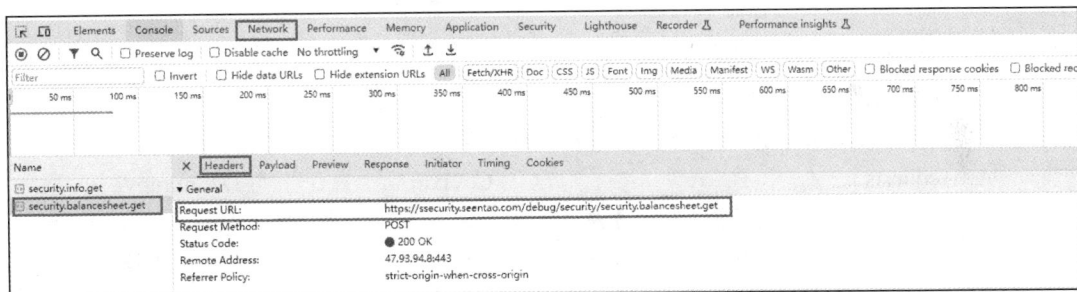

图 2-3-4　资产负债表 URL

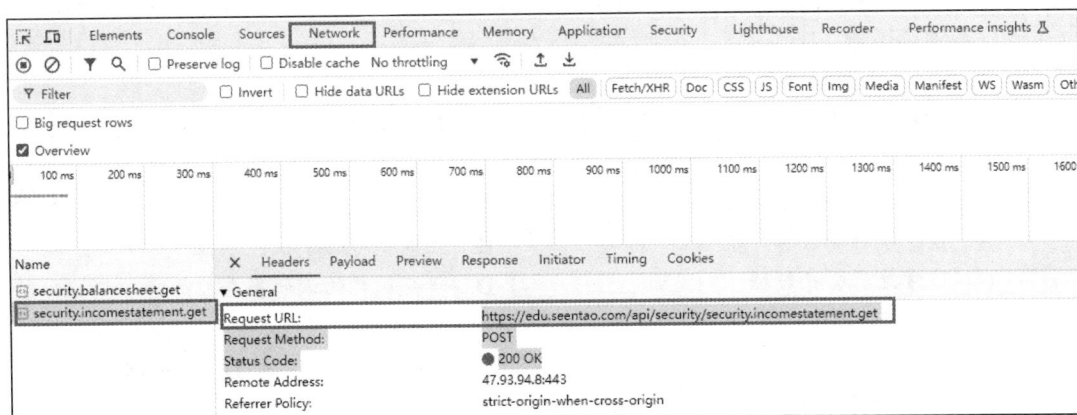

图 2-3-5　利润表 URL

（4）配置输出数据文件名。设置"incomestatement"对应"利润表"、"balancesheet"对应"资产负债表"，参考代码如图2-3-6所示。

```
14  #三、配置输出数据文件名翻译对照字典
15  name_dict = {"incomestatement": "利润表", "balancesheet": "资产负债表"}
```

图2-3-6 输出数据文件名翻译对照字典

步骤三：运行代码，下载采集到的数据。

项目小结

在数字化时代，企业会面临与数据安全相关的双重难题：采集经营决策所需的外部数据可能会涉及其他企业的商业机密，自身商业机密也可能被其他企业利用爬虫技术获取。党的十八大以来，网络安全保障体系被提到了前所未有的高度。在数字经济发展和法治建设进程中，从《中华人民共和国网络安全法》到《中华人民共和国民法典》，从《中华人民共和国数据安全法》到《中华人民共和国个人信息保护法》，有关网络安全保障的法律制度逐步建立并不断完善。

数据获取是企业大数据财务分析的必经环节，是必然会涉及用户、关联企业、竞争对手等的数据隐私和数据安全的重要环节，数据爬取与隐私保护、知识产权、数据确权间的问题必然会引起人们的重视。新时代的财务数据分析师应该知法懂法，既能保护自身企业的商业机密，也不得侵犯非授权企业的数据隐私。

项目测试

一、单项选择题

1. （   ）库是 Python 爬虫程序中最常用的请求库。
   A. requests   B. re   C. lxm   D. numpy
2. 网络上用于指定信息位置的表示方法是（   ）。
   A. 统一资源定位符   B. Web 服务器   C. TCP   D. 网络操作系统
3. pandas 读取 Excel 文件使用的函数是（   ）。
   A. ExcelWriter()   B. read_csv()   C. to_excel()   D. read_excel()

二、多项选择题

1. 数据分析的步骤一般包括（   ）。
   A. 数据预处理   B. 可视化呈现   C. 数据建模
   D. 数据挖掘   E. 数据采集
2. 企业的外部数据一般包括（   ）。
   A. 国家统计局数据   B. 上市公司的年报、季报
   C. 地方政府公开数据   D. 研究机构的调研报告
3. 数据采集的特征有（   ）。
   A. 全面   B. 多维   C. 随机   D. 时效准
4. 进行数据采集前需要做的准备包括（   ）。
   A. 明确数据驱动目标   B. 按需采集数据

C. 选择数据采集工具　　　　　　　　D. 选择数据采集手段

5. 在浏览器中输入一个 URL 后按 Enter 键，后台会进行哪些操作？（　　　）

A. 向 IP 地址对应的服务器发送请求　　B. 查找域名对应的 IP 地址

C. 浏览器解析网页内容　　　　　　　D. 服务器响应请求，发回网页内容

三、判断题

1. 数据采集的质量直接决定了后续的分析结果是否准确。（　　　）

2. 爬虫是模拟用户在浏览器或者某个应用上的操作，结合背后的原理把操作的过程用程序模拟出来，并实现自动化的程序。（　　　）

3. 企业的内部数据一般包括业务数据、财务数据和研究机构的调研报告。（　　　）

4. 当客户端收到一个 URL 后，下一步会收到来自服务器的响应报文，将其内容编排在屏幕上。（　　　）

5. 在使用网络爬虫时，获取相应数据后，可以直接保存数据并将其用于分析，不需要进行任何处理，简单快捷。（　　　）

6. 客户端的主要功能是请求访问文本或图像等资源，并提供资源响应。（　　　）

四、任务实战

登录 DBE 财务大数据分析与决策平台，使用新道代码编辑器，采集美克家居、柳钢股份、三一重工、贵州茅台 2021—2022 年利润表、现金流量表数据。

项目三
数据清洗与集成

项目导读

严谨细致精益求精，充分挖掘数据价值

大数据财务分析的质量取决于财务数据的数量与质量。通过各种方式获取的数据往往存在数据格式多样、数据缺失、数据异常、逻辑关系混乱等问题，直接使用会导致分析结果失真。为提高数据质量，发现并纠正数据中的各种错误，必须秉承客观公正的态度，透过现象看本质，扎实做好数据格式、缺失值、异常值等方面的数据清洗。

大数据清洗工作的复杂程度远超一般的传统数据，动辄几千万甚至上亿条数据的清洗会花费大量时间。财务工作者要发挥团队协作精神，以凝心聚力、严谨细致、精益求精和追求卓越的工匠精神努力提高数据质量，使财务分析结果更加准确、可靠。

学习目标

知识目标

1. 理解数据清洗的概念；
2. 了解常见的数据清洗工具和清洗原则；
3. 了解数据清洗的常见问题及处理顺序；
4. 理解数据集成的相关概念，理解数据关联和数据合并的意义；
5. 掌握数据集成的工作要求。

技能目标

1. 能够依据案例资料建立数据清洗规则，进行数据清洗操作；
2. 能够依据案例资料进行数据集成操作；
3. 能够依据案例资料进行数据关联操作；
4. 能够依据案例资料进行数据合并操作。

素养目标

1. 具备独立思考、自主学习的能力；
2. 培养良好的数据思维，能够举一反三，解决实际问题。

任务一 认识数据清洗

任务场景

B公司是一家销售办公用品、办公家具和办公电子设备的公司，在全国有多家直营店，每月月底各直营店会向财务部提供本月的销售数据表（文件名为"销售数据_清洗前.xlsx"）。现在公司的财务数据分析师手上有一份汇总多年的销售数据表。财务数据分析师需要对汇总销售数据表进行分析，如客户群体分布分析、受欢迎商品分析、收入利润情况分析等。

销售数据表的部分数据如图 3-1-1 所示。

图 3-1-1 B 公司销售数据表部分数据

任务要求：观察并思考，要进行以上分析，目前这份销售数据表中的数据存在哪些问题？如何对混乱的数据进行修正？

任务准备

数据质量直接影响数据分析结果的科学性和准确性。我们获取数据的来源多种多样，同时原始数据的录入和计算代码可能存在错误，故而获取的原始数据往往存在许多问题，如数据缺失、数据重复、数据异常冲突等。对有问题的数据开展分析，其分析结果的可靠性将大大降低。为解决上述问题，我们需要对存在问题的"脏"数据进行清洗。

一、数据清洗概述

数据清洗（Data Cleaning）是对数据进行重新审查和校验的过程，目的在于删除重复信息、纠正存在的错误，并保证数据具有一致性。数据清洗是发现并纠正数据文件中可识别的错误的最后一道程序，包括检查数据一致性、处理无效值和缺失值等。

数据清洗主要包括对重复值、缺失值和其他异常进行处理。

（1）重复值处理。可采取直接删除的方式对重复值进行处理。

（2）缺失值处理。对于缺失值，可选择直接删除不需要的字段，或者使用合理的数据对缺失内容进行填充。

（3）其他异常处理。如果数据内容中有不该存在的非法字符，可选择去除。如果数据内容中的时间、日期、数值、全半角等的显示格式不一致，应选取一定方法将其处理成一致的。如果系统中存在无法识别的数据，可详细识别问题类型后再做处理。

在进行数据清洗工作之前，需要定位数据中存在的具体问题。结合任务场景中的案例，观察图 3-1-1 可以发现数据中存在如下问题。

（1）数据表中没有客户名称字段。客户名称与客户 ID 混在"客户 ID"字段中。

（2）数据表将产品品牌、产品品名、产品规格 3 个信息统一记录在"产品名称"字段中。

（3）表内有缺失值、不该存在的字符。

二、数据清洗工具与清洗规则

（一）认识数据清洗工具

数据清洗工具能够极大地提高数据管理、清洗工作的效率，从而提升数据质量，使数据充分发挥其价值，更好地支撑经营管理决策和业务流程。此处以新道云数据清洗工具为例，简要介绍数据清洗工具的处理流程和基本规则。新道云数据清洗工具界面如图 3-1-2 所示。

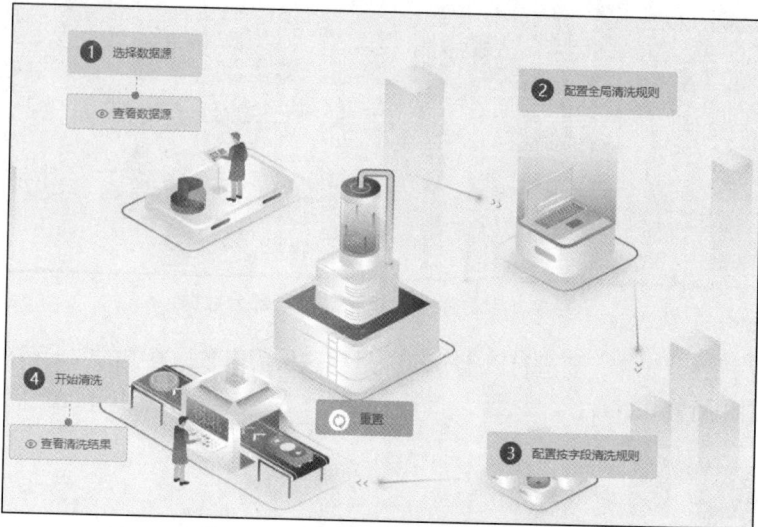

图 3-1-2　新道云数据清洗工具界面

在该界面中，单击"选择数据源"，可以上传需要清洗的数据；单击"配置全局清洗规则"，可以对整张表进行清洗规则设置；单击"配置按字段清洗规则"，可以对某字段数据进行清洗设置；单击"重置"，可以回到初始状态。

（二）清洗规则

1. 全局清洗规则

为了提高清洗效率，在不影响分析数据的前提下，可以使用全局清洗规则将多个字段都存在的问题一次性清洗掉。全局清洗一般在其他清洗前优先执行。全局清洗的相关规则和具体描述如表 3-1-1 所示。

表 3-1-1　　　　　　　　　　　全局清洗的相关规则和具体描述

全局清洗规则	规则描述
非法字符清理	对所有记录中含有以下字符的内容进行删除。非法字符包括\、/、*、?、:、<、>、|
空格清理	统一删除所有记录中的空格
-（仅有）替换为 NULL	将仅含有"–"的内容替换为空记录
-（仅有）替换为 0	将仅含有"–"的内容替换为 0
空格（仅有）替换为 NULL	将仅含有空格的内容替换为空记录
空格（仅有）替换为 0	将仅含有空格的内容替换为 0

注：NULL 表示不存在，是一种特殊的数据类型。如果某个数值被替换为 NULL，则该单元格不参与后续计算；如果被替换为 0，则参与后续计算。

2. 按字段清洗规则

按字段清洗规则是针对单独字段进行的。新道云数据清洗工具主要提供了字符替换、字段切分、字段合并和缺失值填补 4 种清洗规则。

◆ 字符替换：可以对选定字段的值进行替换。

◆ 字段切分：将选定字段切分为多个字段，相当于拆分列。

◆ 字段合并：将选定的多个字段合并为一个字段，相当于合并列。

◆ 缺失值填补：对选定字段的缺失值进行填补，有均值填补、中位数填补、丢弃空值记录、填补为 0 这 4 种方式。

任务实施

根据任务要求，使用新道云数据清洗工具分步骤对 B 公司销售数据表中的数据进行清洗。首先使用全局清洗规则完成非法字符的清洗，再针对有问题的具体字段分别采用字符替换和字段切分方式完成数据清洗工作。

【子任务 1】全局清洗——非法字符清洗：使用全局清洗规则对整张表的空格进行清洗。

步骤一：选择数据源。单击"选择数据源"，在打开页面的下拉列表中找到预置的数据"销售数据_清洗前.xlsx"，单击"保存"按钮，如图 3-1-3 所示。或前往资源下载处，先下载本任务所需数据，单击"上传数据"，然后选择在资源下载处下载的数据，单击"保存"按钮。

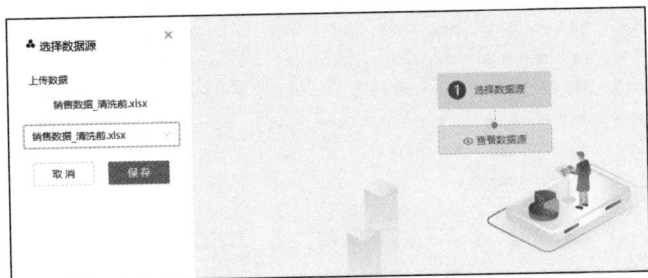

图 3-1-3　选择数据源

步骤二：配置全局清洗规则。单击"配置全局清洗规则"，勾选要使用的规则，如"空格(仅有)替换为 0"，单击"保存"按钮，如图 3-1-4 所示。

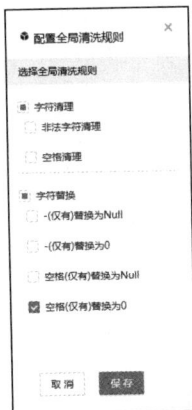

图 3-1-4　配置全局清洗规则

步骤三：数据清洗。单击"开始清洗"，平台提示"确定要开始清洗吗？"，单击"确定"按钮，如图 3-1-5 所示。清洗结束后，单击"查看清洗结果"，结果如图 3-1-6 所示。单击"下载"按钮，下载数据并保存到本地计算机中。

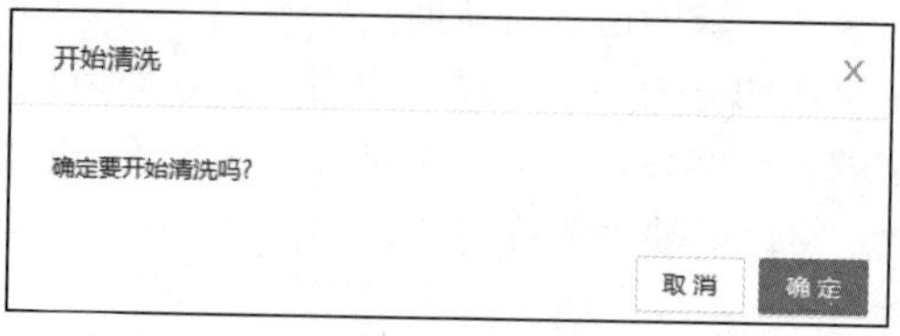

图 3-1-5　开始清洗

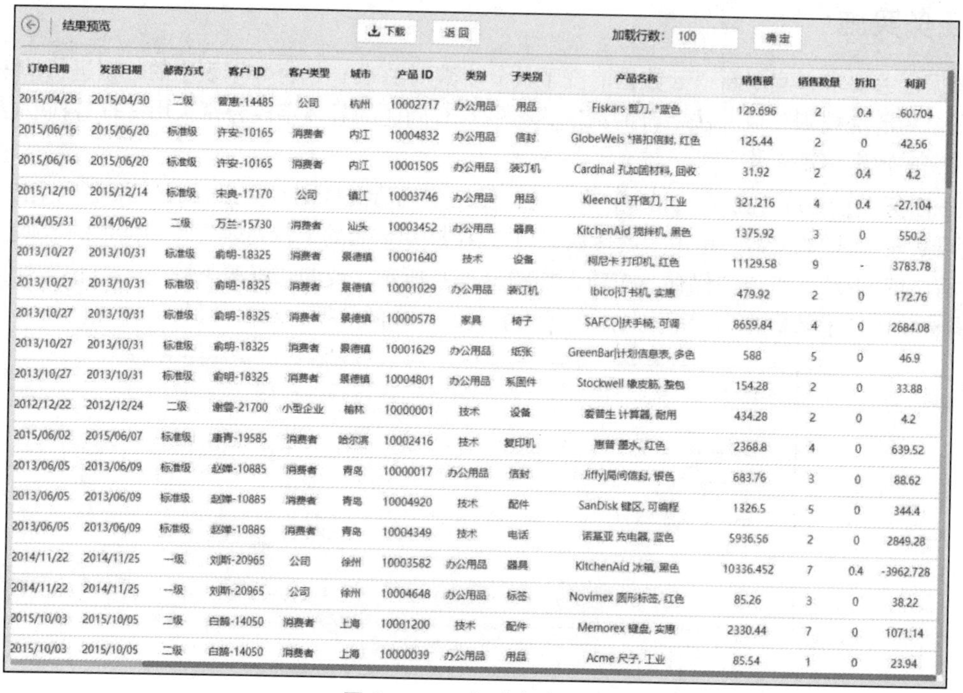

图 3-1-6　查看清洗结果

【子任务 2】按字段清洗——非法字符清洗：将数据表中"产品名称"字段的"*"清洗掉。在开始操作之前，需要单击图 3-1-2 中的"重置"，将数据清洗系统重置为初始状态。

步骤一：选择数据源。单击"上传数据"，将前一子任务的操作结果上传，单击"保存"按钮，如图 3-1-7 所示。

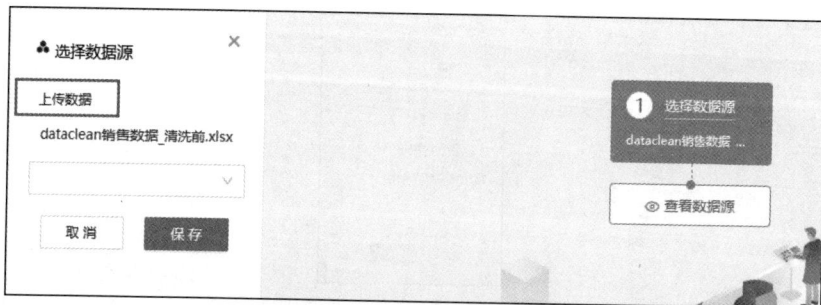

图 3-1-7　选择数据源

步骤二：配置清洗规则。单击"配置按字段清洗规则"，单击"添加规则"按钮，在下拉列表中选择"字符替换"。单击"+"按钮，选择需要替换的字段即"产品名称"字段，单击"确定"按钮，完成字段的添加，如图 3-1-8 所示。在"原内容"处填写"*"，"替换内容"处保留为空，单击"保存"按钮，如图 3-1-9 所示。

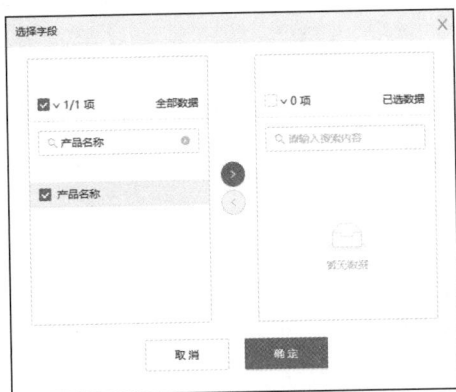

图 3-1-8　添加字段　　　　　　　　　　图 3-1-9　填写要替换的内容

步骤三：数据清洗。单击"开始清洗"，清洗结果如图 3-1-10 所示。单击"下载"按钮，下载数据并保存到本地计算机中。

行 ID	订单 ID	订单日期	发货日期	邮寄方式	客户 ID	客户类型	城市	产品 ID	类别	子类别	产品名称	销售额
1	US-2015-1357144	2015/04/28	2015/04/30	二级	曾惠-14485	公司	杭州	10002717	办公用品	用品	Fiskars 剪刀, 蓝色	129.696
2	CN-2015-1973789	2015/06/16	2015/06/20	标准级	许安-10165	消费者	内江	10004832	办公用品	信封	GlobeWeis 搭扣信封, 红色	125.44
3	CN-2015-1973789	2015/06/16	2015/06/20	标准级	许安-10165	消费者	内江	10001505	办公用品	装订机	Cardinal 孔加固材料, 回收	31.92
4	US-2015-3017568	2015/12/10	2015/12/14	标准级	宋良-17170	公司	镇江	10003746	办公用品	用品	Kleencut 开信刀, 工业	321.216
5	CN-2014-2975416	2014/05/31	2014/06/02	二级	万兰-15730	消费者	汕头	10003452	办公用品	器具	KitchenAid 搅拌机, 黑色	1375.92
6	CN-2013-4497736	2013/10/27	2013/10/31	标准级	俞明-18325	消费者	景德镇	10001640	技术	设备	柯尼卡 打印机, 红色	11129.58
7	CN-2013-4497736	2013/10/27	2013/10/31	标准级	俞明-18325	消费者	景德镇	10001029	办公用品	装订机	Ibico订书机, 实惠	479.92
8	CN-2013-4497736	2013/10/27	2013/10/31	标准级	俞明-18325	消费者	景德镇	10000578	家具	椅子	SAFCO扶手椅, 可调	8659.84
9	CN-2013-4497736	2013/10/27	2013/10/31	标准级	俞明-18325	消费者	景德镇	10001629	办公用品	纸张	GreenBar计划信息表, 多色	588
10	CN-2013-4497736	2013/10/27	2013/10/31	标准级	俞明-18325	消费者	景德镇	10004801	办公用品	系固件	Stockwell 橡皮筋, 整包	154.28
11	CN-2012-4195213	2012/12/22	2012/12/24	二级	谢雯-21700	小型企业	榆林	10000001	技术	设备	爱普生 计算器, 耐用	434.28
12	CN-2015-5801711	2015/06/02	2015/06/07	标准级	康青-19585	消费者	哈尔滨	10002416	技术	复印机	惠普 墨水, 红色	2368.8
13	CN-2013-2752724	2013/06/05	2013/06/09	标准级	赵婵-10885	消费者	青岛	10000017	办公用品	信封	Jiffy 局间信封, 银色	683.76
14	CN-2013-2752724	2013/06/05	2013/06/09	标准级	赵婵-10885	消费者	青岛	10004920	技术	配件	SanDisk 键区, 可编程	1326.5
15	CN-2013-2752724	2013/06/05	2013/06/09	标准级	赵婵-10885	消费者	青岛	10004349	技术	电话	诺基亚 充电器, 蓝色	5936.56
16	US-2014-2511714	2014/11/22	2014/11/25	一级	刘斯-20965	公司	徐州	10003582	办公用品	器具	KitchenAid 冰箱, 黑色	10336.452
17	US-2014-2511714	2014/11/22	2014/11/25	一级	刘斯-20965	公司	徐州	10004648	办公用品	标签	Novimex 圆形标签, 红色	85.26
18	CN-2015-5631342	2015/10/03	2015/10/05	二级	白鹃-14050	消费者	上海	10001200	技术	配件	Memorex 键盘, 实惠	2330.44
19	CN-2015-5631342	2015/10/03	2015/10/05	二级	白鹃-14050	消费者	上海	10000039	办公用品	用品	Acme 尺子, 工业	85.54

图 3-1-10　查看清洗结果

【子任务 3】按字段清洗——格式内容清洗：对销售数据表"客户 ID"字段中的客户名称与客户 ID 进行切分。

步骤一：选择数据源。单击"上传数据"，将前一子任务的操作结果上传，单击"保存"按钮。

步骤二：配置清洗规则。单击"配置按字段清洗规则"，在打开的对话框中单击"添加规则"按钮，在下拉列表中选择"字段切分"。单击"+"按钮，选择需要切分的字段即"客户 ID"字段，完成字段的添加。将"切分分隔符"设置为"-"，切分后的字段分别命名为"客户名称"与"客户 ID"，单击"保存"按钮，如图 3-1-11 所示。

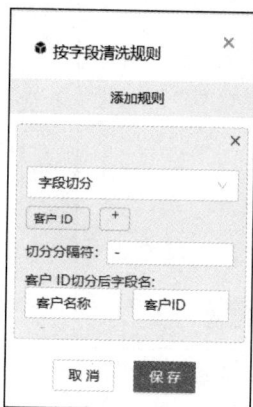

图 3-1-11　添加按字段清洗规则——字段切分

步骤三：数据清洗。单击"开始清洗"，清洗结果如图 3-1-12 所示。单击"下载"按钮，下载数据并保存到本地计算机中。

日期	发货日期	邮寄方式	客户名称	客户类型	城市	产品 ID	类别	子类别	产品名称	销售额	销售数量	折扣	利润	客户 ID
4/28	2015/04/30	二级	曾惠	公司	杭州	10002717	办公用品	用品	Fiskars 剪刀, 蓝色	129.696	2	0.4	-60.704	14485
6/16	2015/06/20	标准级	许安	消费者	内江	10004832	办公用品	信封	GlobeWeis 搭扣信封, 红色	125.44	2	0	42.56	10165
6/16	2015/06/20	标准级	许安	消费者	内江	10001505	办公用品	装订机	Cardinal 孔加固材料, 回收	31.92	2	0.4	4.2	10165
2/10	2015/12/14	标准级	宋良	公司	镇江	10003746	办公用品	用品	Kleencut 开信刀, 工业	321.216	4	0.4	-27.104	17170
5/31	2014/06/02	二级	万兰	消费者	汕头	10003452	办公用品	器具	KitchenAid 搅拌机, 黑色	1375.92	3	0	550.2	15730
0/27	2013/10/31	标准级	俞明	消费者	景德镇	10001640	技术	设备	柯尼卡 打印机, 红色	11129.58	9	-	3783.78	18325
0/27	2013/10/31	标准级	俞明	消费者	景德镇	10001029	办公用品	装订机	Ibico|订书机, 实惠	479.92	2	0	172.76	18325
0/27	2013/10/31	标准级	俞明	消费者	景德镇	10000578	家具	椅子	SAFCO|扶手椅, 可调	8659.84	4	0	2684.08	18325
0/27	2013/10/31	标准级	俞明	消费者	景德镇	10001629	办公用品	纸张	GreenBar|计划信息表, 多色	588	5	0	46.9	18325
0/27	2013/10/31	标准级	俞明	消费者	景德镇	10004801	办公用品	系固件	Stockwell 橡皮筋, 整包	154.28	2	0	33.88	18325
2/22	2012/12/24	二级	谢鲁	小型企业	榆林	10000001	技术	设备	爱普生 计算器, 耐用	434.28	2	0	4.2	21700
6/02	2015/06/07	标准级	康青	消费者	哈尔滨	10002416	技术	复印机	惠普 墨水, 红色	2368.8	4	0	639.52	19585
6/05	2013/06/09	标准级	赵婵	消费者	青岛	10000017	办公用品	信封	Jiffy|局间信封, 银色	683.76	3	0	88.62	10885
6/05	2013/06/09	标准级	赵婵	消费者	青岛	10004920	技术	配件	SanDisk 键区, 可编程	1326.5	5	0	344.4	10885
6/05	2013/06/09	标准级	赵婵	消费者	青岛	10004349	技术	电话	诺基亚 充电器, 蓝色	5936.56	2	0	2849.28	10885
1/22	2014/11/25	一级	刘斯	公司	徐州	10003582	办公用品	器具	KitchenAid 冰箱, 黑色	10336.452	7	0.4	-3962.728	20965
1/22	2014/11/25	一级	刘斯	公司	徐州	10004648	办公用品	标签	Novimex 圆形标签, 红色	85.26	2	0	38.22	20965
0/03	2015/10/05	二级	白鹤	消费者	上海	10001200	技术	配件	Memorex 键盘, 实惠	2330.44	2	0	1071.14	14050
0/03	2015/10/05	二级	白鹤	消费者	上海	10000039	办公用品	用品	Acme 尺子, 工业	85.54	1	0	23.94	14050

图 3-1-12　查看清洗结果

任务二 Python 数据清洗

任务场景

在本项目的任务一中，我们学习了如何使用数据清洗工具进行数据清洗，这种数据清洗方式较为简单、直观。然而，由于数据清洗的需求多种多样，在一些情况下，数据清洗工具中预设的数据清洗功能可能无法满足工作需要，此时可以通过 Python 代码完成数据清洗。

任务要求：学习编写 Python 代码，完成数据清洗工作。

任务准备

一、重复值处理

重复值一般指数据集中存在的重复数据行。一般来说，应先对数据进行重复值检验，再将重复值删除。

（一）查看重复值

pandas 库提供的 duplicated()函数可在数据集较为庞大时快速识别重复数据。默认情况下，如果两行数据中所有的值完全相等，就判断其为重复值。也可以指定某些特定列的数据相同判断其为重复值。duplicated()函数返回的结果为布尔值，重复项返回值为 True，非重复项返回值为 False。duplicated()函数的常用参数说明如表 3-2-1 所示。其语法规则如下：

```
DataFrame.duplicated(subset=None,keep='first')
```

表 3-2-1　　　　　　　　　　duplicated()函数的常用参数说明

参数	说明
subset	用于识别重复的列标签或列标签序列。传递列标签后，仅将这些列表数据重复的情况视为重复值。默认值为 None，即识别所有的列标签
keep	确定如何考虑重复值，可选'first'、'last'或 False。 'first'：将第一个值视为唯一值，并将其余相同的值视为重复值（默认）。 'last'：将最后一个值视为唯一值，并将其余相同的值视为重复值。 False：将所有相同的值都视为重复值

（二）处理重复值

pandas 库提供的 drop_duplicates()函数可按行删除重复值。常用参数说明如表 3-2-2 所示。其语法规则如下：

```
DataFrame.drop_duplicates(subset=None,keep='first',inplace=False,ignore_index=False)
```

表 3-2-2　　　　　　　　　　drop_duplicates()函数的常用参数说明

参数	说明
subset	用于识别重复的列标签或列标签序列。传递列标签后，仅将这些列表数据重复的情况视为重复值。默认值为 None，即识别所有的列标签
keep	确定要保留的重复项，可选'first'、'last'或 False。 'first'：保留第一次出现的重复值（默认）。 'last'：保留最后一次出现的重复值。 False：删除所有重复值

续表

参数	说明
inplace	True：直接修改原对象。 False：创建一个副本并修改副本，原对象不变（默认）
ignore_index	默认值为 False。如果为 True，则重新分配行标签（0,1,…,$n-1$）

二、缺失值处理

缺失值是指数据集中可能存在某个或某些属性的值不完全的情况。在 Python 中，缺失值表示为 NaN，即 Not a Number（不是一个数字）。和重复值的处理一样，在处理缺失值之前可以先检验缺失值的数量，然后根据数据分析要求，判断是否对这些缺失值进行处理。常用的处理缺失值的方法一般是删除或者填充，主要包括以下 3 种。

（1）删除数据：根据各字段缺失值所占比例和字段重要性删除行、列。

（2）使用默认值填充：可用空字符串或数值 0 填充。

（3）使用估算值填充：采用中位数、平均数、众数等填充。

处理缺失值的函数包括 dropna()函数和 fillna()函数。

（一）删除缺失值

在缺失值很少、对数据集影响很小，或缺失值量大以致无法处理、缺失值无法被填充的情况下，可采用删除缺失值的处理方法。pandas 库提供的 dropna()函数可以删除缺失值。其语法规则如下：

```
DataFrame.dropna(axis=0,how='any',thresh=None,subset=None,inplace=False)
```

常用参数说明如表 3-2-3 所示。

表 3-2-3   dropna()函数的常用参数说明

参数	说明
axis	维度，默认 axis=0，表示删除包含缺失值的行。 axis=1 表示删除包含缺失值的列
how	how='all'：一行或列中的元素全部缺失，才删除这一行或列。 how='any'：一行或列中只要有元素缺失，就删除这一行或列
thresh	非缺失值的数量标准，只有达到这个标准的行或列才不会被删除
subset	在某些行或列的子集中，选择出现了缺失值的行或列并删除，不在子集中的含有缺失值的行或列不会被删除（由 axis 决定是行还是列）
inplace	True：直接修改原对象。 False：创建一个副本，修改副本，原对象不变（默认）

（二）填充缺失值

除了删除缺失值外，还可以填充缺失值。pandas 库提供的 fillna()函数可以填充缺失值。fillna()函数的常用参数说明如表 3-2-4 所示。其语法规则如下：

```
DataFrame.fillna(value=None,method=None,axis=None,inplace=False,limit=None,
downcast=None)
```

表 3-2-4	fillna()函数的常用参数说明
参数	说明
value	用于填充缺失值的值，可以是数值、字符串、变量、字典、Series、DataFrame。此值不能是列表
method	填充方法，可以是'backfill'、'bfill'、'pad'、'ffill'、None。 'pad'、'ffill'：用前一个非缺失值填充该缺失值。 'backfill'、'bfill'：用后一个非缺失值填充该缺失值。 None：指定一个值去填充缺失值（默认）
axis	axis=1：按行填充。 axis=0：按列填充（默认）
inplace	True：直接修改原对象。 False：创建一个副本，修改副本，原对象不变（默认）
limit	限制填充次数
downcast	在填充完成后对数据进行类型转换，且转换为更低数据类型

三、其他异常处理

除了重复和缺失外，数据集中还可能存在其他异常问题，例如数据中存在非法字符、数据无法识别等。如果忽视这些异常，可能导致后续数据分析的结论错误或无法得出分析结论，因此需要采取有针对性的处理方法进行解决。常用的异常处理方法有删除、替换、异常字段处理等。

（一）非法字符处理——字符替换

如果数据集中存在异常的非法字符，可以通过替换为空值的方式将其删除，或将其替换成其他合理字符。pandas 库提供的 replace()函数可以把字符串中的子字符串替换成指定字符串。replace()函数的常用参数说明如表 3-2-5 所示，其语法规则如下：

```
DataFrame.replace(to_replace=None,value=None,inplace=False,limit=None,regex=False,
method='pad')
```

表 3-2-5	replace()函数的常用参数说明
参数	说明
to_replace	被替换的值，可以是单个值、列表或字典
value	替换 to_replace 的值，可以是单个值、列表、字典或者 None（默认）
inplace	True：直接修改原对象。 False：创建一个副本，修改副本，原对象不变（默认）
limit	替换的最大数量
regex	是否开启正则表达式模式匹配
method	在替换时使用的方法，包括'pad'（默认）、'ffill'、'bfill'和 None

（二）字段切分

如果数据集中存在多个信息混在同一字段中的情形，可以对字段进行拆分。pandas 库提供的split()函数可以对字符串进行拆分。split()函数的常用参数说明如表 3-2-6 所示，其语法规则如下：

```
string.split(str="",num=string.count(str))[n]
```

表 3-2-6　　　　　　　　　　　　　split()函数的常用参数说明

参数	说明
str	分隔符，默认为所有的空字符
num	拆分次数。默认为-1，即拆分所有
[n]	表示选取第 *n* 个分片

（三）转换数据类型

pandas 库提供的 astype()函数可以将 pandas 对象转换为指定的数据类型。astype()函数的常用参数说明如表 3-2-7 所示，其语法规则如下：

```
DataFrame.astype(dtype,copy=True,errors='raise')
```

表 3-2-7　　　　　　　　　　　　astype()函数的常用参数说明

参数	说明
dtype	表示数据类型
copy	布尔值，是否建立副本，默认为 True
errors	针对数据类型转换无效引发异常的处理，可以取值为'raise'或'ignore'，默认为'raise'。其中，'raise'表示允许引发异常；'ignore'表示抑制异常，错误时返回原始对象

（四）无用数据处理——删除行或列

pandas 库提供的 drop()函数可以删除指定的行或列，其语法规则如下：

```
DataFrame.drop(labels=None,axis=0,index=None,columns=None,inplace=False)
```

常用参数说明如表 3-2-8 所示。

表 3-2-8　　　　　　　　　　　　drop()函数的常用参数说明

参数	说明
labels	要删除的行或列的标签，可以是单个标签，也可以是标签列表
axis	要删除的行或列的轴，0 表示行（默认），1 表示列
index	要删除的行的索引，可以是单个索引，也可以是索引列表
columns	要删除的列的列名，可以是单个列名，也可以是列名列表
inplace	True：直接修改原对象。 False：创建一个副本，修改副本，原对象不变（默认）

任务实施

根据任务要求，编写 Python 代码完成数据清洗工作。

【子任务 1】利用 Python 清洗数据表中的空格和"-"字符。

步骤一：导入字符清洗脚本。进入新道代码编辑器，选择"数据清洗"项目下的字符清洗脚本"任务 8_字符清洗.py"，如图 3-2-1 所示。

图 3-2-1　导入字符清洗脚本

步骤二：进入代码编辑界面，将右侧的缺失代码补充完整。

（1）导入 Python 库文件。根据任务需求，这里需要导入一个第三方库文件，即 pandas 库。参考代码如图 3-2-2 所示。

图 3-2-2　导入 Python 库文件（1）

（2）定位需要清洗的文件路径。将鼠标指针放置在左侧拟清洗的数据文件上，界面会显出"复制路径"按钮，单击该按钮，即可获取该文件所在路径，如图 3-2-3 所示。将该路径复制到缺失代码处。参考代码如图 3-2-4 所示。

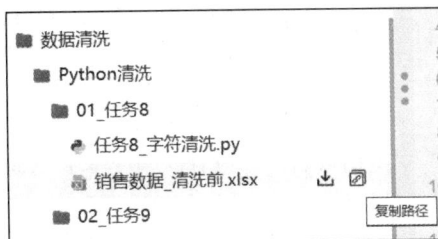

图 3-2-3　获取文件路径

```
4  # 二、定位需要清洗的文件路径
5  file_name = '数据清洗/Python清洗/01_任务8/销售数据_清洗前.xlsx'
```

图 3-2-4　补充文件路径

（3）用 Python 库文件阅读数据清洗表。调用 pandas 库中的 read_excel() 函数，将代码补充完整。参考代码如图 3-2-5 所示。

```
7  # 三、用Python库文件阅读数据清洗表
8  df = pd.read_excel(file_name)
```

图 3-2-5　阅读数据清洗表

（4）编写清洗规则，将"-"替换为0，将空格替换为0。参考代码如图 3-2-6 所示。

```
10  # 四、编写清洗规则，将"-"替换为0，将空格替换为0
11  df2 = df.replace('-', 0)
12  df2 = df2.replace(' ', 0)
13
14  df2.to_excel('任务8 清洗结果.xlsx', index=False, encoding='utf-8-sig')
```

图 3-2-6　编写清洗规则

步骤三：运行代码，下载清洗数据，如图 3-2-7 所示。

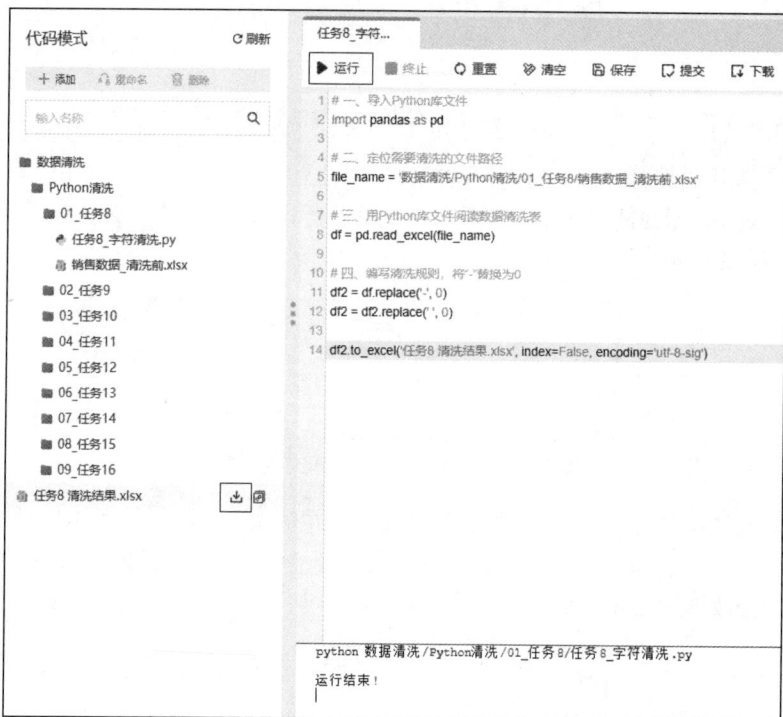

图 3-2-7　运行代码

【子任务 2】将"客户 ID"字段切分为"客户 ID"和"客户名称"，将"产品名称"字段切分为"产品品牌""产品品名""产品规格"。

步骤一：导入客户名称清洗脚本。进入新道代码编辑器，选择"数据清洗"项目下的"任务10_客户名称清洗.py"，如图 3-2-8 所示。

图 3-2-8　导入客户名称清洗脚本

步骤二：进入代码编辑界面，将右侧的缺失代码补充完整。

（1）导入 Python 库文件。根据任务要求，这里需要导入一个第三方库文件，即 pandas 库。参考代码如图 3-2-9 所示。

图 3-2-9　导入 Python 库文件（2）

（2）定位需要清洗的文件路径，参考代码如图 3-2-10 所示。

图 3-2-10　定位文件路径

（3）用 Python 库文件阅读数据清洗表。拟清洗的文件路径已被定义为变量 file_name，因此将定义的变量输入，参考代码如图 3-2-11 所示。

图 3-2-11　阅读数据清洗表

（4）编写清洗规则，将"客户 ID"切分为"客户名称"和"客户 ID"，切割符是"-"。将拟切分成的两个字段名称"客户名称"和"客户 ID"填写到第 11 行的 df[]中，将切割符"-"填写到 split()函数中。参考代码如图 3-2-12 所示。

图 3-2-12　编写清洗规则——"客户 ID"字段切分

（5）编写清洗规则，将"产品名称"切分为"产品品牌"和"品名与规格"，切割符是空格。将拟切分成的两个字段名称"产品品牌"和"品名与规格"填写到第 14 行的 df[]中，将切割符空格填写到 split()函数中。参考代码如图 3-2-13 所示。

图 3-2-13　编写清洗规则——"产品名称"字段切分

（6）编写清洗规则，将"品名与规格"字段中多余的空格清洗掉。将拟清洗的字段"品名与规格"填写到第 18 行的 df[]中，将拟被替换的空格填写到 replace()函数中。参考代码如图 3-2-14 所示。

图 3-2-14　编写清洗规则——清洗空格

（7）编写清洗规则，将"品名与规格"切分为"产品品名"和"产品规格"，切割符为"，"。将拟切分成的两个字段名称"产品品名"和"产品规格"填写到第 21 行等号前面的 df[] 中，将被切分的字段"品名与规格"填写到等号后面的 df[] 中，将切割符"，"填写到 split() 函数中。参考代码如图 3-2-15 所示。

```
20  #七、编写清洗规则，将"品名与规格"切分为"产品品名"和"产品规格"，切割符为"，"
21  df[['产品品名', '产品规格']] = df['品名与规格'].str.split('，', n=1, expand=True)
22  df.drop(columns='品名与规格', inplace=True)
```

图 3-2-15　编写清洗规则——"品名与规格"字段切分

（8）保存并命名清洗结果文件为"任务 10 清洗结果"。参考代码如图 3-2-16 所示。

```
24  #八、保存并命名清洗结果文件为"任务10清洗结果"
25  df.to_excel('任务10 清洗结果.xlsx', index=False, encoding='utf-8-sig')
```

图 3-2-16　输出清洗结果

步骤三：运行代码，下载清洗数据。

任务三　认识数据集成

任务场景

B 公司的财务数据分析师在进行数据分析工作时，遇到了一个数据问题：他想要从省/自治区和地区的维度统计销售额，但数据表中只有"城市"的数据，没有省/自治区和地区的数据，如图 3-3-1 所示。

	F	G	H	I	J	K	L	M	N	O	P	Q
1	客户名称	客户类型	城市	产品 ID	类别	子类别	产品品牌	销售额	销售数量	折扣	利润	客户 ID
2	曾惠	公司	杭州	10002717	办公用品	用品	Fiskars	129.696	2	0.4	-60.704	14485
3	许安	消费者	内江	10004832	办公用品	信封	GlobeWeis	125.44	2	0	42.56	10165
4	许安	消费者	内江	10001505	办公用品	装订机	Cardinal	31.92	2	0.4	4.2	10165
5	宋良	公司	镇江	10003746	办公用品	用品	Kleencut	321.216	4	0.4	-27.104	17170
6	万兰	消费者	汕头	10003452	办公用品	器具	KitchenAid	1375.92	3	0	550.2	15730
7	俞明	消费者	景德镇	10001640	技术	设备	柯尼卡	11129.58	9	0	3783.78	18325
8	俞明	消费者	景德镇	10001029	办公用品	装订机	Ibico	479.92	2	0	172.76	18325
9	俞明	消费者	景德镇	10000578	家具	椅子	SAFCO	8659.84	4	0	2684.08	18325
10	俞明	消费者	景德镇	10001629	办公用品	纸张	CroonBar	588	5	0	46.9	18325
11	俞明	消费者	景德镇	10004801	办公用品	系固件	Stockwell	154.28	2	0	33.88	18325
12	谢雯	小型企业	榆林	10000001	技术	设备	爱普生	434.28	2	0	4.2	21700
13	康青	消费者	哈尔滨	10002416	技术	复印机	惠普	2368.8	4	0	639.52	19585
14	赵婵	消费者	青岛	10000017	办公用品	信封	Jiffy	683.76	3	0	88.62	10885
15	赵婵	消费者	青岛	10004920	技术	配件	SanDisk	1326.5	5	0	344.4	10885
16	赵婵	消费者	青岛	10004349	技术	电话	诺基亚	5936.56	2	0	2849.28	10885
17	刘斯	公司	徐州	10003582	办公用品	器具	KitchenAid	10336.452	7	0.4	-3962.728	20965
18	刘斯	公司	徐州	10004648	办公用品	标签	Novimex	85.26	3	0	38.22	20965
19	白鹄	消费者	上海	10001200	技术	配件	Memorex	2330.44	7	0	1071.14	14050

图 3-3-1　清洗后的销售数据表部分数据

财务数据分析师分别做了城市表和省区表。城市表是城市和省/自治区的对应表，即销售数据表中的城市所对应的省/自治区。省区表是省/自治区和地区的对应表，即城市表中的每个省/自治区对应的地区，如图 3-3-2 所示。

	A	B
1	城市	省/自治区
2	安庆	安徽
3	蚌埠	安徽
4	亳州	安徽
5	巢湖	安徽
6	池州	安徽
7	滁州	安徽
8	阜阳	安徽
9	合肥	安徽
10	淮北	安徽

	A	B
1	省/自治区	地区
2	浙江	华东
3	四川	西南
4	江苏	华东
5	广东	中南
6	江西	华东
7	陕西	西北
8	黑龙江	东北
9	山东	华东

图 3-3-2　城市表和省区表

任务要求： 观察并思考如下问题。

（1）要分别从省/自治区和地区的维度统计销售额，如何将这 3 张数据表关联起来？

（2）可以使用哪些方法进行关联？

此外，B 公司想对现有产品进行广告投放，增加产品推广力度，从而提高销售量。在选择广告代理商时，B 公司把目标锁定为华扬联众数字技术股份有限公司（以下简称"华扬联众"），财务数据分析师想了解华扬联众的综合实力，首先想对其进行财务能力分析。财务数据分析师取得了华扬联众 2017—2020 年的资产负债表和利润表数据，部分数据分别如图 3-3-3（a）和图 3-3-3（b）所示。现要将这些数据整合到一张表中，以便进行后续的指标分析工作。

	A	B	C	CA	CB	CC	CD	CE	CF	CG
1	企业简称	报表ID	交易代码	外币报表折算差额	归属于母公司所有者权益合计	少数股东权益	股东权益合计	负债和股东权益合计	报表类型	报表年份
2	华扬联众	60382550002020	603825	-1459552.93	1776234064.92	1073156.00	1777307220.92	6903749563.66	5000	2020
3	华扬联众	60382550002019	603825	-53580.14	1689546799.17	2447513.97	1691994313.14	6075347913.94	5000	2019
4	华扬联众	60382550002018	603825	-464695.03	1342929051.42	-102867.72	1342826183.70	6212051568.29	5000	2018
5	华扬联众	60382550002017	603825	-377462.29	1206608664.55	13192567.66	1219801232.21	4763016082.98	5000	2017

（a）资产负债表部分数据

	A	B	C	AF	AG	AH	AI	AJ	AK	AL	AM
1	企业简称	报表ID	交易代码	所得税	净利润	归属于母公司所有者的净利润	少数股东损益	基本每股收益	稀释每股收益	报表类型	报表年份
2	华扬联众	60382550002020	603825	36790265.94	203700606.58	209539354.91	-5838748.33	0.93	0.93	5000	2020
3	华扬联众	60382550002019	603825	44330492.82	194625533.54	192163025.83	2462507.71	0.85	0.84	5000	2019
4	华扬联众	60382550002018	603825	22427823.24	116224715.75	128358840.10	-12134124.35	0.57	0.56	5000	2018
5	华扬联众	60382550002017	603825	26094696.71	124081625.49	126707861.83	-2626236.34	0.93	0.93	5000	2017

（b）利润表部分数据

图 3-3-3　华扬联众 2017—2020 年资产负债表和利润表部分数据

为了更好地分析华扬联众的财务指标数据，财务数据分析师想对另外一家广告代理商进行综合分析，与华扬联众进行比较。财务数据分析师选择了引力传媒股份有限公司（以下简称"引力传媒"）作为横向对比分析对象。财务数据分析师取得了引力传媒 2016—2020 年的资产负债表和利润表数据，部分数据分别如图 3-3-4（a）和图 3-3-4（b）所示。现要将华扬联众与引力传媒的利润表数据整合到一张表中，以便对其盈利指标进行横向对比分析。

	A	B	C	CA	CB	CC	CD	CE	CF	CG
1	企业简称	报表ID	交易代码	外币报表折算差额	归属于母公司所有者权益合计	少数股东权益	股东权益合计	负债和股东权益合计	报表类型	报表年份
2	引力传媒	60359850002020	603598	0.00	450916352.21	-237810.87	450678541.34	2096844922.83	5000	2020
3	引力传媒	60359850002019	603598	0.00	348777717.01	-193508.79	348584208.22	1617181376.62	5000	2019
4	引力传媒	60359850002018	603598	0.00	564577056.60	-193508.79	564383547.81	1759739640.55	5000	2018
5	引力传媒	60359850002017	603598	0.00	662909987.08	41584756.79	704494743.87	2039187459.32	5000	2017
6	引力传媒	60359850002016	603598	0.00	591903372.09	6842101.74	598745473.83	892555973.56	5000	2016

（a）资产负债表部分数据

	A	B	C	AF	AG	AH	AI	AJ	AK	AL	AM
1	企业简称	报表ID	交易代码	所得税	净利润	归属于母公司所有者的净利润	少数股东损益	基本每股收益	稀释每股收益	报表类型	报表年份
2	引力传媒	60359850002020	603598	39474720.26	102094333.12	102138635.20	-44302.08	0.38	0.38	5000	2020
3	引力传媒	60359850002019	603598	27298641.32	-210987259.99	-210987259.99	0.00	-0.78	-0.78	5000	2019
4	引力传媒	60359850002018	603598	9350463.68	61147248.19	56629050.29	4518197.90	0.21	0.21	5000	2018
5	引力传媒	60359850002017	603598	16189699.34	75510459.14	66736337.57	8774121.84	0.25	0.25	5000	2017
6	引力传媒	60359850002016	603598	13196777.95	30969461.76	33031863.32	-2062401.56	0.12	0.12	5000	2016

（b）利润表部分数据

图 3-3-4　引力传媒 2016—2020 年资产负债表和利润表部分数据

任务准备

一、数据集成的概念

数据集成（Data Integration）是指把不同来源、格式、特点、性质的数据在逻辑上或物理上有机地集中，从而为企业提供全面的数据共享服务。数据集成处于数据生命周期的前期阶段，如同数据"搬运工"一般，完成各种各样的数据同步操作，为后续数据分析和挖掘工作奠定基础。数据集成的常用方法包括数据关联与数据合并。数据关联用于根据条件对不同数据内容的表格进行左、右连接，数据合并用于对相同或相似数据内容的表格进行上、下连接，如图 3-3-5 所示。

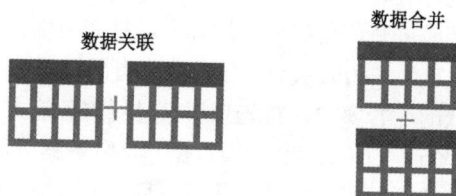

图 3-3-5 数据集成的两种方法

二、数据关联

数据关联是指通过建立各种关系（如键、属性、条件等）对不同数据集合进行连接，从而实现数据之间的关联。数据关联必须有关联条件，即在不同的表之间根据某一关键字段对数据进行关联。

在实际工作中，要连接的数据表的数据可能不完全匹配。例如，财务数据分析师想要对可比公司的借款指标进行分析，表 1 中只有 A、B、D 公司的短期借款情况，表 2 中只有 B、C、D 公司的长期借款情况。在这种情况下，可以选择以公司名称为关联字段，对表 1 和表 2 的数据进行连接。数据关联有 4 种连接方式，分别为左连接、右连接、内连接和全连接。

（一）左连接（Left Join）

左连接以左表为基础，根据两表的关联条件对两表数据进行连接。其连接结果为：将左表的所有数据条目列出，右表只列出满足左表关联条件的部分数据条目。以图 3-3-6 为例，选择左连接后，表 1 中所有数据被全部列出，表 2 中满足表 1 关联条件"公司名称"的 B、D 公司与其进行连接。

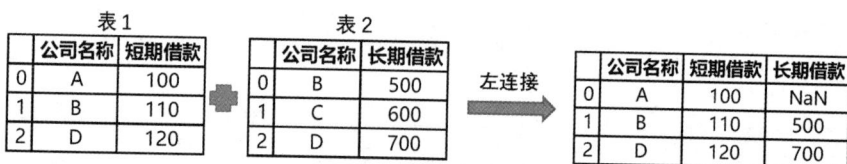

图 3-3-6 左连接

（二）右连接（Right Join）

右连接以右表为基础，根据两表的关联条件对两表数据进行连接。其连接结果为：将右表的所有数据条目列出，左表只列出满足右表关联条件的部分数据条目。以图 3-3-7 为例，选择右连接后，表 2 中所有数据被全部列出，表 1 中满足表 2 关联条件"公司名称"的 B、D 公司与其进行连接。

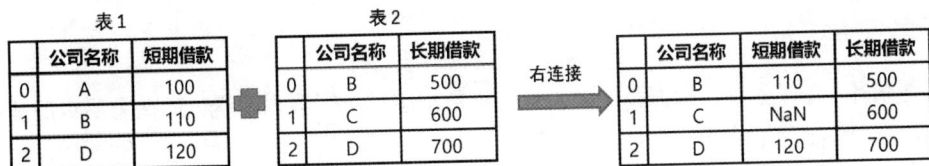

图 3-3-7　右连接

（三）内连接（Inner Join）

内连接是取两张表关联条件的交集进行连接。其连接结果为：只显示满足关联条件的左、右两表的数据条目，不符合条件的数据条目不显示。以图 3-3-8 为例，选择内连接后，对基于两张表关联条件的交集 B、D 公司进行连接，不符合条件的数据条目不显示。

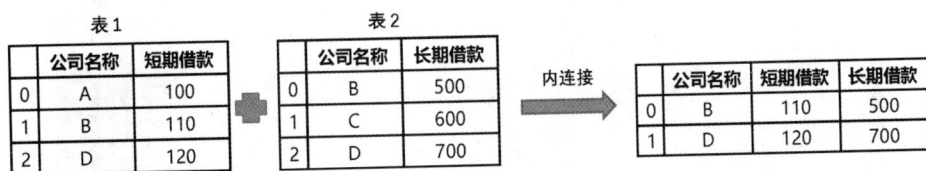

图 3-3-8　内连接

（四）全连接（Full Join）

全连接是取两张表关联条件的并集进行连接。其连接结果为：满足关联条件的左、右表数据条目相连，不满足条件的各表数据仍保留，两表之间无对应数据的单元格为空值。以图 3-3-9 为例，选择全连接后，对基于两张表关联条件的并集 A、B、C、D 公司进行连接，不满足条件的数据条目仍保留，两表之间无对应数据的单元格为空值。

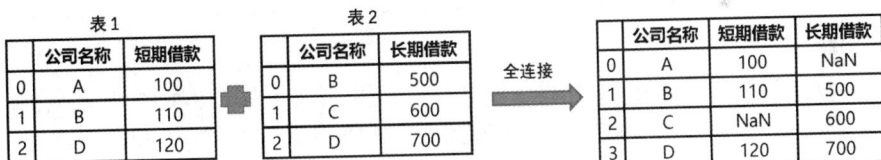

图 3-3-9　全连接

三、数据合并

数据合并也称数据追加，是指对多个字段完全相同的数据进行纵向连接。以图 3-3-10 为例，表 1 和表 3 对应字段相同，就可以对这两个表进行数据合并。

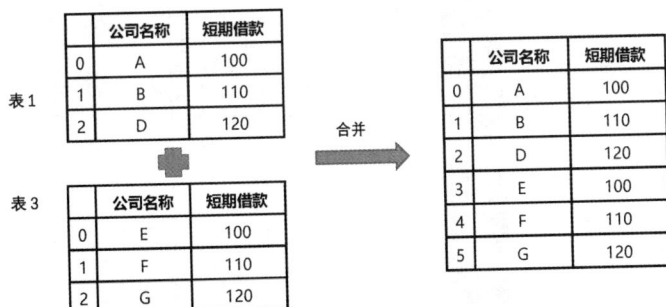

图 3-3-10　数据合并

任务实施

【子任务1】在任务一的数据清洗中，对销售数据表进行了数据清洗，现在需要对清洗后的销售数据表与城市表、省区表建立关联。

步骤一：上传数据表。在资源下载处，下载"城市表.xlsx"、"省区表.xlsx"和"销售数据_清洗后.xlsx"，单击"数据准备"中的"上传"按钮，打开"上传数据"对话框，如图 3-3-11 所示。分别将 3 张表上传到用友分析云（其中的"销售数据_清洗后.xlsx"，本任务只需上传"订单"表单），保存至"我的数据"文件夹内，并单击"确定"按钮。

图 3-3-11　上传数据

步骤二：新建数据集。单击"数据准备"中的"新建"按钮，如图 3-3-12 所示。在弹出的"创建数据集"对话框中选择"关联数据集"，将关联后的数据集命名为"业务数据关联"。将数据集保存至"我的数据"文件夹内，并单击"确定"按钮，如图 3-3-13 所示。

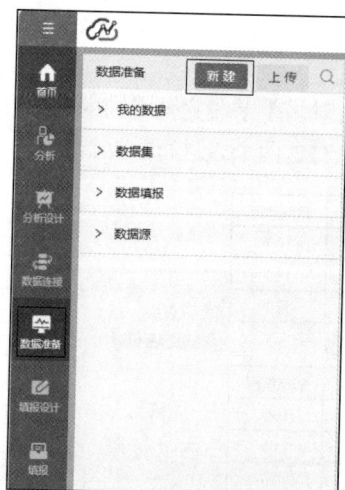

图 3-3-12　新建数据集

图 3-3-13 创建关联数据集

步骤三：关联数据集。

（1）将清洗后的销售数据表、城市表、省区表 3 张表分别拖放到关联面板内，如图 3-3-14 所示。

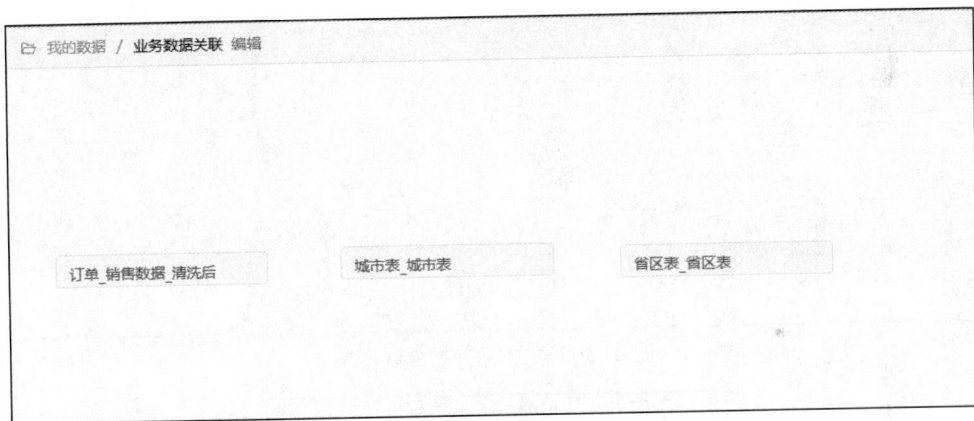

图 3-3-14 将数据表拖至关联面板

（2）选择清洗后的销售数据表，再选择城市表，设置连接方式为"左连接"，关联字段为"城市"="城市"，单击"确定"按钮，如图 3-3-15 所示。

图 3-3-15 将销售数据表与城市表左连接

（3）选择城市表，再选择省区表，设置连接方式为"左连接"，关联字段为"省/自治区"="省/自治区"，单击"确定"按钮，如图 3-3-16 所示。

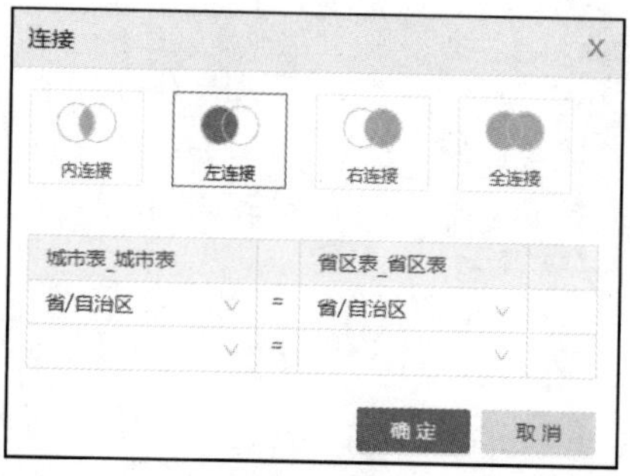

图 3-3-16 将城市表与省区表左连接

步骤四：检查数据集。单击右上角的"执行"按钮，预览并检查数据集，结果如图 3-3-17 所示。单击需修改字段数据类型的字段名称前的 abc 图标，从弹出的下拉菜单中选择 123，将字符型切换成数值型，如图 3-3-18 所示。

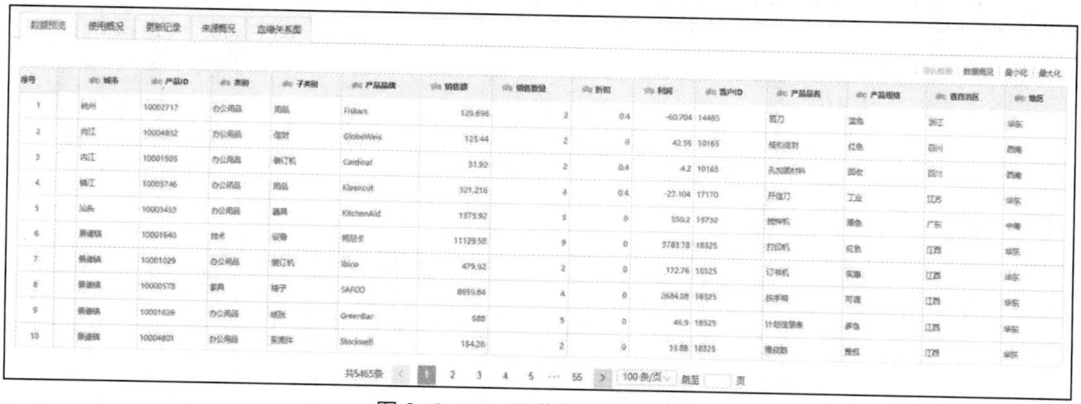

图 3-3-17 预览并检查数据集

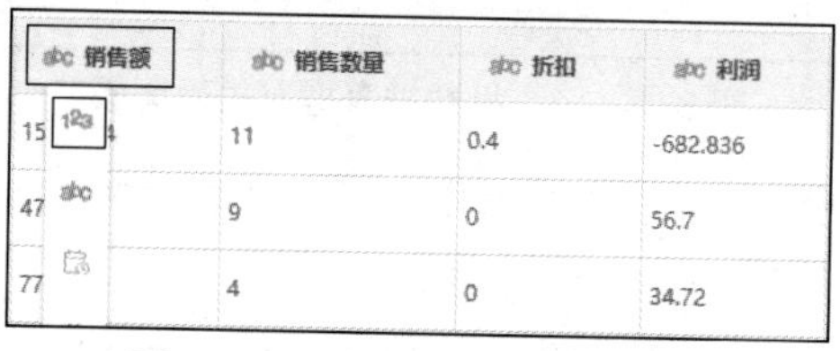

图 3-3-18 修改字段数据类型

步骤五：保存数据集。再次单击"执行"按钮，并单击"保存"按钮，如图 3-3-19 所示。

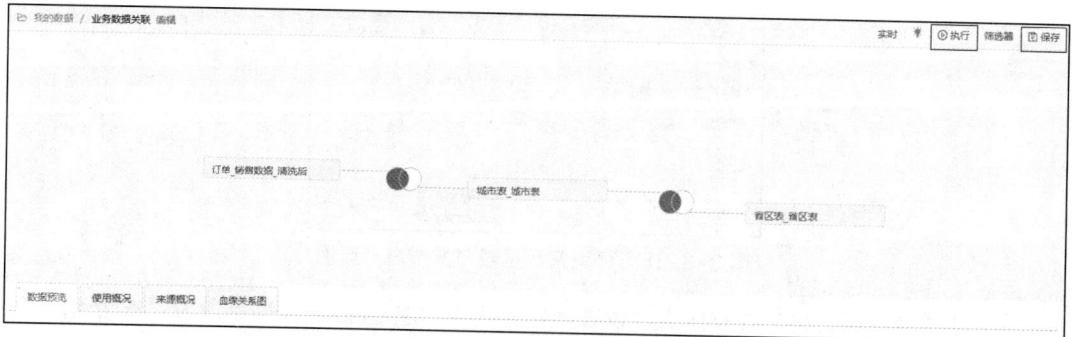

图 3-3-19 执行并保存数据集

【子任务 2】将华扬联众的利润表与资产负债表建立关联。

步骤一：上传数据表。在资源下载处，下载华扬联众利润表、华扬联众资产负债表并上传到用友分析云，操作步骤与上一子任务相同。

步骤二：新建数据集。单击“数据准备”中的“新建”按钮，在弹出的“创建数据集”对话框中选择“关联数据集”，将数据集命名为“华扬联众利润表与资产负债表合集”，将数据集保存至“我的数据”文件夹内，并单击“确定”按钮，如图 3-3-20 所示。

创建数据集
选择数据集类型
关联数据集
追加数据集
SQL数据集
基本信息
名称
华扬联众利润表与资产负债表
文件夹
我的数据
确定
取消

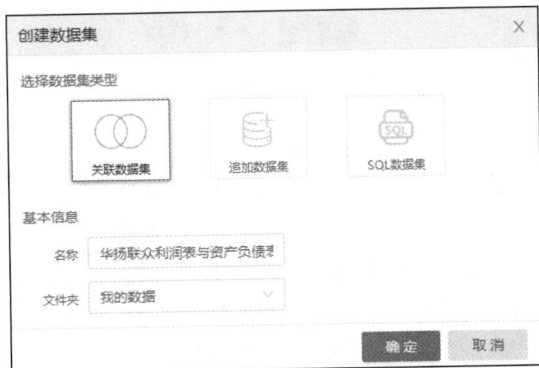

图 3-3-20　创建关联数据集

步骤三：关联数据集。将华扬联众利润表、华扬联众资产负债表分别拖放到关联面板内，选择两个需要关联的数据表，连接方式选择“内连接”，关联字段选择“报表年份”=“报表年份”，单击“确定”按钮，如图 3-3-21 所示。

连接
内连接
左连接
右连接
全连接
Sheet1_华扬联众资...
Sheet1_华扬联众利...
报表年份
=
报表年份
=
确定
取消

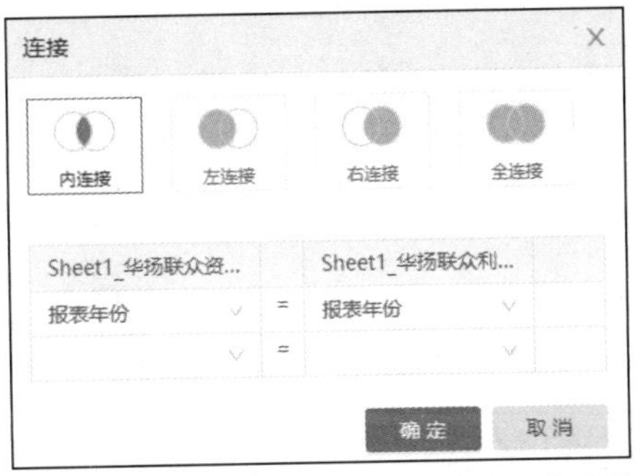

图 3-3-21　将资产负债表和利润表内连接

步骤四：检查并保存数据集。单击右上角的“执行”按钮，预览并检查数据集，结果如图 3-3-22 所示。单击“实时”按钮，在打开的面板中选中“数据物化”单选按钮，将数据表固定，然后单击“保存”按钮，如图 3-3-23 所示。

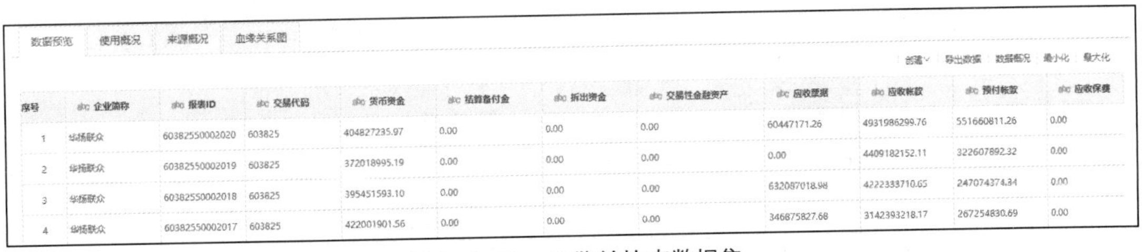

数据预览
使用概况
来源概况
血缘关系图
导出数据
数据概况
最小化
最大化
序号
企业简称
报表ID
交易代码
货币资金
结算备付金
拆出资金
交易性金融资产
应收票据
应收帐款
预付帐款
应收保费
1
华扬联众
60382550002020
603825
404827235.97
0.00
0.00
0.00
60447171.26
4931986299.76
551660811.26
0.00
2
华扬联众
60382550002019
603825
372018995.19
0.00
0.00
0.00
0.00
4409182152.11
322607892.32
0.00
3
华扬联众
60382550002018
603825
395451593.10
0.00
0.00
0.00
632087018.98
4222333710.65
247074374.34
0.00
4
华扬联众
60382550002017
603825
422001901.56
0.00
0.00
0.00
346875827.68
3142393218.17
267254830.69
0.00

图 3-3-22　预览并检查数据集

图 3-3-23　数据物化

【子任务 3】将华扬联众与引力传媒的利润表合并。

步骤一： 上传数据表。在资源下载处，下载引力传媒利润表、引力传媒资产负债表并上传到用友分析云。

步骤二： 新建数据集。单击"数据准备"中的"新建"按钮，在弹出的"创建数据集"对话框中选择"追加数据集"，将数据集命名为"华扬联众&引力传媒利润表数据集"，保存至"我的数据"文件夹内，并单击"确定"按钮，如图 3-3-24 所示。

图 3-3-24　创建追加数据集

步骤三： 关联数据集。

（1）将华扬联众利润表拖至关联面板内，弹出"选择所需字段"对话框，按需勾选所需字段（可以全选），单击"确定"按钮，如图 3-3-25 和图 3-3-26 所示。

图 3-3-25　勾选华扬联众利润表所需字段

图 3-3-26 华扬联众利润表所需字段

（2）将引力传媒利润表拖至关联面板内，选择所需字段，注意所选字段需要匹配华扬联众利润表所选字段，具体操作与（1）相同，如图 3-3-27 所示。

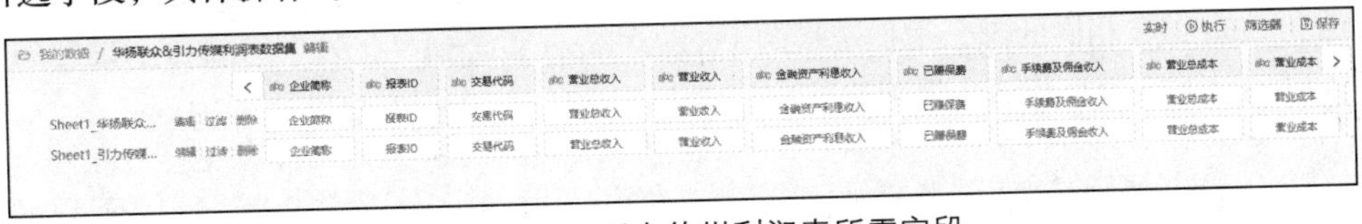

图 3-3-27 引力传媒利润表所需字段

步骤四：检查并保存数据集。单击右上角的"执行"按钮，预览并检查数据集，结果如图 3-3-28 所示。单击"实时"按钮，在打开的面板中选中"数据物化"单选按钮，将数据表固定，单击"保存"按钮。

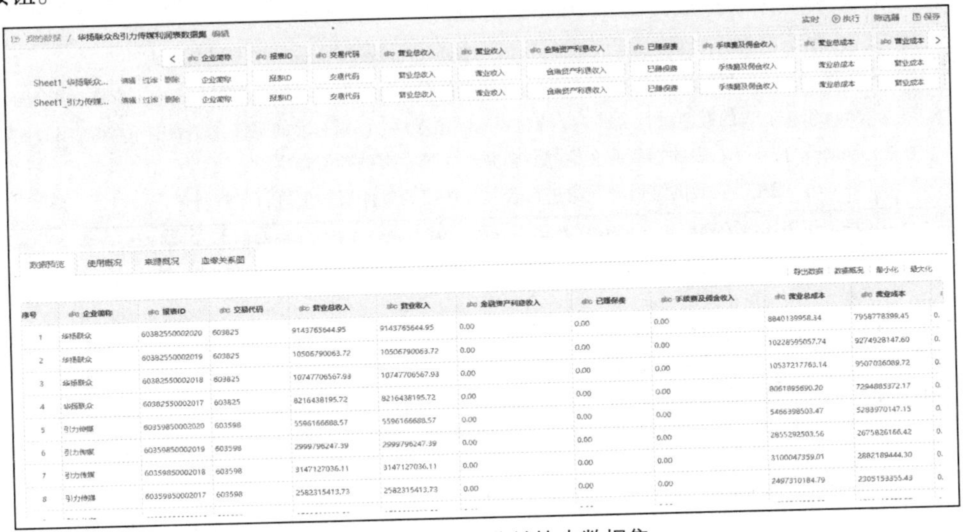

图 3-3-28 预览并检查数据集

任务四 Python 数据集成

任务场景

在本项目的任务三中，我们学习了如何使用数据集成工具对数据表进行关联与合并。本任务中，我们将进一步了解如何通过 Python 代码实现数据集成。

任务要求：使用 Python 中的函数完成数据集成工作。

任务准备

一、主键合并——merge()函数

主键合并操作是通过一个或多个键值（键值是指数据表中值可唯一标识一行数据的列标签）

将两个数据表横向连接。根据合并方式的不同，主键合并可以分为左连接、右连接、内连接和外连接。

（一）merge()函数的主要内容

主键合并可以通过 pandas 库的 merge()函数完成。merge()函数具有表连接功能，类似于 Excel 中的 vlookup()函数，可以根据一个或多个键（列值）将不同 DataFrame 连接起来。其应用场景为：两个 DataFrame 存在相同的键，根据键将两个 DataFrame 整合到一张表中。merge()函数的常用参数说明如表 3-4-1 所示，其语法规则如下：

```
pandas.merge(left,right,how='inner',on=None,left_on=None,right_on=None,left_index=
False,right_index=False,sort=False,suffixes=('_x','_y'),copy=True,indicator=False,
validate=None)
```

表 3-4-1　　　　　　　　　　　merge()函数的常用参数说明

参数	说明
left	表示需要合并的左表，可接收 DataFrame 对象
right	表示需要合并的右表，可接收 DataFrame 对象
how	表示左、右表的合并方式，取值包括'left'、'right'、'inner'、'outer'，默认为'inner'。 'left'：按左表的键值进行合并，保持左表的键值顺序，如果左表的键值在右表中不存在，用 NaN 填充。 'right'：按右表的键值进行合并，保持右表的键值顺序，如果右表的键值在左表中不存在，用 NaN 填充。 'inner'：按左、右表的键值的交集进行合并，保持左表的键值顺序。 'outer'：按左、右表的键值的并集进行合并，按字典顺序对键值进行重新排序
on	指定用于连接的列标签，即左、右表合并的主键，必须是值可唯一标识一行数据的列标签。如果未指定，则以两表交集的列标签为连接键值
left_on	左表中用于连接键的列名，该参数在左、右表中列名不同但代表的含义相同时非常有用
right_on	右表中用于连接键的列名
left_index	默认为 False，设置为 True 代表使用左表中的行索引作为连接键
right_index	默认为 False，设置为 True 代表使用右表中的行索引作为连接键
sort	是否对合并的数据进行排序
suffixes	字符串组成的元组，两个表存在除主键之外的相同列名时，在列名后面附加后缀名称以区分数据源于哪个表，默认为('_x','_y')
copy	默认为 True，设置为 False 可以在某些特殊情况下避免将数据复制到结果数据集中
indicator	设置是否显示每行数据的来源，默认为 False
validate	自动检查其合并键中是否有意外的重复项

> **注意**
> merge()函数中没有 axis 参数，即只能进行横向连接（列连接）。

（二）merge()函数的实现

1. 左连接

左连接是指在对两张表进行主键合并操作时，按左表的主键值进行合并，保持左表的主键值的顺序。如果左表的主键值在右表中不存在，用 NaN 填充。左连接通过设定 merge()函数的参数 how='left'来实现。

示例：使用 merge()函数对表 1 和表 2 进行左连接。

```
1  import pandas as pd
2  df1=pd.DataFrame({'公司名称':['A','B','D'],'短期借款':[100,110,120]})
3  df2=pd.DataFrame({'公司名称':['B','C','D'],'长期借款':[500,600,700]})
4  print(df1)
5  print(df2)
6  cont1=pd.merge(df1,df2,how='left',on='公司名称')
7  print(cont1)
```

运行结果如下：

```
   公司名称   短期借款    长期借款
0    A     100      NaN
1    B     110     500.0
2    D     120     700.0
```

2．右连接

右连接是指在对两张表进行主键合并操作时，按右表的主键值进行合并，保持右表的主键值的顺序。如果右表的主键值在左表中不存在，用 NaN 填充。右连接通过设定 merge()函数的参数 how='right'来实现。

示例：使用 merge()函数对表 1 和表 2 进行右连接。

```
9  cont2=pd.merge(df1,df2,how='right',on='公司名称')
10  print(cont2)
```

运行结果如下：

```
   公司名称   短期借款    长期借款
0    B    110.0     500
1    C     NaN      600
2    D    120.0     700
```

3．内连接

内连接是指在对左、右表进行主键合并操作时，按左、右表的主键值的交集进行合并，并保持左表的主键值的顺序。内连接通过设定函数的参数 how='inner'来实现。

示例：使用 merge()函数对表 1 和表 2 进行内连接。

```
12  cont3=pd.merge(df1,df2,how='inner',on='公司名称')
13  print(cont3)
```

运行结果如下：

```
   公司名称   短期借款    长期借款
0    B     110      500
1    D     120      700
```

4．外连接

外连接是指在对左、右表进行主键合并操作时，按左、右表的主键值的并集进行合并。外连接通过设定函数的参数 how='outer'来实现。

示例：使用 merge()函数对表 1 和表 2 进行外连接。

```
15  cont4=pd.merge(df1,df2,how='outer',on='公司名称')
16  print(cont4)
```

运行结果如下：

```
   公司名称   短期借款    长期借款
0    A    100.0     NaN
1    B    110.0    500.0
2    D    120.0    700.0
3    C     NaN     600.0
```

二、堆叠合并——concat()函数

堆叠合并可以沿着指定的行或列将多个 DataFrame 对象合并到一起。按照合并的方向，可以分为横向堆叠合并、纵向堆叠合并和交叉堆叠合并。

（一）concat()函数的主要内容

堆叠合并操作可以通过 pandas 库的 concat()函数完成，返回值为合并后的 DataFrame 对象。其适用场景为对两个或多个 DataFrame 对象进行横向（列连接）或纵向合并（行连接）。concat()函数的常用参数说明如表 3-4-2 所示，其语法规则如下：

```
pandas.concat(objs,axis=0,join='outer',ignore_index=False,keys=
None,levels=None,names=None,verify_integrity=False,sort=None,copy=True)
```

表 3-4-2 　　　　　　　　　　　concat()函数的常用参数说明

参数	说明
objs	需要连接的对象集合
axis	合并的方向，0 代表纵向堆叠合并（行连接），1 代表横向堆叠合并（列连接），默认值为 0
join	连接方式有'inner'（两表的交集）、'outer'（两表的并集），默认为'outer'
ignore_index	布尔值，默认值为 False，表示保留原来的行标签。若为 True，表示产生新的行标签，值为 0,1,…,N–1
keys	指明数据来源于哪个变量，该参数通过列表方式赋值
levels	生成层次索引的级别，默认为 None
names	生成层次索引的名称，默认为 None
verify_integrity	检测新连接的轴是否包含重复项，默认为 False
sort	是否对合并的数据进行排序
copy	是否复制，默认为 True

（二）concat()函数的实现

1. 横向堆叠合并

横向堆叠合并操作是对不同的表按行标签进行横向连接，在 concat()函数中设置参数 axis=1。如果表的行标签不同，缺失的数据用 NaN 填充。

示例：使用 concat()函数对表 1 和表 2 进行横向堆叠合并。

```
1  import pandas as pd
2  df1=pd.DataFrame({'公司名称':['A','B','D'],'短期借款':[100,110,120]})
3  df2=pd.DataFrame({'公司名称':['B','C','D'],'长期借款':[500,600,700]})
4  print(df1)
5  print(df2)
6
7  cont1=pd.concat([df1,df2],axis=1)
8  print(cont1)
```

运行结果如下：

```
   公司名称  短期借款  公司名称  长期借款
0    A    100    B    500
1    B    110    C    600
2    D    120    D    700
```

2．纵向堆叠合并

纵向堆叠合并操作是对不同的表按列标签进行纵向连接，在 concat()函数中设置参数 axis=0。如果表的列标签不同，缺失的数据用 NaN 填充。

示例：使用 concat()函数对表 1 和表 2 进行纵向堆叠合并。

```
10  cont2=pd.concat([df1,df2],axis=0)
11  print(cont2)
```

运行结果如下：

```
   公司名称    短期借款    长期借款
0    A     100.0     NaN
1    B     110.0     NaN
2    D     120.0     NaN
0    B     NaN       500.0
1    C     NaN       600.0
2    D     NaN       700.0
```

3．交叉堆叠合并

交叉堆叠合并操作是按行或列标签进行合并，得到两表的交集或者并集，通过在 concat()函数中设置 join 参数来实现。

如果 join='inner'，合并后得到两表的交集；如果 join='outer'，合并后得到两表的并集。缺失的数据仍然用 NaN 填充。

示例（1）：使用 concat()函数对表 1 和表 2 进行交叉堆叠合并，得到两表的交集。

```
13  cont3=pd.concat([df1,df2],axis=0,join='inner')
14  print(cont3)
```

运行结果如下：

```
   公司名称
0    A
1    B
2    D
0    B
1    C
2    D
```

示例（2）：使用 concat()函数对表 1 和表 2 进行交叉堆叠合并，得到两表的并集。

```
16  cont4=pd.concat([df1,df2],axis=0,join='outer')
17  print(cont4)
```

运行结果如下：

```
   公司名称    短期借款    长期借款
0    A     100.0     NaN
1    B     110.0     NaN
2    D     120.0     NaN
0    B     NaN       500.0
1    C     NaN       600.0
2    D     NaN       700.0
```

三、数据合并——join()函数

join()函数用于将一个或多个 DataFrame 对象加入当前 DataFrame，实现合并的功能（横向连接）。join()函数的功能与 merge()函数的功能类似，但两者适用的场景有所不同。join()函数的适用场景为对无重复列名的两个 DataFrame 对象基于行索引进行列连接。join()函数的常用参数说明如表 3-4-3 所示，其语法规则如下：

```
DataFrame.join(other,on=None,how='left',lsuffix='',rsuffix='',sort=False)
```

表 3-4-3   join()函数的常用参数说明

参数	说明
other	连接的 DataFrame 对象
on	指定左表中用于连接的列，右边必须有相同的列（需设置为索引）
how	连接方式有'inner'、'outer'、'left'、'right'，默认为'left'
lsuffix	两表列名重复时，左侧数据中重叠列使用的后缀
rsuffix	两表列名重复时，右侧数据中重叠列使用的后缀
sort	是否对合并的数据进行排序

示例（1）：使用 join()函数对表 1 和表 2 进行横向合并。

```
1  import pandas as pd
2  df1=pd.DataFrame({'公司名称':['A','B','D'],'短期借款':[100,110,120]})
3  df2=pd.DataFrame({'公司名称':['B','C','D'],'长期借款':[500,600,700]})
4  print(df1)
5  print(df2)
6
7  cont1=df1.join(df2.set_index(['公司名称']),on='公司名称')
8  print(cont1)
```

运行结果如下：

```
   公司名称  短期借款   长期借款
0    A     100    NaN
1    B     110    500.0
2    D     120    700.0
```

示例（2）：使用 join()函数对表 1 和表 2 进行横向合并，得到两表的交集。

```
10  cont2=df1.join(df2.set_index(['公司名称']),on='公司名称',how='inner')
11  print(cont2)
```

运行结果如下：

```
   公司名称  短期借款   长期借款
1    B     110    500
2    D     120    700
```

💡 **注意**

　　join()函数适用于无重复列名的两个 DataFrame 对象的横向连接，当两个表存在相同列时，对表 1 调用 join()函数，必须将表 2 的相同列设置为索引才能进行连接，其结果与 merge()函数一致。

四、数据合并——append()函数

　　append()函数用于向 DataFrame 对象中添加新的行（纵向合并），如果添加的列不在 DataFrame 对象中，将会被当作新的列进行添加。其适用场景为对两个 DataFrame 对象进行纵向连接。append()函数的常用参数说明如表 3-4-4 所示，其语法规则如下：

```
DataFrame.append(other,ignore_index=False,verify_integrity=False,sort=False)
```

表 3-4-4   append()函数的常用参数说明

参数	说明
other	需要追加的 DataFrame 对象
ignore_index	是否重建索引，默认为 False
verify_integrity	有重复项是否抛出异常，默认为 False
sort	是否对合并的数据进行排序，默认为 False

示例：使用 append() 函数对表 1 和表 2 进行纵向合并。

```
1  import pandas as pd
2  df1=pd.DataFrame({'公司名称':['A','B','D'],'短期借款':[100,110,120]})
3  df2=pd.DataFrame({'公司名称':['B','C','D'],'长期借款':[500,600,700]})
4  print(df1)
5  print(df2)
6
7  cont1=df1.append(df2)
8  print(cont1)
```

运行结果如下：

```
   公司名称   短期借款   长期借款
0    A      100.0    NaN
1    B      110.0    NaN
2    D      120.0    NaN
0    B      NaN      500.0
1    C      NaN      600.0
2    D      NaN      700.0
```

任务实施

【子任务 1】对销售数据与销售区域进行关联。

步骤一：导入销售数据与销售区域关联脚本。进入新道代码编辑器，选择"任务 9_销售数据与销售区域关联.py"，如图 3-4-1 所示。

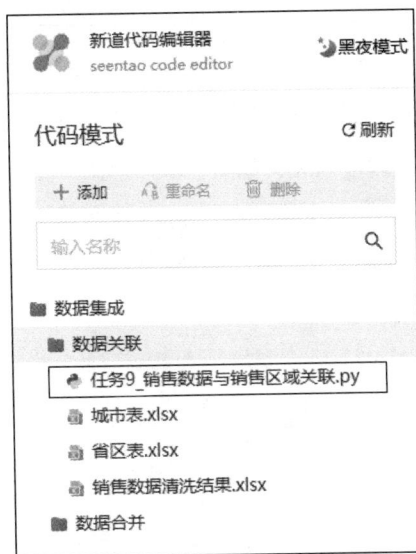

图 3-4-1 导入销售数据与销售区域关联脚本

步骤二：在代码编辑器中，将右侧的缺失代码补充完整。

（1）导入 pandas 库文件。参考代码如图 3-4-2 所示。

```
2  # 一、导入pandas库文件
3  import pandas as pd
```

图 3-4-2 导入 pandas 库文件（1）

（2）读取数据。找到需要处理的文件的路径，复制路径的方法与任务二的子任务 1 相同。分别复制销售数据清洗结果、城市表、省区表文件路径，并粘贴到变量 df、df1、df2 中（粘贴时，注意要保留单引号）。参考代码如图 3-4-3 所示。

```
5  # 二、读取数据
6  df = pd.read_excel('数据集成/数据关联/销售数据清洗结果.xlsx')
7  df1 = pd.read_excel('数据集成/数据关联/城市表.xlsx')
8  df2 = pd.read_excel('数据集成/数据关联/省区表.xlsx')
```

图 3-4-3　粘贴文件路径（1）

（3）数据关联。使用 merge() 函数对销售数据清洗结果与城市表进行左连接，关联字段是"城市"，关联后，新数据表将覆盖原有变量 df 的值；将关联后的数据表与省区表进行左连接，关联字段是"省/自治区"，关联后，新数据表将覆盖原有变量 df 的值。参考代码如图 3-4-4 所示。

```
10  # 三、数据关联
11  df = pd.merge(df, df1, how='left', on='城市')
12  df = pd.merge(df, df2, how='left', on='省/自治区')
```

图 3-4-4　数据关联

（4）保存数据。将关联后的数据表命名为"销售数据与销售区域关联结果"，保存为 Excel 类型（.xlsx）；行索引设置为不保存（False 代表不保存，True 代表保存）；同时为了保证中文无乱码，用 utf-8-sig 的方式进行编码。参考代码如图 3-4-5 所示。

（5）输出关联后的数据。参考代码如图 3-4-6 所示。

```
14  # 四、保存数据
15  df.to_excel('销售数据与销售区域关联结果.xlsx', index=False, encoding='utf-8-sig')
```

图 3-4-5　保存数据（1）

```
17  # 五、输出数据
18  print(df)
```

图 3-4-6　输出数据（1）

步骤三：运行代码，下载关联数据表，如图 3-4-7 所示。

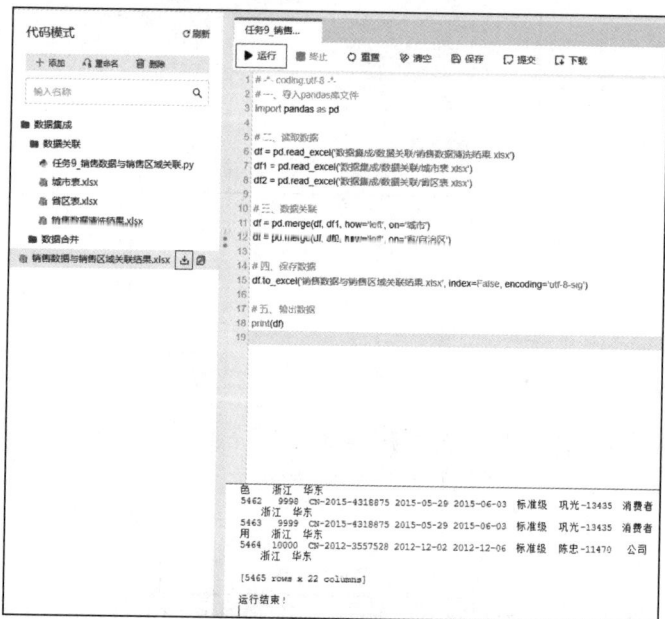

图 3-4-7　运行代码

【子任务2】将华扬联众与引力传媒的利润表合并。

步骤一：导入华扬联众与引力传媒的利润表合并脚本。进入新道代码编辑器，选择"任务10_华扬联众与引力传媒利润表合并.py"，如图3-4-8所示。

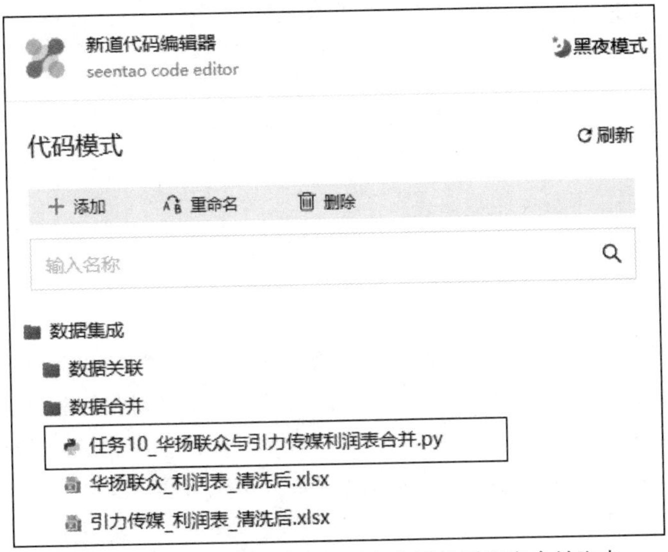

图3-4-8　导入华扬联众与引力传媒的利润表合并脚本

步骤二：进入代码编辑界面，将右侧的缺失代码补充完整。

（1）导入pandas库文件。参考代码如图3-4-9所示。

```
1  # 一、导入pandas库文件
2  # 参考操作步骤，将代码书写在下面横线处
3  import pandas as pd
```

图3-4-9　导入pandas库文件（2）

（2）读取数据。找到需要处理的文件的路径；分别复制华扬联众利润表、引力传媒利润表的文件路径，粘贴到变量df、df1中。参考代码如图3-4-10所示。

```
5  # 二、读取数据
6  df = pd.read_excel('数据集成/数据合并/华扬联众_利润表_清洗后.xlsx')
7  df1 = pd.read_excel('数据集成/数据合并/引力传媒_利润表_清洗后.xlsx')
```

图3-4-10　粘贴文件路径（2）

（3）数据合并。使用append()函数对华扬联众利润表与引力传媒利润表进行合并，合并后的新数据表将覆盖原有变量df的值。参考代码如图3-4-11所示。

```
9   # 三、数据合并
10  df = df.append(df1)
```

图3-4-11　数据合并

（4）保存数据。将关联后的数据表命名为"华扬联众与引力传媒利润表合并结果"，保存为Excel类型（.xlsx）；行索引设置为不保存；同时为了保证中文无乱码，用utf-8-sig的方式进行编码。参考代码如图3-4-12所示。

```
12  # 四、保存数据
13  df.to_excel('华扬联众与引力传媒利润表合并结果.xlsx', index=False,encoding='utf-8-sig')
```

图 3-4-12　保存数据（2）

（5）输出合并后的数据。参考代码如图 3-4-13 所示。

```
15  # 五、输出数据
16  print(df)
```

图 3-4-13　输出数据（2）

步骤三：运行代码，下载关联数据表。

项目小结

　　数据中的异常问题会对数据分析结果产生影响，导致分析结果不准确，进而影响决策。因此，在进行数据分析之前，需要处理数据中的异常问题。数据清洗规则包括全局清洗规则和按字段清洗规则。数据清洗主要包括重复值处理、缺失值处理和其他异常处理，如字符替换、字段切分、转换数据类型和无用数据处理等。在进行数据清洗前，需要明确数据中存在的问题，选择合理的数据清洗方式，以便高效、准确地完成数据清洗工作。实际工作中，由于数据来源、格式、特点各不相同，需要通过数据关联与数据合并等常用的数据集成方法将所需的数据整合成有机整体，为后续开展数据分析奠定良好基础。

项目测试

一、单项选择题

1. "脏数据"产生的最根本原因是（　　　）。

　　A. 数据来源多样，使得数据标准、格式和统计方法不一致

　　B. 数据录入错误

　　C. 计算代码错误

　　D. 技术瑕疵

2. 发现并纠正数据文件中可识别的错误的最后一道程序是（　　　）。

　　A. 数据采集　　　　　B. 数据清洗　　　　　C. 数据建模　　　　D. 数据挖掘与分析

3. 将选定字段切分为多个字段的数据清洗规则是（　　　）。

　　A. 字符替换　　　　　B. 字段合并　　　　　C. 均值填补　　　　D. 字段切分

4. 将选定的多个字段合并为一个字段的数据清洗规则是（　　　）。

　　A. 字符替换　　　　　B. 均值填充　　　　　C. 字段合并　　　　D. 字段切分

二、多项选择题

1. 数据清洗中的"脏数据"一般是指（　　　）。

　　A. 无效数据　　　　　B. 缺失数据　　　　　C. 重复数据　　　　D. 错误数据

2. 数据清洗的主要内容包括（　　　）。

　　A. 缺失值清洗　　　　　　　　　　　　　　B. 逻辑错误清洗

　　C. 非需求性数据清洗　　　　　　　　　　　D. 关联性验证

3. 缺失值填充的方式一般有（　　　　）。

　　A. 均值填充　　　　B. 字段切分　　　　C. 中位数填充　　　　D. 丢失空值记录

4. 格式内容清洗的主要内容是（　　　　）。

　　A. 显示格式不一致的时间、日期　　　　B. 不需要的字符

　　C. 显示格式不一致的数值　　　　D. 关联性验证

三、判断题

1. 数据清洗是对数据进行重新审查和校验的过程，目的在于删除重复信息、纠正存在的错误，并保证数据具有一致性（　　　　）。

2. 在进行数据清洗时一般先进行个别字段的清洗，再进行全局清洗。（　　　　）

3. 用友分析云中提供的字段清洗规则主要包括字符替换、字段切分、字段合并和缺失值填充4种类型。（　　　　）

4. 数据关联中的右连接会将左表所有的数据条目列出，而右表只列出与左表关联条件满足的部分。（　　　　）

5. 数据关联必须有关联条件，一般是指左表的主键或其他唯一约束字段（即没有重复值）与右表的主键或其他唯一约束字段相等。（　　　　）

四、任务实战

登录 DBE 财务大数据分析与决策平台，分别使用数据处理工具和 Python 代码完成数据清洗、数据集成项目的课后作业。

项目导读

增强创新意识，追求精益求精

大数据应用已成为制造业企业生产力、竞争力、创新能力提升的关键，成为驱动制造过程、产品、模式、管理及服务标准化、智能化的重要基础。大数据已成为与自然资源、人力资源一样重要的战略资源，有效地组织和使用大数据将对企业数字化转型产生巨大的推动作用。

在制造业中，企业可通过数据整合、数据建模、统计与分析，形成科学的生产制造分析数据表；再借助于可视化大屏，实现生产管理可视化、企业决策数据化和生产排单智能化，形成开放透明、过程可监控的可视化制造体系与管理模式，有效缩短管理人员对数据的理解时间、辅助管理生产现场、及时处置生产异常、促进管理者快速决策，最终构建以客户为中心的智能制造供应链，实现"降本增效"。

大数据时代，我国制造业企业有着实质性的改变，制造业企业转型升级为智能工厂、跨企业价值链延伸、全行业生态的构建与优化配置有望实现。作为新时代的财务数据分析师，我们要紧跟时代潮流，努力学习新知识、新技能，增强创新意识，利用大数据技术进行数据分析，制作数据可视化看板，追求精益求精。

学习目标

知识目标

1. 了解数据可视化；
2. 掌握用友分析云数据可视化工具的用法。

技能目标

1. 能够根据指标特点选取合适的图表类型；
2. 能够根据企业分析要求设计数据可视化看板。

素养目标

1. 勇于探索，树立创新意识；
2. 培养数据思维及用数据说话的能力。

任务一 认识数据可视化

任务场景

当前，数据可视化技术正在迅速发展。大数据时代产生的庞大数据需要采用更有效的处理算法和表现形式来传达有价值的信息。新一代财务数据分析师必须具备以有效的、可交互的大数据可视化方案来呈现大规模、不同类型实时数据的全局思维。数据可视化看板的制作是财务数据分析师的必备技能，在制作数据可视化看板前需要了解什么是数据可视化及数据可视化具备的要素，当然也离不开前期的数据准备工作。请完成下面的任务，为数据可视化看板制作提供数据支撑。

任务要求： AJHXJL 公司管理层计划召开公司月度经营分析会议，要求财务数据分析师完成 AJHXJL 公司数据可视化看板制作的前期工作，将 AJHXJL 公司的利润表和资产负债表建立关联，并熟悉数据可视化的具体操作过程。

任务准备

一、数据可视化的定义

数据是一个广义的概念，数据可以是数字，也可以是具有一定意义的文字、字母、图形、图像、视频和音频等。作为现实世界的一种映射，数据具有很强的实际意义。如果我们不知道如何观察数据和分析数据，那么数据就只是一堆冰冷、枯燥且没有意义的数字或符号。

数据可视化是帮助我们观察数据的一种有效手段。借助数据可视化的图形化展示，人们可以清晰、有效地传达信息，进行高效沟通。数据可视化是指将大型数据集中的数据以图形图像形式展示，并利用数据分析和开发工具发现其中未知信息的过程。

二、数据可视化的要素

数据可视化通常需具备以下 8 个要素。

1. 需求准确

在制作数据可视化看板前，要弄清为谁做数据可视化展示及从哪个角度做数据可视化展示。了解关键用户的真正需求是数据可视化的关键要素之一。

2. 数据准确

数据准确是数据可视化的根本要素，只有在数据准确的前提下，才有可能进行数据可视化。

3. 布局合理

布局是数据可视化的战略要素，布局合理与否会直接影响内容的可读性。考虑布局时，一是要遵循用户从上到下、从左到右的阅读习惯，二是要将核心指标数据与一般指标数据区分开来。

4. 图表合适

不同的数据要用不同的图表才能更好地将数据特征展示出来，展示合适的数据才能使数据解读更容易、更轻松，才会让用户从众多数据中看到重点，从而让数据的价值最大化呈现出来。因此，选择合适的图表是数据可视化的核心内容之一。

5. 颜色合适

使用合适的颜色会使数据的呈现锦上添花。在进行数据可视化设计时，尽量选择与客户公司所倡导的颜色相近或一致的颜色作为主色，同时要注意一个可视化看板的颜色不宜太多，保持 3～5 种即可。

6. 长度合理

长度合理中的长度是指可视化图表中所显示的字符和数值的长度，包括图表坐标的字符长度或刻度值长度、图表区域的数值长度等。

7. 可读性强

在进行数据可视化展示时，应尽可能通过可视化方式将数据串联成一个完整的故事，从而增强数据的可读性。很多可视化软件会形象地将数据可视化看板称作"仪表盘""驾驶舱"，其目的是将一系列数据组织成一个故事性很强的连续画面，通过"讲故事"的方式展示企业、数据及数据背后的价值。

📺 任务实施

根据任务要求，完成 AJHXJL 公司数据可视化的前期工作，对 AJHXJL 公司的利润表和资产负债表建立关联。

步骤一： 从资源下载处将图 4-1-1 所示的 AJHXJL 公司利润表、资产负债表、客户销售情况表下载到本地计算机中。

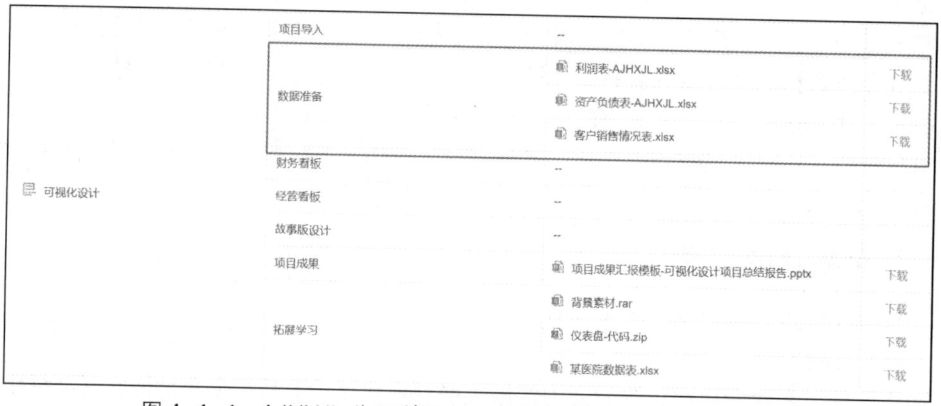

图 4-1-1　AJHXJL 公司利润表、资产负债表、客户销售情况表

步骤二： 在"数据准备"中单击"上传"按钮，将 AJHXJL 公司资产负债表、利润表、客户销售情况表上传到用友分析云。

步骤三： 单击"新建"按钮，在弹出的"创建数据集"对话框中选择"关联数据集"，将数据集命名为"AJ 利润表与资产表合集"，保存在"我的数据"文件夹中，单击"确定"按钮，如图 4-1-2 所示。

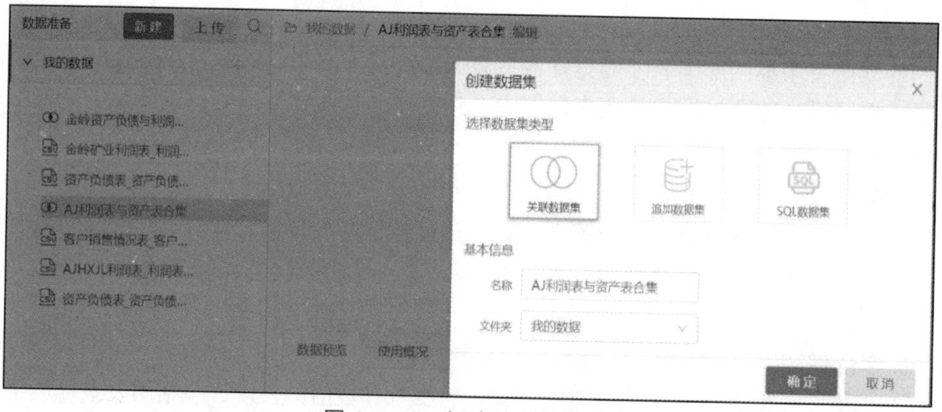

图 4-1-2　新建关联数据集

步骤四：将"利润表-AJHXJL.xlxs"和"资产负债表-AJHXJL.xlxs"拖曳到 AJ 利润表与资产表合集中，两表的唯一约束字段是"报表日期"，因此将"报表日期"作为两表的关联字段，为显示满足关联条件的两表数据记录，选择"内连接"方式进行数据关联，单击"确定"按钮，如图 4-1-3 所示。

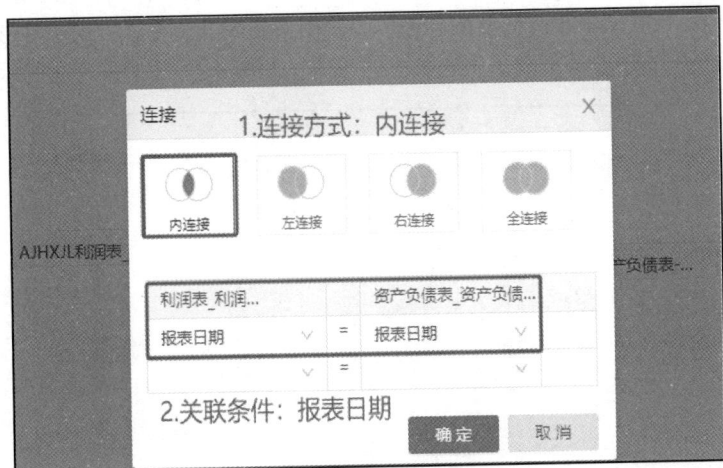

图 4-1-3　设置关联数据集

步骤五：保存数据集。单击"实时"按钮，在弹出的面板中选中"数据物化"单选按钮（本操作在于固定数据表，使数据表数据保持不变）。单击"保存"按钮，之后单击"执行"按钮和"保存"按钮，完成操作，如图 4-1-4 所示。

图 4-1-4　保存数据集

任务二　数据可视化常用图表

任务场景

在进行数据可视化时，图表的选择合理与否，会直接影响数据的可读性和可视化界面的整体风格。因此，我们有必要学会使用数据可视化中常见的图表。

任务要求：AJHXJL 公司管理层计划召开月度经营分析会议，需要制作财务数据可视化看板，看板内容应反映营业收入历年趋势、收入结构比、净利润变动趋势、资产总计与资产负债率。

任务准备

一、柱形图和条形图

柱形图和条形图适用于比较不同类别数据的大小，如不同性别的人数、不同品牌产品的市场占有率、不同时期的资产负债率等。柱形图和条形图使用不同高度（垂直方向，柱形图）或不同长度（水平方向，条形图）的矩形条来表示不同大小的数值，如图4-2-1和图4-2-2所示。

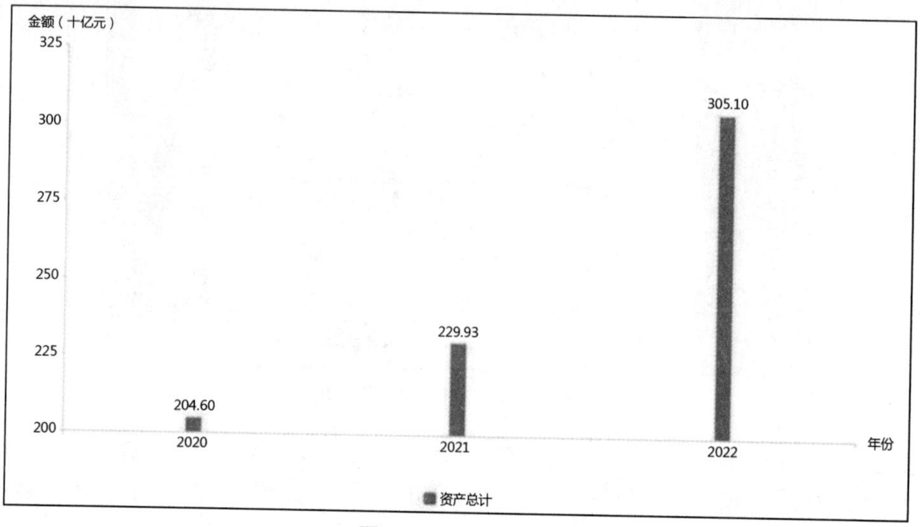

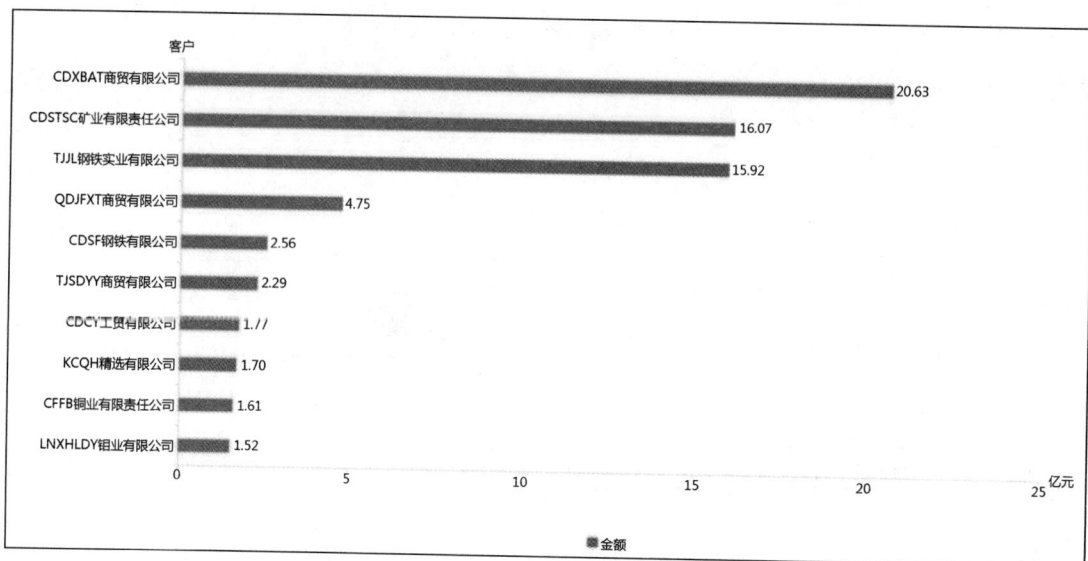

图4-2-1　柱形图

图4-2-2　条形图

二、折线图、堆叠区域图

折线图（见图4-2-3）适用于展示数据随着时间推移而变化的趋势，如某网站每天访问人数的变化、某段时间内商品销量或价格的波动、某段时间内的气温变化情况等。

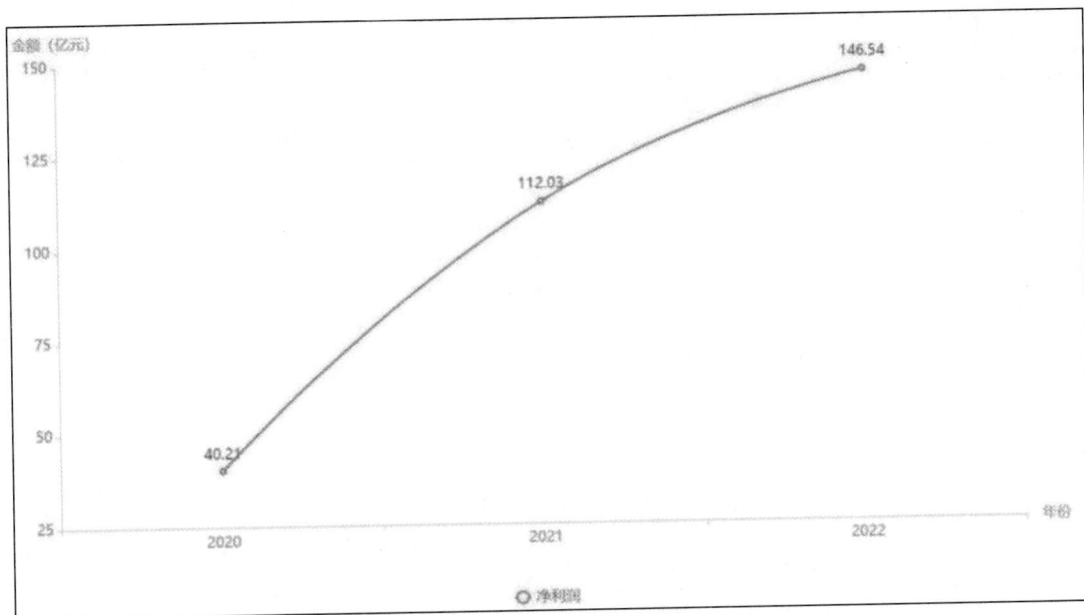

图4-2-3 折线图

堆叠区域图（见图4-2-4）使用颜色对折线和横坐标轴之间的区域进行填充，除了可以像折线图一样显示数据的变化趋势，还可以通过没有重叠的阴影面积来反映差距或变化的部分。

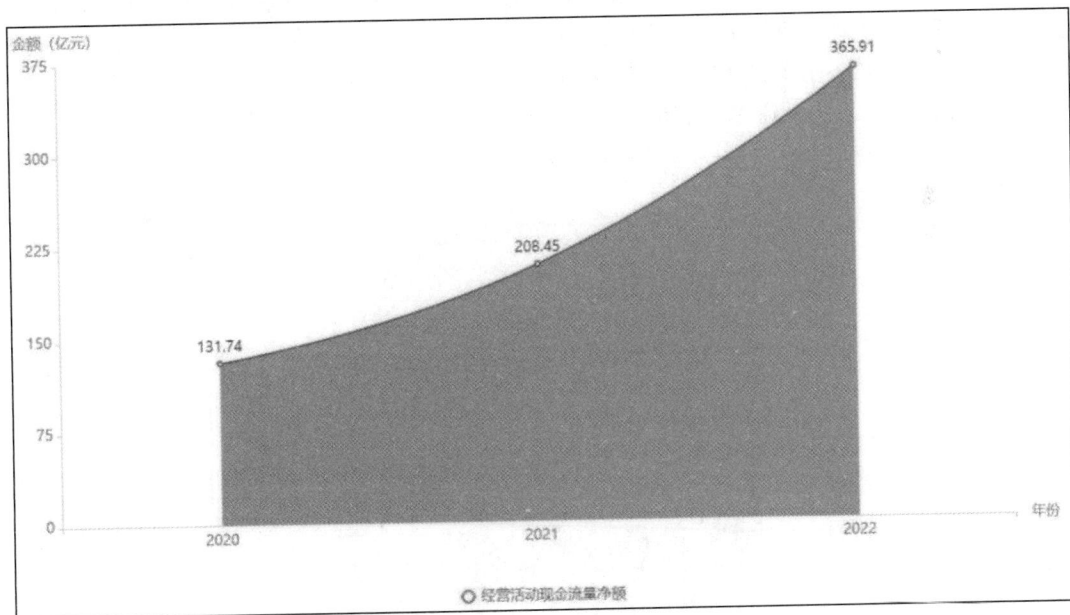

图4-2-4 堆叠区域图

三、双轴图

双轴图（见图4-2-5）适用于同时分析两类相差较大的数据，如同时查看一组数值和一组百分比值随时间变化的趋势，例如同时查看一年中各月的降雨量和湿度等。双轴图的特点是有一个 x 轴、多个（≥2）y 轴，多呈现为柱形图和折线图的结合。

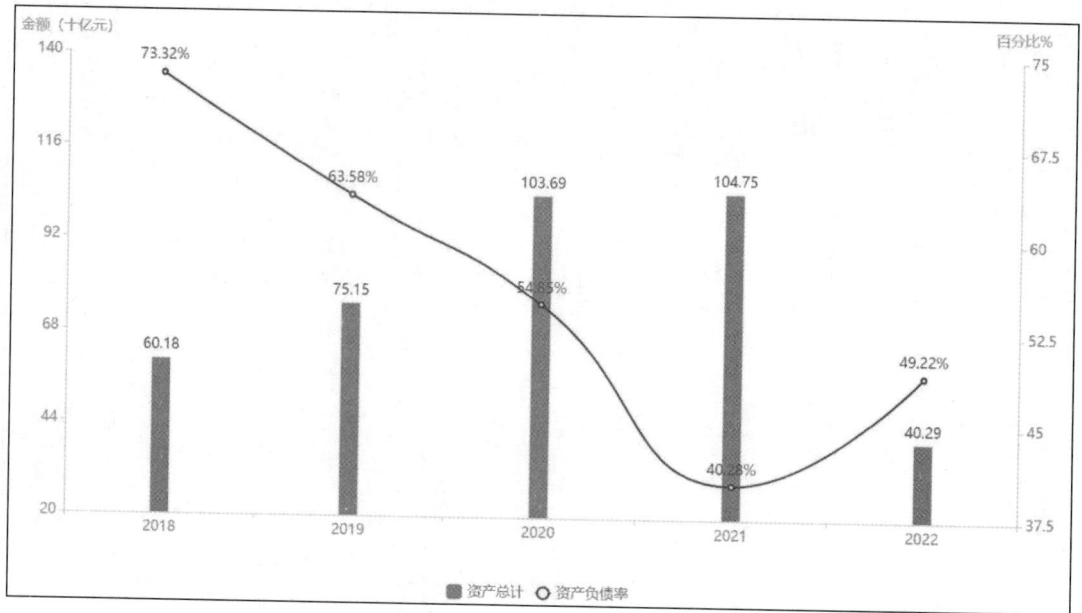

图 4-2-5　双轴图

四、饼图和环形图

饼图（见图 4-2-6）和环形图（见图 4-2-7）主要适用于展现不同类别的数值相对于总数的占比情况，如各大浏览器的市场份额、不同学历的员工占比、各大股东的持股比例等。饼图或环形图中每个区域的弧长表示该类别的占比大小，占比总和为 100%。（注：因小数位四舍五入，可能导致实际总和出现 0.01% 的误差，不影响数据分析结果。以下不再重复说明。）

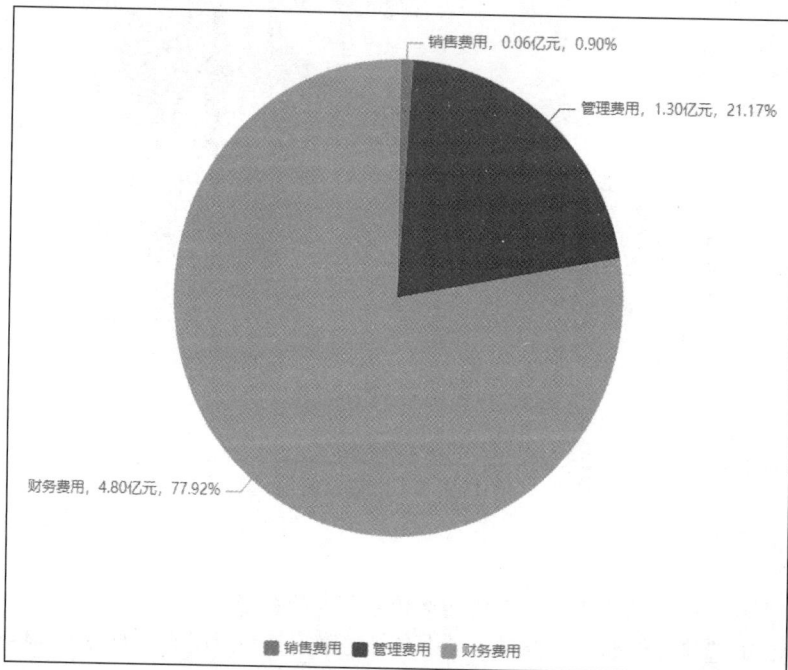

图 4-2-6　饼图

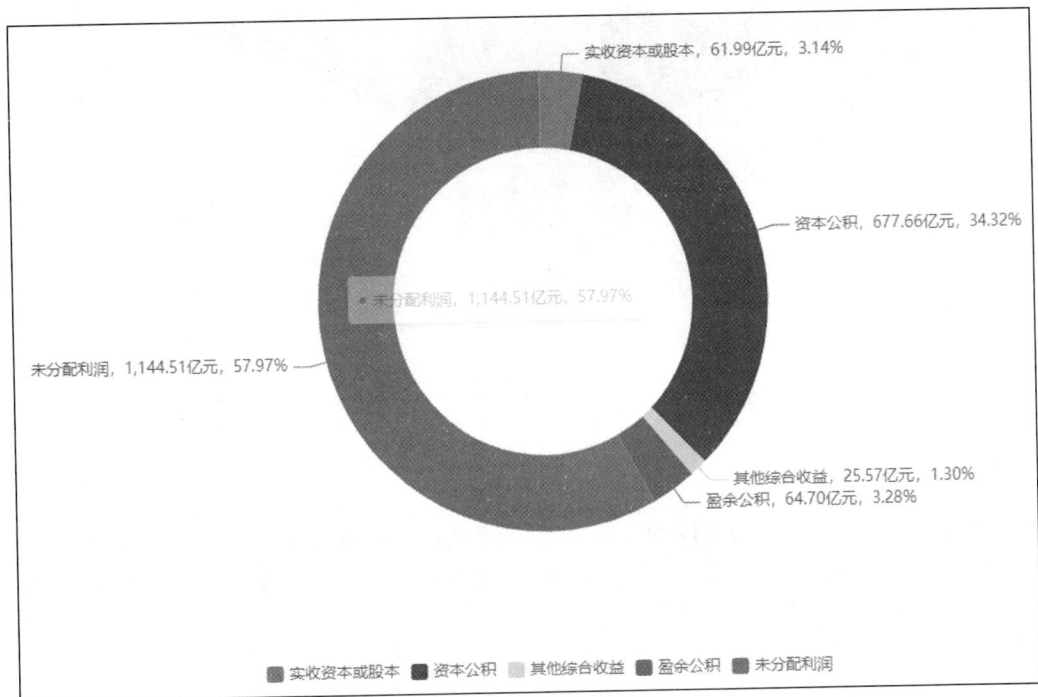

图 4-2-7　环形图

五、词云图

词云图（见图 4-2-8）也称文字云图，适用于突出显示一段文本中出现频率较高的关键词，使信息浏览者能清晰领略该段文本的主旨，如提取一段新闻的关键词汇、提取公司主要客户的关键词汇、提取年度热词等。

图 4-2-8　词云图

六、漏斗图

漏斗图（见图 4-2-9）也称倒三角图，常用于展示某数据相对于总数的占比。漏斗图将数据呈现为若干阶段，每个阶段的数据都是整体的一部分，所有阶段的数据占比总和为 100%，并且一个阶段到下一个阶段的数据占比自上而下逐渐减小。

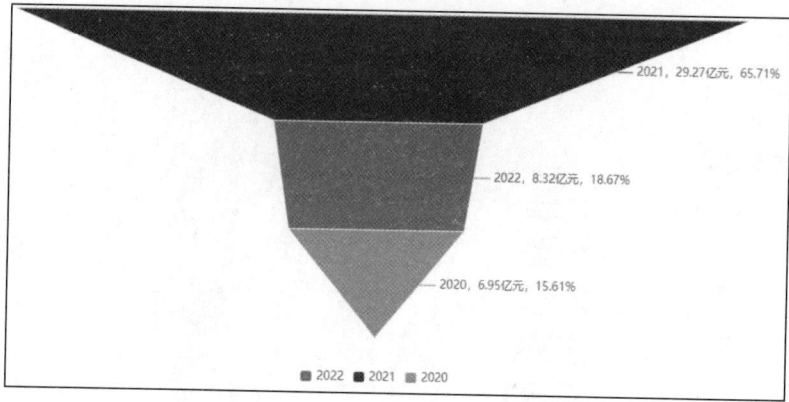

图 4-2-9　漏斗图

七、玫瑰图

玫瑰图（见图 4-2-10）是弗洛伦斯·南丁格尔（Florence Nightingale）发明的一种圆形的柱形图，又称南丁格尔玫瑰图、鸡冠花图、坐标区域图、极区图等。玫瑰图将柱形图转化为饼图形式，是极坐标化的圆形柱式图。

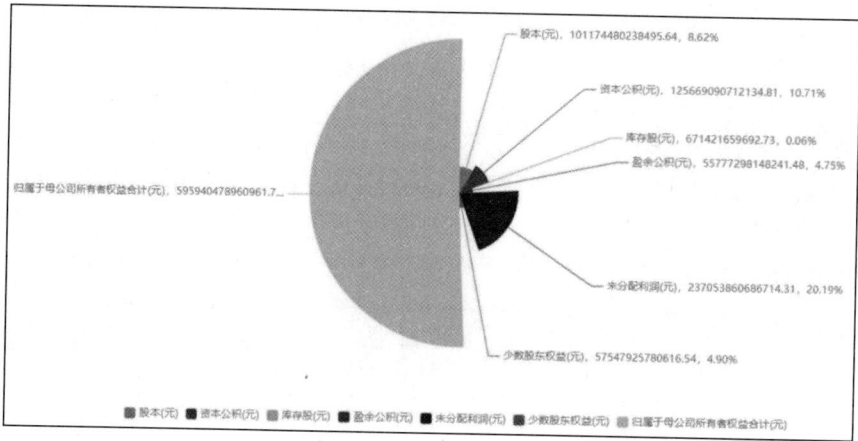

图 4-2-10　玫瑰图

八、仪表盘

仪表盘（见图 4-2-11）可以清晰地展示某个指标值所在的范围。由于仪表盘用一个单独的图形界面展示一个指标值，故可帮助用户快速理解信息。

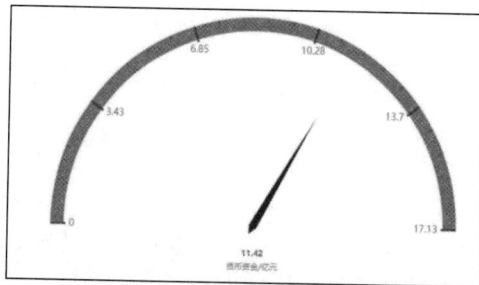

图 4-2-11　仪表盘

九、雷达图

雷达图（见图 4-2-12）是用二维图表的形式显示多变量数据的图表，它用从同一点开始的轴表示 3 个及以上定量变量的数据。雷达图通常应用于企业经营状况的评价。

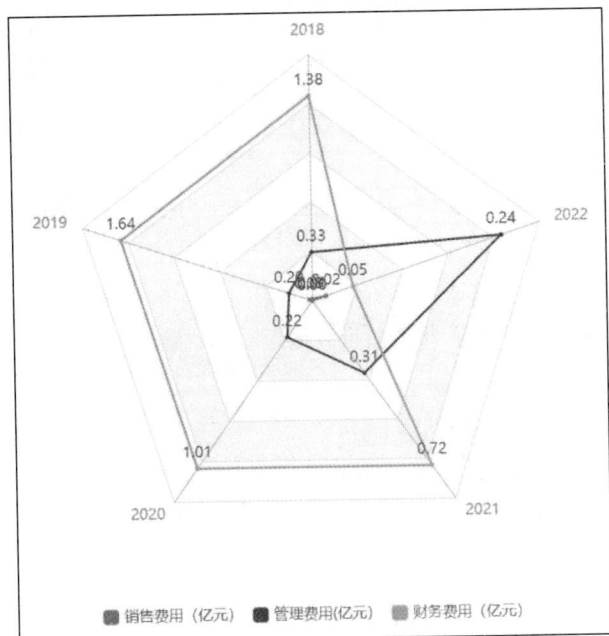

图 4-2-12　雷达图

除上述图表外，还有地图、迁徙图、热力图、指标卡等多种图表，用户在进行可视化设计时可以根据设计需求进行选择。

任务实施

根据任务要求，完成财务数据可视化看板的制作，看板内容需要反映营业收入历年趋势、收入结构比、净利润变动趋势、资产总计与资产负债率。

【子任务 1】制作营业收入历年趋势图。

步骤一：新建可视化。进入看板设计界面，执行"可视化"→"新建"命令，如图 4-2-13 所示。在打开的"选择数据集"对话框的"我的数据"下选择"AJ 利润表与资产表合集"，单击"确定"按钮，如图 4-2-14 所示，进入可视化界面。

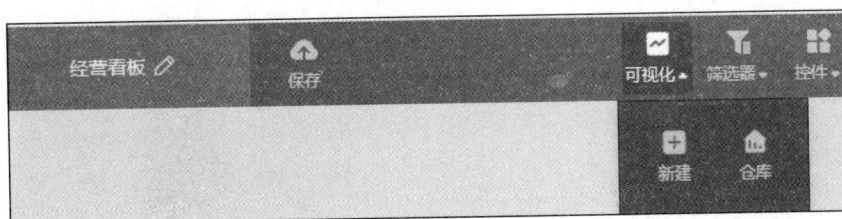

图 4-2-13　新建可视化

图 4-2-14　选择数据集"AJ 利润表与资产表合集"

步骤二：将可视化命名为"营业收入历年趋势图"。将左侧"指标"中的"营业收入"拖至右侧"指标"处，将"维度"中的"年_报表日期"拖至右侧"维度"处，在"图形"中选择折线图，如图 4-2-15 所示。

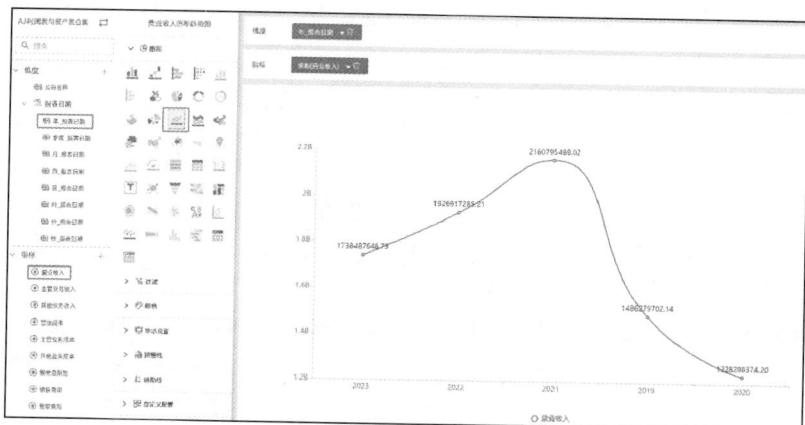

图 4-2-15　维度与指标的设置

步骤三：将维度设置为按照"年_报表日期"升序排列。单击"年_报表日期"维度旁的倒三角按钮，从弹出的下拉菜单中选择"升序"→"年_报表日期"如图 4-2-16 所示。单击"求和（营业收入）"指标旁的倒三角按钮，从弹出的下拉菜单中选择"数据格式"，打开"数据显示格式"对话框，将"缩放率"设置为"100000000"，"千分位"设置为"启用"，"小数位"设置为"2"，单击"确定"按钮，如图 4-2-17 所示。

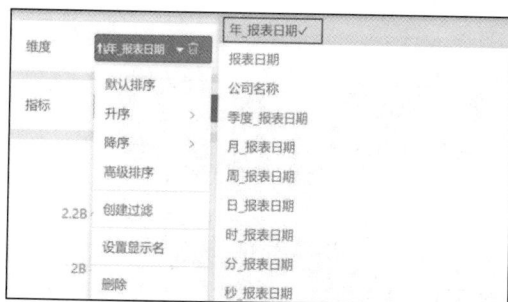

图 4-2-16　设置排序方式

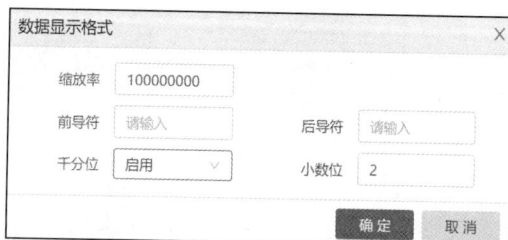

图 4-2-17　设置数据显示格式

步骤四：进行显示设置。打开"显示设置"，将"维度轴设置"中的"标题"设置为"年份"，将"数值轴设置"中的"标题"设置为"亿元"，如图 4-2-18 所示。完成营业收入历年趋势图的制作，结果如图 4-2-19 所示。

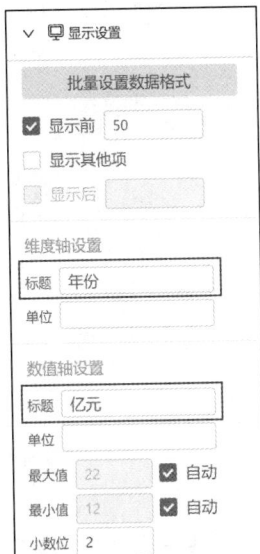

图 4-2-18 设置维度轴与数值轴

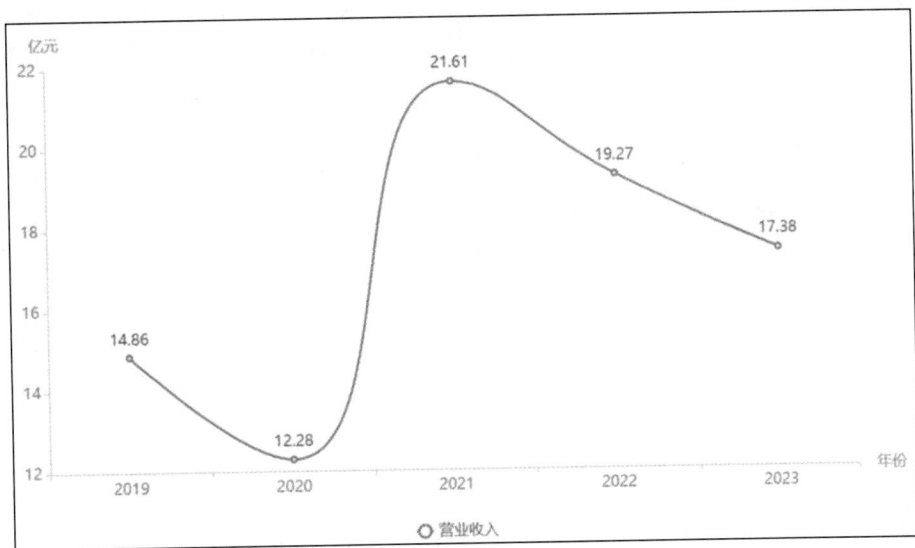

图 4-2-19 营业收入历年趋势图

【**子任务 2**】制作收入结构比图。

步骤一：新建可视化。选择"AJ 利润表与资产表合集"作为数据集，单击"确定"按钮，进入可视化界面。操作步骤可参考子任务 1 的步骤一。

步骤二：将可视化命名为"收入结构比图"。将左侧"指标"中的"主营业务收入""其他业务收入""投资收益""营业外收入"拖至右侧"指标"处，"维度"为空（不需要任何维度）。在"图形"中选择饼图（环形图亦可），完成收入结构比图的制作，结果如图 4-2-20 所示。

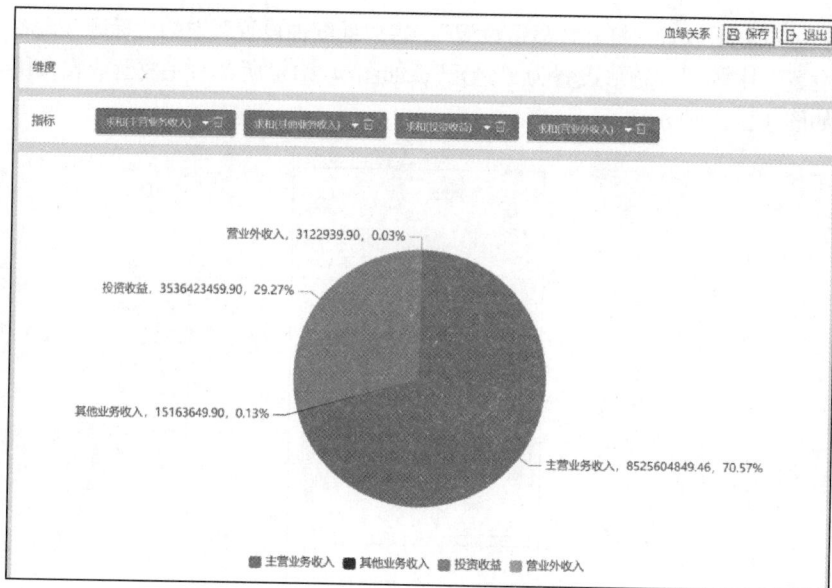

图 4-2-20　收入结构比图指标设置

【子任务 3】制作净利润变动趋势图。

步骤一：新建可视化。选择"AJ 利润表与资产表合集"作为数据集，单击"确定"按钮，进入可视化界面。

步骤二：将可视化命名"净利润变动趋势图"。将左侧"维度"中的"年_报表日期"拖至右侧"维度"处，将左侧"指标"中的"净利润"拖至右侧"指标"处，在"图形"中选择堆叠区域图，结果如图 4-2-21 所示。

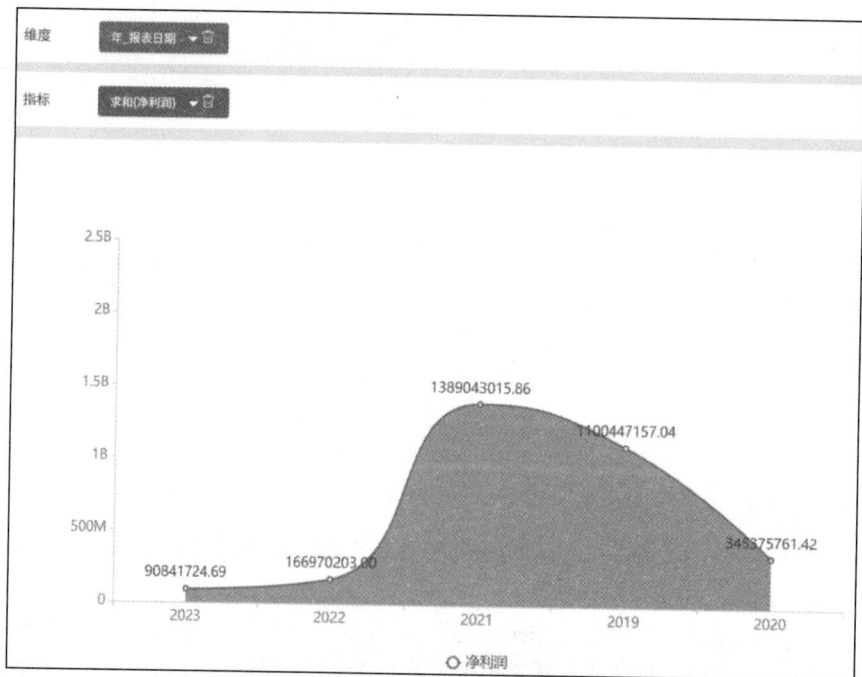

图 4-2-21　净利润变动趋势图的制作

步骤三：进行排序设置。单击"年_报表日期"维度旁的倒三角按钮，从弹出的下拉菜单中选择"升序"→"年_报表日期"。

步骤四：修改"净利润"指标的数据显示格式（启用千分位，小数点保留 2 位）。单击"求和（净利润）"指标旁的倒三角按钮，从弹出的下拉菜单中选择"数据格式"，打开"数据显示格式"对话框，设置"千分位"为"启用"，"小数位"为"2"，单击"确定"按钮，完成对数据显示格式的修改。

步骤五：设置维度轴与数值轴的标题。打开"显示设置"，将"维度轴设置"中的"标题"设置为"年份"，将"数值轴设置"中的"标题"设置为"金额（亿元）"，完成净利润变动趋势图的制作，如图 4-2-22 所示。

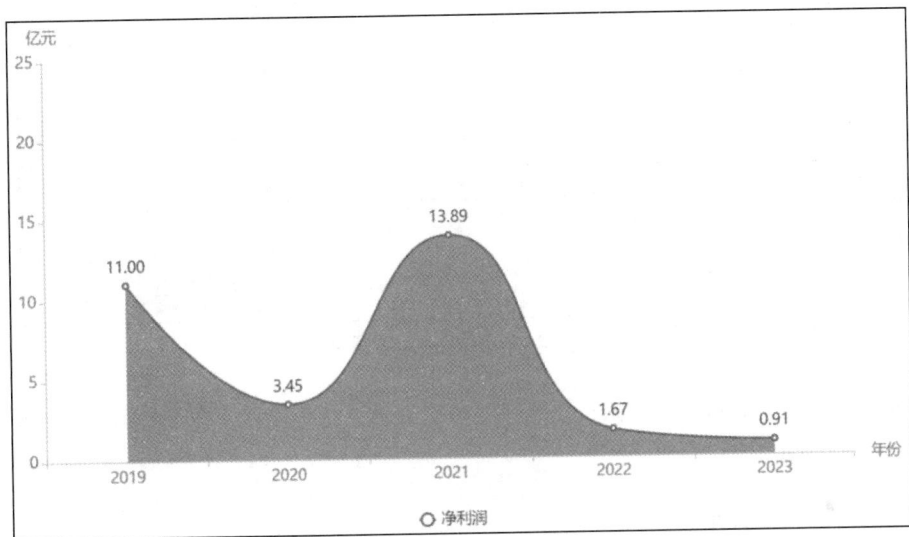

图 4-2-22　净利润变动趋势图

【**子任务 4**】制作能够反映资产状况的双轴图，体现资产总计和资产负债率的变化趋势。

步骤一：新建可视化。选择"AJ 利润表与资产表合集"作为数据集，单击"确定"按钮，进入可视化界面。

步骤二：将可视化命名为"资产状况双轴图"。将左侧"维度"中的"年_报表日期"拖至右侧"维度"处，将左侧"指标"中的"资产总计"拖至右侧"指标"处。

步骤三：由于"资产负债率"指标并不在"AJ 利润表与资产表合集"的字段中，需要新建计算指标。单击"指标"旁边的"+"按钮，从弹出的下拉菜单中选择"计算字段"，如图 4-2-23 所示。在打开的对话框中设置"名称"为"资产负债率"，"字段类型"选择"数字"，将其表达式设置为"avg(负债合计)/avg(资产总计)"，如图 4-2-24 所示。这里需要注意的是，如果新建指标中含有资产负债表的项目，需要运用函数 avg()；如果表达式中涉及利润表的项目，需要运用函数 sum()。单击"确定"按钮，完成设置。

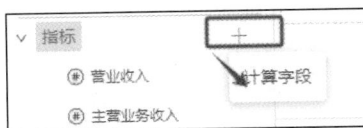

图 4-2-23　选择"计算字段"

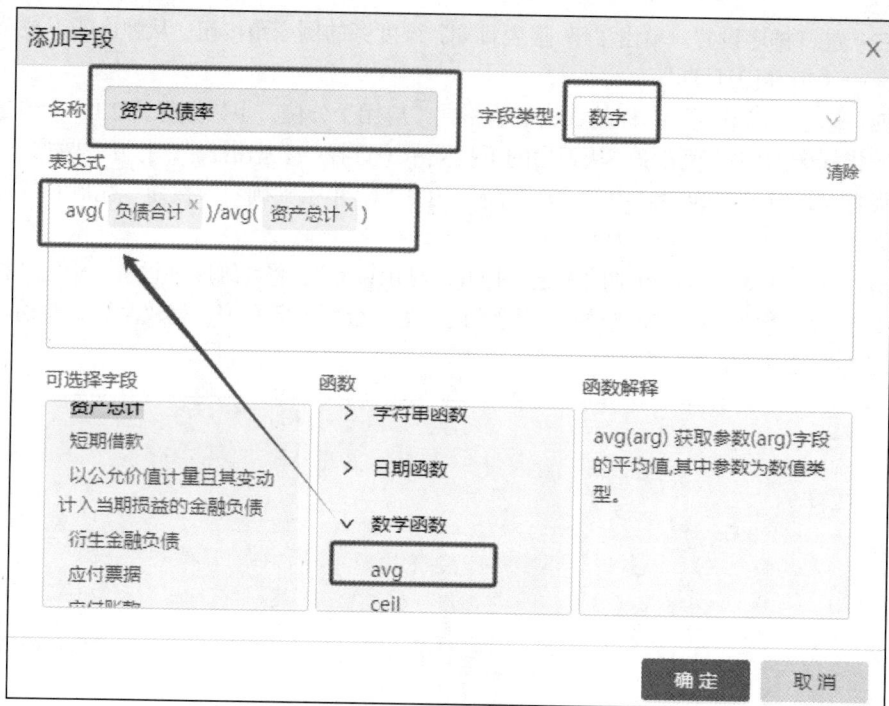

图 4-2-24　添加字段

步骤四：将左侧"指标"中"资产负债率"拖至右侧"指标"处，在"图形"中选择双轴图，结果如图 4-2-25 所示。

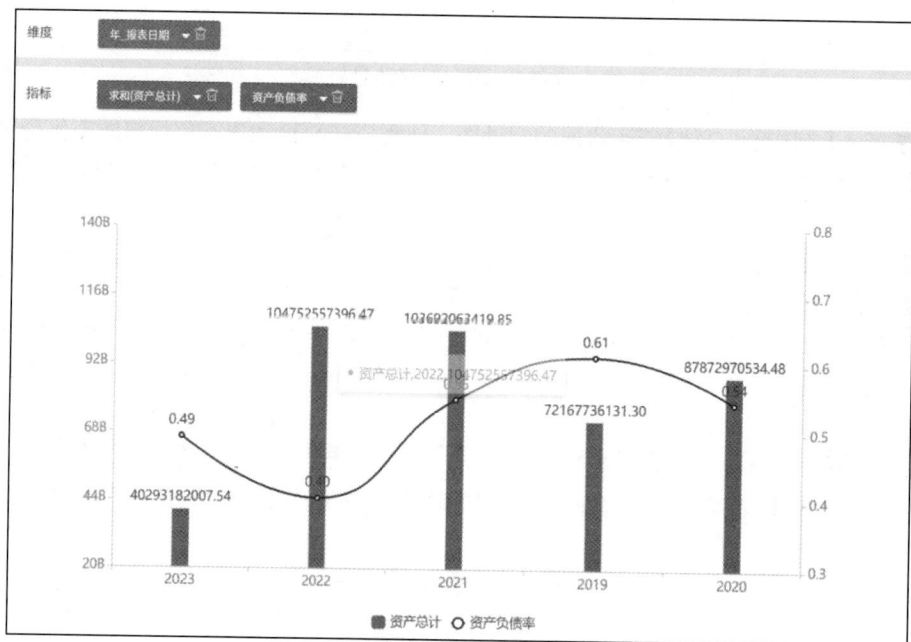

图 4-2-25　双轴图

步骤五：进行排序和数据格式设置。将维度按照"年_报表日期"进行升序排列。设置指标中的资产总计数据显示格式，单击"求和（资产总计）"指标右侧的倒三角按钮，从弹出的下拉菜单中选择"数据格式"，在打开的"数据显示格式"对话框中将"缩放率"设置为"1000000000"，"千分位"设置为"启用"，"小数位"设置为"2"，单击"确定"按钮，如图 4-2-26 所示。由于"资产负债率"指标需要用百分数表示，单击"资产负债率"指标右侧的倒三角按钮，从弹出的下拉菜单中选择"数据格式"，在打开的"数据显示格式"对话框中将"缩放率"设置为"0.01"，"后导符"设置为"%"，"小数位"设置为"2"，单击"确定"按钮，如图 4-2-27 所示。

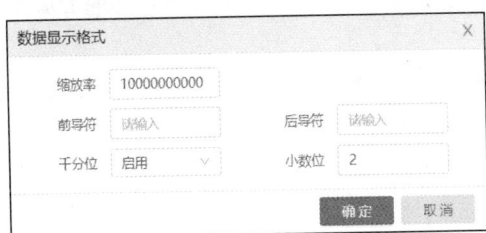

图 4-2-26 "资产总计"指标数据显示格式设置　　图 4-2-27 "资产负债率"指标数据显示格式设置

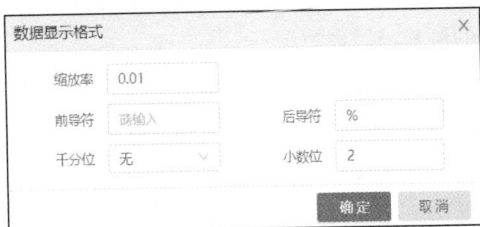

步骤六：打开"显示设置"，将"维度轴设置"中的"标题"设置为"年份"，将"数值轴设置"中的"标题"设置为"金额（十亿元）"，由于双轴图有两个 y 轴，需要在"Y 次坐标轴设置"中将"与主坐标轴相同"关闭，将"标题"设置为"百分比（%）"，完成资产状况双轴图的制作，如图 4-2-28 所示。

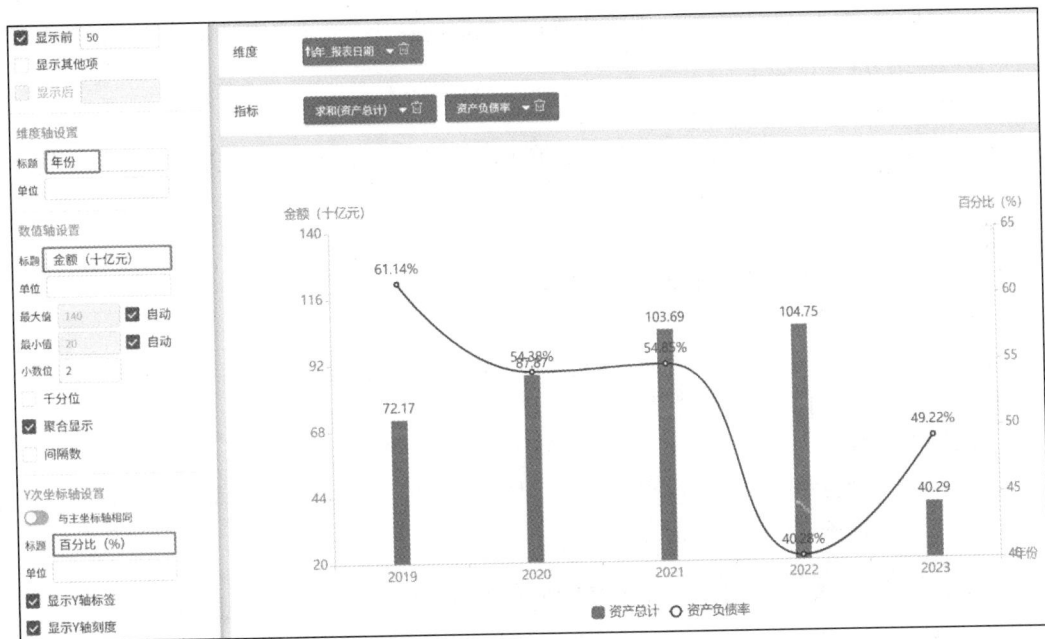

图 4-2-28 制作资产状况双轴图

> **注意**
> （1）数据集中没有"资产负债率"指标，需要读者在"指标"处添加一个计算字段，且字段类型应是数值型，否则系统会报错。
> （2）资产负债率用负债总额除以资产总额得到，输入表达式时一定要用 avg() 函数。

任务三　数据可视化步骤

任务场景

利用大数据进行数据采集、数据分析，制作数据可视化看板，是财务数据分析师必须完成的工作。我们在任务二中完成了财务数据可视化看板的制作，深刻理解了数据可视化的基本要素及可视化图表的制作过程。下面我们将通过数据可视化步骤的学习，进一步深入了解数据可视化看板的制作与呈现。

任务要求： AJHXJL 公司管理层将召开公司月度经营分析会议，财务数据分析师需用业务数据制作一个经营看板进行汇报，看板内容包括销售额仪表盘、客户数量柱形图、客户排名条形图、客户销售额占比饼图。

任务准备

一、数据可视化具体步骤

数据可视化是一个反复迭代的过程，需要反复打磨才能做出一个优秀的可视化作品。一般地，数据可视化可以分为 5 个步骤。

1. 明确问题

当着手一项可视化分析任务时，要明确待解决的问题是什么，也就是明确希望通过数据可视化展示什么样的分析结果。

2. 建立初步框架

明确问题后，可以根据需要展示的数据选取基本的图表，并确定可视化的展现形式，从而建立初步框架。

3. 梳理相关指标

要明确需传达的信息，确定最能提供信息的指标。

4. 选取合适的图表类型

不同的图表适用的情形不同。在选择图表时，应针对分析目标选择最合适的图表类型，以充分体现数据可视化的价值。

5. 添加引导信息

在展示数据可视化结果时，可以利用颜色、大小、比例、形状、标签、辅助线、预警设置等将用户的注意力引向图表中的关键信息。

二、数据可视化在用友分析云中的具体操作

用友分析云是一款基于大数据、云计算技术的分析云服务工具，致力于为企业提供专业的数据分析解决方案。用友分析云支持 36 种可视化图表，并能根据用户数据特点自动推荐合适的分析图表。用友分析云支持用户根据业务问题对可视化数据进行串联，形成自定义看板，以便在公司内部分享分析结果。

1. 确定数据源

从分析要求中确定本次分析需要用到的数据表，如资产负债表、利润表、客户销售情况表等。

2. 数据关联

根据分析指标的取数范围，确定是否需要进行数据关联操作。若指标数据均来自资产负债表，则无须为资产负债表建立与其他表的关联；若指标数据既取自资产负债表，也取自利润表，则需要将资产负债表和利润表进行关联。

3. 内容标题

在进行可视化设计时，需要根据分析需求创建可视化图表，并设置标题、数据显示格式、排序方式等。

4. 看板设计

在看板中排列和美化可视化图表。

5. 预览、导出、分享看板

用户可以预览、导出、分享看板。

任务实施

根据任务要求，完成经营看板的制作，经营看板内容包括销售额仪表盘、客户数量柱形图、客户排名条形图、客户销售额占比饼图。

【子任务1】制作销售额仪表盘。

步骤一：进入看板设计界面，执行"可视化"→"新建"命令，在打开的"选择数据集"对话框中选择"客户销售情况表"，单击"确定"按钮，如图4-3-1所示，进入可视化界面。

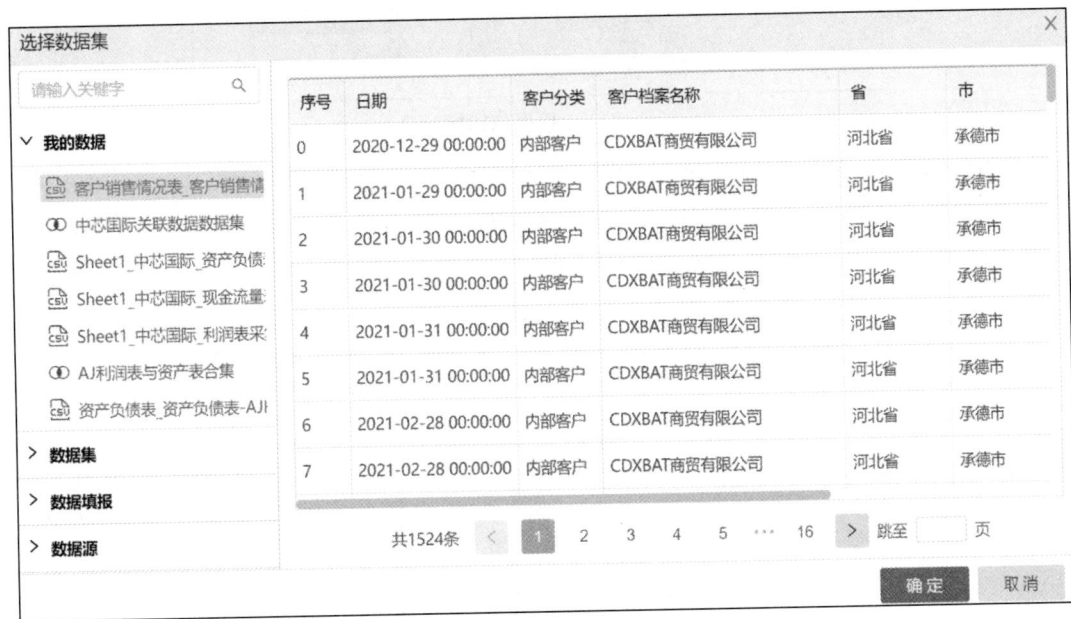

图 4-3-1　选择客户销售情况表

步骤二：将可视化命名为"5年销售总额"，"维度"为空，将左侧"指标"中的"金额"拖至右侧"指标"处，在"图形"中选择速度计，在"显示设置"中将仪表盘单位设置为"亿元"，完成金额仪表盘的制作，如图4-3-2所示。

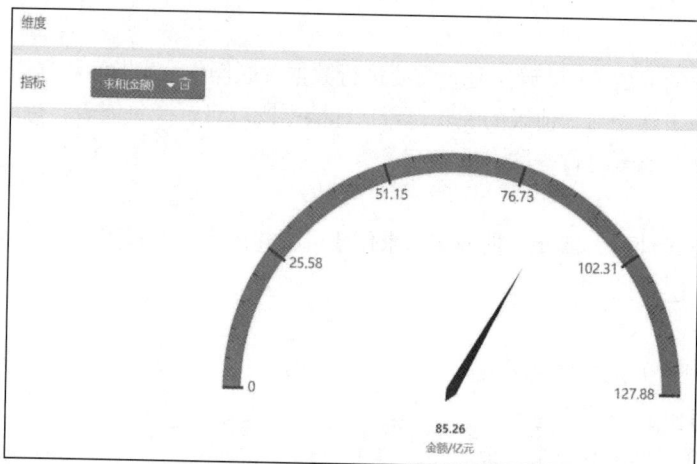

图 4-3-2　金额仪表盘

【子任务 2】制作客户数量柱形图。

步骤一：新建可视化，选择客户营业情况表，将可视化命名为"客户数量统计"，将左侧"维度"中的"年_报表日期"拖至右侧"维度"处，将左侧"指标"中的"客户档案名称"拖至右侧"指标"处，如图 4-3-3 所示。

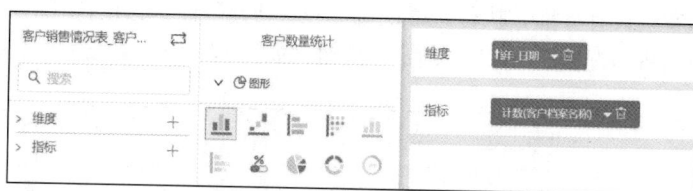

图 4-3-3　维度与指标设置

步骤二：在"图形"中选择柱形图，单击"年_报表日期"维度旁的倒三角按钮，在弹出的下拉菜单中选择"升序"→"年_报表日期"，结果如图 4-3-4 所示。

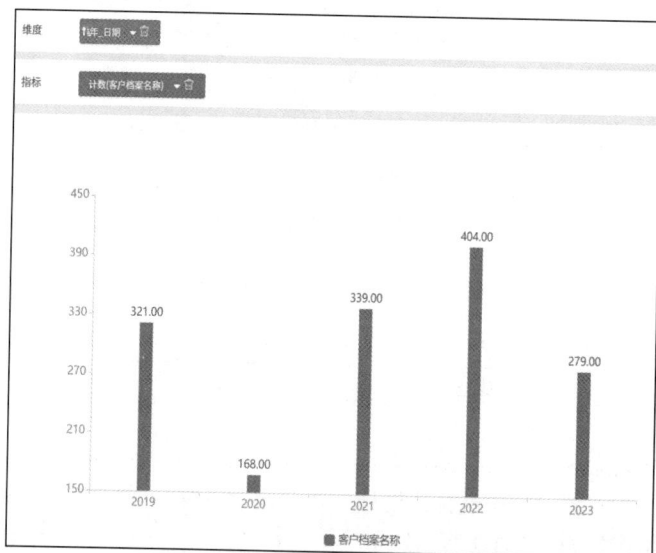

图 4-3-4　按"年_报表日期"排序

步骤三：在"显示设置"的"维度轴设置"中将"标题"设置为"年份"，在"数值轴设置"中将"标题"设置为"位"，完成客户数量柱形图的制作，如图 4-3-5 所示。

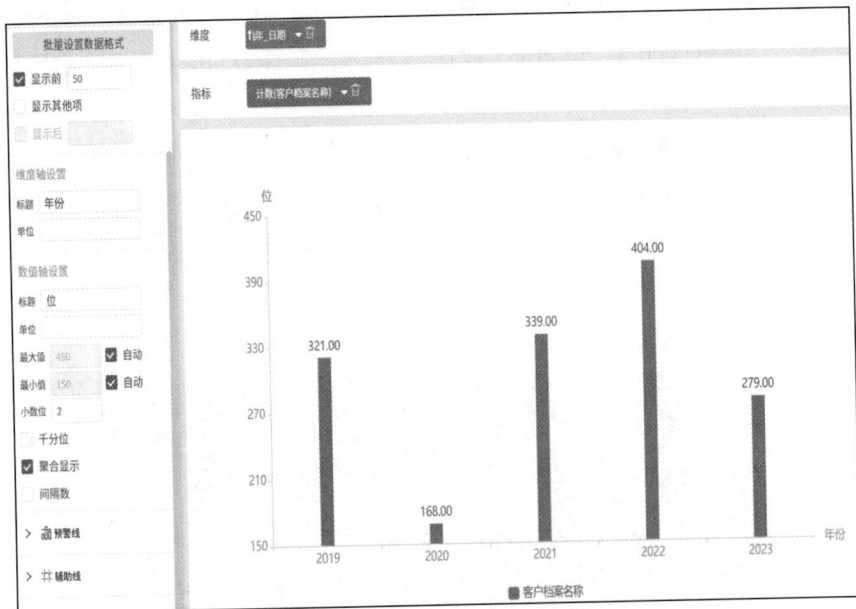

图 4-3-5 设置维度轴与数值轴

【子任务 3】在经营看板中，完成客户排名条形图的制作。

步骤一：新建可视化，选择"客户销售情况表"，将可视化命名为"客户排名前 5 名"。将左侧"维度"中的"客户档案名称"拖至右侧"维度"处，将左侧"指标"中的"金额"拖至右侧"指标"处，在"图形"中选择条形图。在批量设置数据格式中，勾选【显示前】，输入"20"，将"维度轴设置"中的"标题"设置为"客户名称"，将"数值轴设置"中的"标题"设置为"金额"，如图 4-3-6 所示。

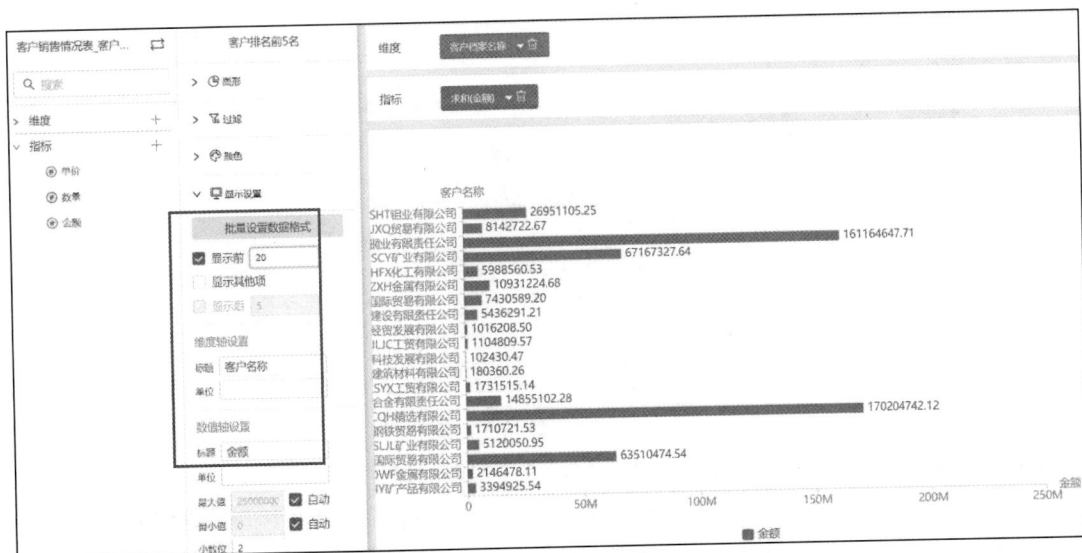

图 4-3-6 维度与指标设置

步骤二：对条形图进行排序设置。单击"求和（金额）"指标旁的倒三角按钮，从弹出的下拉菜单中选择"升序"。对"求和（金额）"指标进行数据显示格式设置。单击"求和（金额）"指标旁的倒三角按钮，从弹出的下拉菜单中选择"数据格式"，在打开的"数据显示格式"对话框中将"缩放率"设置为"100000000"，"后导符"设置为"亿元"，"千分位"设置为"启用"，"小数位"设置为"2"，单击"确定"按钮，如图4-3-7所示。

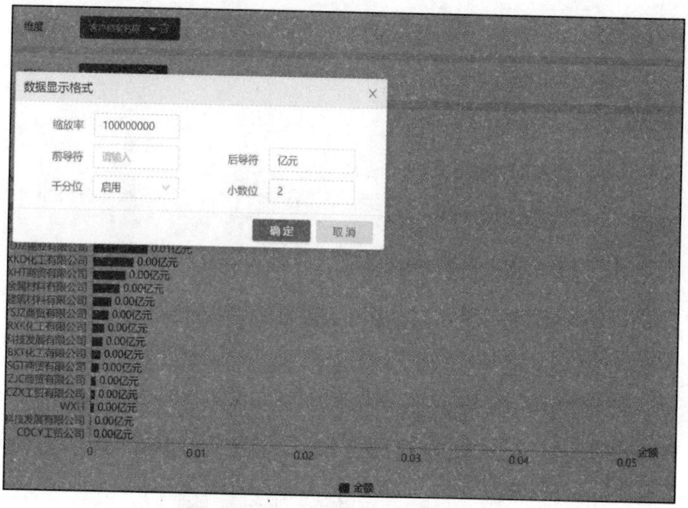

图4-3-7 数据显示格式设置

步骤三：打开"显示设置"，将"维度轴设置"中的"标题"设置为"客户名称"，将"数值轴设置"中的"标题"设置为"金额"，取消勾选"显示前"。由于前面设置为按照升序排列，勾选"显示后"，并将其值设为"5"，结果如图4-3-8所示。

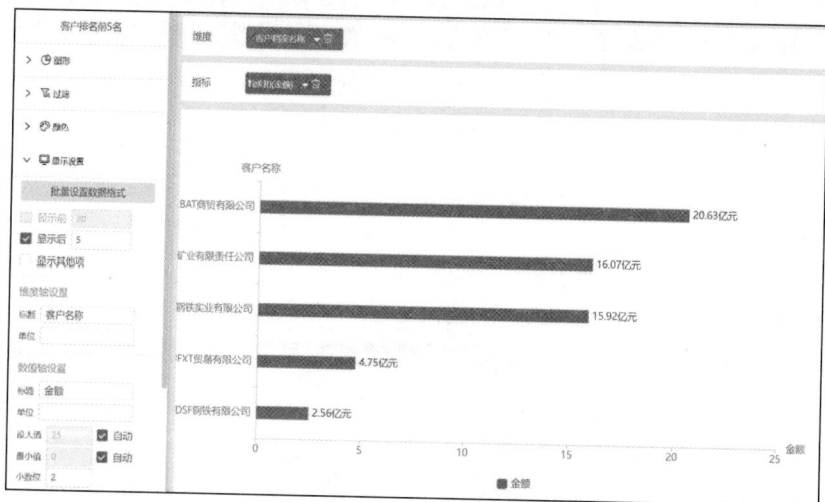

图4-3-8 前5名显示设置

【**子任务4**】在经营看板中，完成客户销售额占比饼图的制作。

步骤一：新建可视化，选择"客户销售情况表"，将可视化命名为"客户销售额占比"。将左侧"维度"中的"客户档案名称"拖至右侧"维度"处，将"指标"中的"金额"拖至右侧"指标"处，在"图形"中选择饼图，结果如图4-3-9所示。

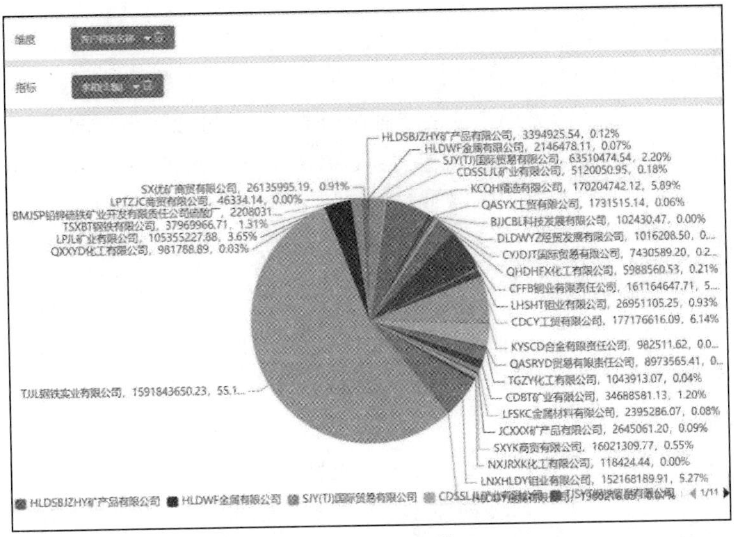

图 4-3-9　饼图效果

步骤二：进行排序设置。单击"求和（金额）"指标旁的倒三角按钮，从弹出的下拉菜单中选择"升序"。对"求和（金额）"指标进行数据显示格式设置，单击"求和（金额）"指标旁的倒三角按钮，从弹出的下拉菜单中选择"数据格式"，在打开的"数据显示格式"对话框中将"缩放率"设置为"100000000"，"后导符"设置为"亿元"，"千分位"设置为"启用"，"小数位"设置为"2"，单击"确定"按钮，如图 4-3-10 所示。完成客户销售额占比饼图的制作，结果如图 4-3-11 所示。

图 4-3-10　数据显示格式设置

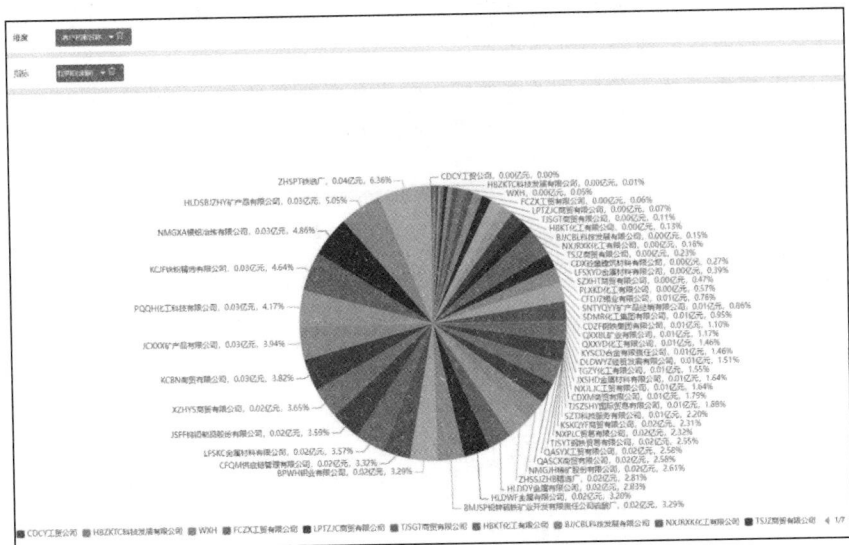

图 4-3-11　客户销售额占比饼图

项目小结

数据可视化技术正在迅速发展。通过本项目的学习，我们可以了解数据可视化图表及其应用，能够熟练运用大数据技术完成数据可视化图表的制作与呈现。想成为新时代的财务数据分析师，要紧跟时代潮流，努力学习新知识、新技能，精通企业业务，能充分利用大数据技术采集企业有效数据、分析数据、制作数据可视化看板，具备以有效的、可交互的大数据可视化方案来呈现大规模、不同类型实时数据的全局思维。

项目测试

一、单项选择题

1. 数据可视化主要是指将数据以（　　　）形式展示。

　　A. 数字　　　　　　　B. 图形和图像　　　　C. 视频　　　　　　　D. 文字

2. （　　　）是数据可视化的根本。

　　A. 需求准确　　　　　B. 图表合适　　　　　C. 数据准确　　　　　D. 屏幕准确

3. （　　　）是数据可视化的战略要素。

　　A. 数据　　　　　　　B. 布局　　　　　　　C. 颜色　　　　　　　D. 长度

4. 在进行数据可视化设计时，尽量选择与客户公司所倡导的颜色（　　　）的颜色作为主色。

　　A. 相近或一致　　　　B. 不同　　　　　　　C. 相反　　　　　　　D. 没有关联

5. （　　　）适用于展示数据随着时间推移而变化的趋势。

　　A. 条形图　　　　　　B. 折线图　　　　　　C. 饼图　　　　　　　D. 散点图

二、判断题

1. 进行数据可视化首先要明确问题。（　　　）

2. 用友分析云能根据用户数据特点自动推荐合适的分析图表。（　　　）

三、任务实战

1. 登录DBE财务大数据分析与决策平台，根据客户销售情况表，完成客户销售区域省区分布图和客户销售区域市区分布图的可视化设计。

2. 登录DBE财务大数据分析与决策平台，根据某医院数据表，完成该医院经营看板与收入看板的设计，并使经营看板与收入看板能自由切换。

大数据背景下的财务分析

会计人员职业道德规范之【坚持准则，守责敬业】

严格执行准则制度，保证会计信息真实完整。勤勉尽责、爱岗敬业，忠于职守、敢于斗争，自觉抵制会计造假行为，维护国家财经纪律和经济秩序。

企业基础财报分析

项目导读

坚持系统观念，强化责任意识

经济社会是一个高度耦合、系统集成的统一体，各个部分、各个环节紧密联系，相互作用。只有用全面系统的、普遍联系的、发展变化的观点观察事物，才能把握事物的发展规律。财务报表是企业财务状况和经营成果的综合反映。在进行财务报表分析时，不能只看某项指标本身，而要从它的来源、与其他指标及整体报表的关系等多个视角进行考量，只有这样才能做好财务分析工作。

风起于青萍之末，浪成于微澜之间。大数据财务分析工作者要尽职尽责。尽职是负责任的表现，是实现目标的落脚点。只有尽职才能扎实做好本职工作。在进行大数据财务分析时，我们要强化自身责任意识，以负责的态度对企业的资产负债表、利润表及现金流量表等进行财务分析，帮助财务报表使用者洞察重要信息。

学习目标

知识目标

1. 了解财务报表分析的各项指标；
2. 理解财务报表的分析方法；
3. 掌握财务指标数据可视化的方法。

技能目标

1. 能确定并计算各项财务分析指标；
2. 能完成财报分析的可视化看板设计。

素养目标

1. 培养良好的职业操守，保证数据的科学性与安全性；
2. 激发创新思维，培养批判性思维。

任务一　大数据财务分析方法

任务场景

ZCGRK 有限公司是采矿行业的龙头企业，该公司的采矿技术及原材料加工技术在国内外处于领先地位。根据董事会会议议程，公司财务经理将在会议上做财务分析报告，请你代公司财务总经理对公司的财务状况进行分析与评价。

任务要求：请利用比较分析法、趋势分析法、结构分析法、因素分析法进行相关指标的计算与分析。

任务准备

一、比较分析法

比较分析法是通过比较不同的数据而发现其中的规律，或找出数据间的差别的一种方法。比较分析法一般用于比较绝对额或相对数。

1. 按比较对象分类

按比较对象分类，比较分析法可分为绝对数比较分析法、绝对数增减变动比较分析法和百分比增减变动分析法。

（1）绝对数比较分析：一般通过编制比较财务报表进行，将两期或两期以上的报表项目予以并列，以直接观察报表中的每一项目增减变化的绝对数。

（2）绝对数增减变动比较分析：为了进一步使财务报表分析变得明晰，可以增加每一项目增减变动分析，以帮助报表使用者获得增减变动的具体数额。

（3）百分比增减变动分析：在绝对数增减变动额的基础上计算增减变动的百分比，可以反映不同会计期间各项目增减变动的相关情况，从而说明不同会计期间各项目的增减变动幅度。

2. 按比较标准分类

按比较标准分类，比较分析法可分为公认标准比较分析法、基期标准比较分析法、预期标准比较分析法、行业标准比较分析法。

（1）公认标准是各类企业在不同时期普遍适用的比较标准。需要注意的是，公认标准并非一成不变，在不同时期、不同地区，公认标准存在一定的差异。

（2）基期标准通常是指前期实际发生的、已经成为历史数据的比较标准。它反映企业分析指标的历史水平，可以是上期指标、往年同期指标或者过去任意时期的指标。

（3）预期标准是指企业预先确定的比较标准，通常可以根据企业的计划、预算以及各部门相应的责任加以确定，它反映企业分析指标的目标水平。

（4）行业标准是指企业所在行业的同类指标比较标准，反映了分析指标的行业水平。行业标准可以是本行业的平均水平，也可以是本企业的标杆水平。

二、趋势分析法

趋势分析法，又称水平分析法或横向分析法，是将两期或连续数期财务报告中的相同指标进行对比，确定其增减变动的方向、数额和幅度，以说明企业财务状况和经营成果变动趋势的一种方法。趋势分析法既可用于对会计报表进行整体分析，也可用于对某些主要指标的发展趋势进行分析。趋势分析法可分为定基动态比率和环比动态比率。

1. 定基动态比率

定基动态比率是以某一时期的数额为固定的基期数额而计算出来的动态比率。计算公式为：

$$定基动态比率=(分析期某项目数额÷基期某项目数额)×100\%$$

选择基期时，不要选择项目数值为零或者负数的期间，否则无法计算出有意义的定基动态比率。最好以企业财务状况比较正常的年份作为基期，这样得出的定基动态比率才具有典型意义。

2．环比动态比率

环比动态比率是以每一分析期的前期数额为基期数额而计算出来的动态比率。通过该比率不仅可以看出相关项目变动的方向，还可以看出其变动的幅度。计算公式为：

$$环比动态比率=(分析期某项目数额÷前期某项目数额)×100\%$$

三、结构分析法

结构分析法又称垂直分析法、纵向分析法或共同比分析法。它是以财务报表中的某个总体指标作为100%，将其余项目与之相比，以显示各项目的相对地位、分析各项目的比重是否合理的一种财务分析方法。结构分析法既可用于静态的结构分析，也可用于动态的趋势分析。

采用结构分析法可参考下面的步骤：

（1）确定报表中各项目占总额的比重或百分比，其计算公式为：

$$某项目的比重=(该项目金额÷各项目总金额)×100\%$$

（2）根据各项目的比重，分析各项目在企业经营中的重要性。一般项目比重越大，表明其重要程度越高，对总体的影响越大。

（3）将分析期各项目的比重与前期同项目的比重进行对比，研究各项目的比重的变动情况。也可将本企业报告期各项目比重与同类企业的可比项目的比重进行对比，研究本企业与同类企业的不同，以及具有的优势和存在的问题。

四、因素分析法

根据财务指标与其影响因素之间的关系，确定各个影响因素对财务指标的影响方向和影响程度的分析方法称为因素分析法。从应用原理来看，因素分析法假定其他因素保持不变，单独考察某一因素的变化对财务指标的影响。

因素分析法可分为连环替代法和差额计算法。

（一）连环替代法

连环替代法是测定比较差异成因的定量分析方法，是因素分析法的基本形式。该方法把影响某项指标的几个相互联系的因素逐个分解测定，把其中一个因素作为变量，假定其他因素不变，顺序地逐个替换，以测定各因素对该指标的影响程度。

连环替代法的步骤如下。

（1）定指标。确定分析对象，比较其实际数额和标准数额，并计算两者的差额。计算公式如下。

标准数额（预算、上年、同行业先进水平）：$F_0=A_0×B_0×C_0$；

实际数额（实际、本年、本企业）：$F_1=A_1×B_1×C_1$；

差额：$\Delta F=F_1-F_0$。

（2）找因素。确定该财务指标的影响因素，建立财务指标与各影响因素之间的函数关系模型。计算公式：$F=A×B×C$。

（3）做替代。确定影响因素的替代顺序。

在测定各因素变动对分析指标F的影响程度时，可按以下替代顺序进行。

计划指标：$F_0=A_0×B_0×C_0$　①

第一次替代（替代A）：$A_1×B_0×C_0$　②

第二次替代（替代 B）：$A_1 \times B_1 \times C_0$　③

第三次替代（替代 C，实际指标）：$F_1 = A_1 \times B_1 \times C_1$　④

（4）算减法。按顺序计算各影响因素对财务指标的影响。

②−①→A 因素变动对 F 的影响；③−②→B 因素变动对 F 的影响；④−③→C 因素变动对 F 的影响。

把各因素变动的影响综合起来，总影响的计算公式为：

$$\Delta F = F_1 - F_0$$

> **提示**
>
> 按顺序依次替代，不可随意颠倒，否则会得出不同的计算结果。

应用连环替代法的注意事项如下。①因素分解的关联性：注意综合指标与各因素指标间的关系公式。②因素替代的顺序性。③顺序替代的连环性：每一次替代均以上一次替代为基础。④计算结果的假定性：各因素变动的影响数，会因替代顺序不同而有差别，因而计算结果带有假定性。

（二）差额计算法

差额计算法是连环替代法的一种简化形式，其因素分析的原理与连环替代法是相同的。区别只在于分析程序上，差额计算法比连环替代法简单，即它可直接利用各影响因素的实际数与基期数的差额，在其他因素不变这一假定条件下，计算各因素对分析指标的影响程度。

任务实施

根据 ZCGRK 有限公司的资产负债表、利润表的相关数据进行财务分析方法的应用。

【子任务 1】ZCGRK 有限公司 2023 年资产负债表部分数据如表 5-1-1 所示。计算 ZCGRK 有限公司资产负债表各项目的变动率并进行排名，将变动率变化幅度较大的前 5 个项目填入表 5-1-2 中。

表 5-1-1　　　　　　　　　ZCGRK 资产负债表部分数据　　　　　　　　金额单位：亿元

项目	2023 年 12 月 31 日	2022 年 12 月 31 日
货币资金	119.60	62.25
交易性金融资产	0.00	0.00
应收票据	11.41	9.44
应收账款	23.17	10.99
预付款项	14.10	13.23
应收利息	11.95	9.00
应收股利	0.00	0.00
其他应收款	11.95	9.00
存货	180.60	148.90
一年内到期的非流动资产	0.40	9.57
其他流动资产	19.42	13.52

续表

项目	2023 年 12 月 31 日	2022 年 12 月 31 日
流动资产合计	392.60	285.90
长期股权投资	71.00	69.24
投资性房地产	1.24	1.30
固定资产	485.50	386.20
在建工程	152.40	58.77
无形资产	467.60	241.60
商誉	3.14	3.14
长期待摊费用	13.02	12.06
递延所得税资产	81.80	65.39
其他非流动资产	154.70	114.40
非流动资产合计	1 430.40	952.10
资产总计	1 823.00	1 238.00

变动率变化幅度较大的前 5 个项目如表 5-1-2 所示。

表 5-1-2　　　　　　　　　变动率排名前五的项目　　　　　　　　金额单位：亿元

资产项目	期初数	期末数	变动率
在建工程	58.77	152.40	159.32%
应收账款	10.99	23.17	110.83%
一年内到期的非流动资产	9.57	0.40	−95.82%
无形资产	241.60	467.60	93.54%
货币资金	62.25	119.60	92.13%

【子任务 2】根据 ZCGRK 有限公司 2019—2023 年利润表中的部分数据（见表 5-1-3），以 2019 年为基期，计算 ZCGRK 有限公司 2019—2023 年营业收入的环比动态比率及营业成本的定基动态比率。

表 5-1-3　　　　　　　　ZCGRK 有限公司 2019—2023 年利润表

公司名称：ZCGRK 有限公司　　　　　　　　　　　　　　　　　　　　　　　金额单位：亿元

项目	2023 年	2022 年	2021 年	2020 年	2019 年
营业收入	1 715.00	1 361.00	1 060.00	945.50	788.50
营业成本	1 511.00	1 206.00	926.50	813.70	697.80

ZCGRK 有限公司 2019—2023 年营业收入的环比动态比率及营业成本的定基动态比率如表 5-1-4 所示。

表 5-1-4　ZCGRK 有限公司 2019—2023 年营业收入的环比动态比率及营业成本的定基动态比率

金额单位：亿元

项目	2023 年	2022 年	2021 年	2020 年	2019 年
营业收入	1 715.00	1 361.00	1 060.00	945.50	788.50
营业收入环比动态比率	126.01%	128.40%	112.11%	119.91%	—
营业成本	1 511.00	1 206.00	926.50	813.70	697.80
营业成本定基动态比率	216.54%	172.83%	132.77%	116.61%	100.00%

【子任务 3】根据 ZCGRK 有限公司资产负债表情况，对资产、负债及所有者权益的结构进行分析。计算 2023 年资产变动额对总额的影响并进行排名，将影响程度较大的前 5 个项目填入表 5-1-5 中。

ZCGRK 有限公司资产变动额对总额影响排名前五的资产项目如表 5-1-5 所示。

表 5-1-5　　　　　　　　　　资产变动额对总额影响排名前五的资产项目　　　　　　　金额单位：亿元

资产项目	期初数	本期变动额	变动额对年初资产总额的影响（变动额/年初资产总额×100%）
无形资产	241.60	226.00	93.54%
固定资产	386.20	99.30	25.71%
在建工程	58.77	93.63	159.32%
货币资金	62.25	57.35	92.13%
其他非流动资产	114.40	40.30	35.23%

【子任务 4】已知某企业 2022 年和 2023 年的有关资料如表 5-1-6 所示。根据表 5-1-6 资料，对 2023 年权益净利率较上年变动的差异进行因素分解，依次计算营业净利率、总资产周转率和权益乘数的变动对权益净利率变动的影响。（提示：权益净利率=营业净利率×总资产周转率×权益乘数。）

表 5-1-6　　　　　　　　　　　　某企业 2022 年与 2023 年财务指标

项目	2022 年	2023 年
权益净利率	17.6%	16.8%
营业净利率	16%	14%
总资产周转率	0.5	0.6
权益乘数	2.2	2

营业净利率、总资产周转率和权益乘数的变动对权益净利率变动的影响计算如下。

2023 年权益净利率-2022 年权益净利率=16.8%-17.6%=-0.8%

2022 年权益净利率：16%×0.5×2.2=17.6% ①

替代营业净利率：14%×0.5×2.2=15.4% ②

替代总资产周转率：14%×0.6×2.2=18.48% ③

替代权益乘数（2023 年权益净利率）：14%×0.6×2=16.8% ④

营业净利率变动对权益净利率的影响：②-①=15.4%-17.6%=-2.2%

总资产周转率变动对权益净利率的影响：③-②=18.48%-15.4%=3.08%

权益乘数变动对权益净利率的影响：④-③=16.8%-18.48%=-1.68%

各因素影响合计数为：-2.2%+3.08%-1.68%=-0.8%。

任务二　资产负债表分析

任务场景

在上市公司中，由于行业特征不同，每个行业的资产负债表结构及各项目质量各有不同，给定 10 个行业的代表公司，分别如下：畜牧业——牧原股份、黑色金属矿采选业——金岭矿业、黑色金属冶炼和压延加工业——首钢股份、电气机械和器材制造业——格力电器、土木工程建筑业——上海建工、商务服务业——中国中免、水上运输业——中远海控、航空运输业——中国国航、软件和信息技术服务业——用友网络、房地产业——保利发展，请完成下面的任务。

任务要求：对资产负债表的结构进行分析；对资产负债表的质量进行分析。

任务准备

一、资产负债表结构分析

（一）资产结构分析

1. 资产部分的整体结构分析

资产部分的整体结构分析主要是关注流动资产和非流动资产的比重，通过与行业平均水平或可比企业资产结构进行比较，对资产的流动性和资产风险做出判断。一般来说，流动资产比重较大时，企业资产的流动性强，资产风险较小；非流动资产比重较大时，企业资产弹性较差，不利于企业灵活调度资金，资产风险较大。

2. 经营性资产与金融资产的结构分析

（1）经营性资产。经营性资产是指企业因营利目的而持有且实际具有盈利能力的资产，主要包括货币资金、存货、固定资产和无形资产等项目。

（2）金融性资产。金融性资产，是指企业以未来获得投资收益为目的而持有的资产，主要包括交易性金融资产、债权投资、其他债权投资、其他权益工具投资、长期股权投资等项目。

3. 流动资产与固定资产的结构分析

流动资产与固定资产之间的结构关系通常称为固流结构。在企业经营规模一定的条件下，如果固定资产存量过大，则不能充分发挥正常的生产能力，造成固定资产的部分闲置或生产能力利用不足；如果流动资产存量过大，则会造成流动资产闲置，影响企业的盈利能力。

一般来说，固流结构有保守型、适中型和冒险型 3 种类型。

① 保守型固流结构，是指企业在一定销售水平上维持大量的流动资产并采取宽松的信用政策，从而使流动资金处于较高的水平。这种资产结构中流动资产比重较高，可提升企业偿债能力，降低破产风险，使企业风险处于较低的水平。但流动资产占用大量资金会降低资产的运转效率，从而影响企业的盈利水平。这种资产结构是一种流动性高、风险小、盈利能力低的资产结构。

② 适中型固流结构，是指企业在一定销售水平下使固定资产存量与流动资产存量的比例保持在平均合理的水平上。这种资产结构可在一定程度上提高资金的使用效率，但同时增大了企业的经营风险和债务风险，是一种风险适中、盈利能力适中的资产结构。

③ 冒险型固流结构，是指尽可能少地持有流动资产，使企业的流动资金维持在较低水平上。这种资产结构中流动资产比例较低，资产的流动性较差。虽然固定资产比重较高会相应提高企业的盈利能力，但同时给企业带来较大的变现风险，是一种高风险、高收益的资产结构。

（二）资本结构分析

资本结构分析主要是分析负债结构与所有者权益结构。

1. 负债结构分析

负债结构是指企业各项负债在总负债中所占的比重，反映了总负债的组成情况。负债结构的形成是由于企业采用了不同债务融资方式，是债务融资的结果。

2. 所有者权益结构分析

所有者权益由股本、资本公积、盈余公积和未分配利润组成。通过分析所有者权益的组成情况，可以判断企业的资本结构是否合理，从而判断企业的经济实力和风险承受能力。盈余公积和未分配利润等内部所有者权益的持续增长意味着企业经营者的资本保值、增值能力较强，所以这种体现企业"内部增长能力"的项目的比重越高越好，而外部所有者权益的增长意味着企业投资额的扩大。

（三）资产与资本对称结构分析

资产结构与资本结构的适应形式可以分为稳定结构、中庸结构和风险结构3种。

1. 稳定结构

稳定结构是指在资产与资本的对称结构中，流动资产占用的资金不仅来源于流动负债，而且有一部分来源于非流动负债和所有者权益，如图 5-2-1 所示。

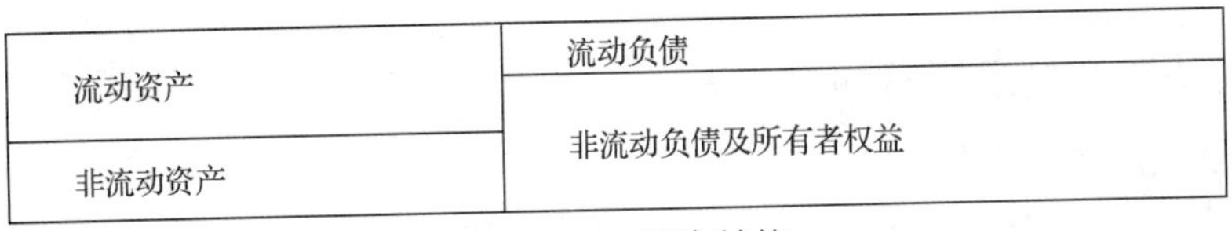

流动资产	流动负债
	非流动负债及所有者权益
非流动资产	

图 5-2-1 稳定结构

在这种结构下，企业对流动负债的依赖性较低，从而减轻了短期偿债压力，风险较低，但是由于长期资金的资金成本一般高于短期资金的资金成本，筹资成本较高，会降低企业的盈利能力。这意味着企业若过度追求财务上的安全则会牺牲利润。稳定结构是一种低风险、高成本的资本结构。

2. 中庸结构

中庸结构是指在资产与资本的对称结构中，流动资产占用的资金全部来源于流动负债，即流动资产等于流动负债，用于非流动资产的资金由所有者权益和非流动负债提供。中庸结构是一种中等风险和成本的资本结构，如图 5-2-2 所示。

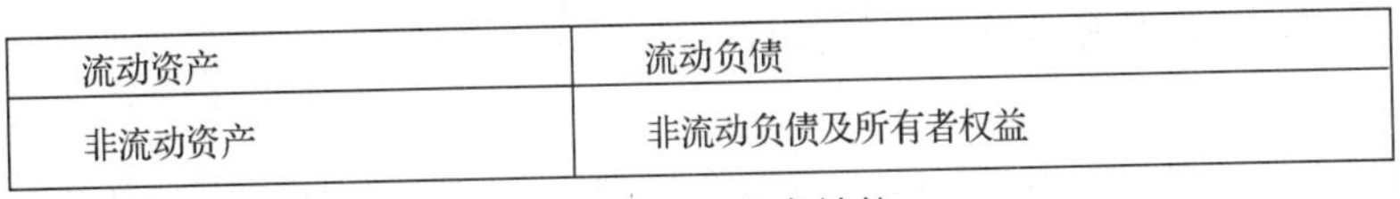

流动资产	流动负债
非流动资产	非流动负债及所有者权益

图 5-2-2 中庸结构

在这种结构下，企业偿债压力、筹资成本都处于中等水平。负债政策要根据资产结构变化进行调整，存在潜在的风险。这一结构以资金变现时间和数量与偿债时间和数量一致为前提，一旦两者出现时间和数量上的差异，如应收账款未能及时收回等，就会导致企业发生资金周转困难，并且有可能陷入财务危机。

3. 风险结构

风险结构是指在资产与资本的对称结构中，流动负债不仅满足了全部流动资产的资金需求，而且满足了非流动资产的部分资金需求，即流动负债大于流动资产，如图 5-2-3 所示。

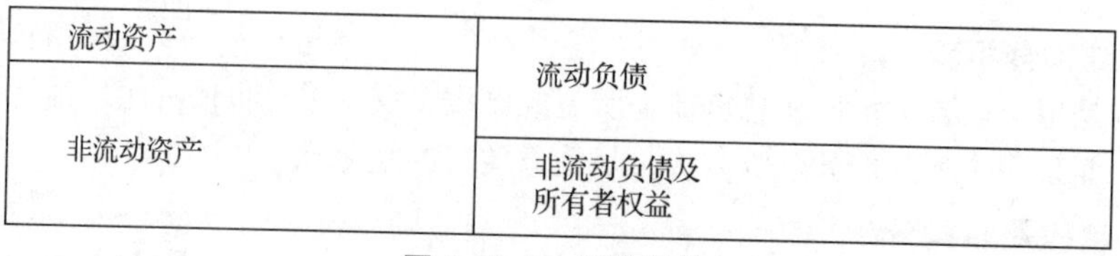

流动资产	流动负债
非流动资产	非流动负债及所有者权益

图 5-2-3　风险结构

在这种结构下，企业的偿债压力较大，但筹资成本相对较低，会在一定程度上提升企业的盈利能力。它要求企业运营顺畅，财务应变能力强。显然，风险结构是一种风险高但成本低的资本结构，对希望获得高收益的企业而言，这是一种有吸引力的资本结构。

二、资产负债表资产质量分析

（一）资产质量

资产的质量，就是指资产在特定的经济组织中，实际所发挥的效用与其预期效用之间的吻合程度。资产质量的好坏，将直接导致企业在实现利润、创造价值方面产生差异。因此，不断优化资产质量，促进资产的新陈代谢，保持资产的良性循环，是企业长久保持竞争优势的源泉。

（二）流动资产的质量分析

1. 货币资金质量分析

货币资金是企业在生产过程中以货币形态存在的资金，包括货币资金、银行存款和其他货币资金。货币资金是流动性最强、最有活力的资产，同时是获利能力最低（或者说几乎不产生收益）的资产。

货币资金质量分析，主要是分析其持有量是否合理。为维持企业经营活动的正常运转，企业必须持有一定量的货币资金。货币资金质量分析需要考虑以下因素：①企业资产的规模与业务量；②企业的筹资能力；③企业对货币资金的运用能力；④企业的行业特点。

2. 应收及预付款项分析

应收及预付款项为短期债权中常见的种类。除应收及预付款项外，短期债权还包括应收票据和其他应收款等。由于可能存在坏账，短期债权通常以低于账面的价值量进行收回；若应收票据不能收回则转为应收账款，若预付账款不能收回则转为其他应收款。综上所述，对短期债权进行分析，主要就是对应收账款和其他应收款进行分析。

3. 存货分析

资产负债表中的"存货"项目反映了企业期末在库、在途和在加工中的各项存货的可变现净值，包括原材料、商品、在产品、半成品、包装物、低值易耗品、分期收款发出商品、委托代销商品、受托代销商品等。"存货"项目按上述项目期末余额减去"代销商品款""存货跌价准备"项目期末余额后的金额填列。存货计价方法有实际成本法和计划成本法。

（1）存货的物理质量分析。存货的物理质量分析指的是存货的自然质量分析，即分析存货的自然状态。例如，商业企业的待售商品是否完好无损、制造业企业的产成品的质量是否符合影响产品等级要求等。

（2）存货的时效状态分析。主要内容如下：①与保质期相关联的存货，例如食品；②与内容相关联的存货，例如书籍、报纸、杂志；③与技术相关联的存货，例如，配方、诀窍。

（3）存货的品种构成分析。应对企业存货的品种构成进行分析，应关注不同品种的产品的盈利能力、技术状态、市场发展前景等方面的状况。

（4）存货的期末计价和存货跌价准备计提的分析。企业会计准则规定，存货的期末计价采用成本与可变现净值孰低法，对于可变现净值低于成本的部分，应当计提存货跌价准备。应对存货的期末计价和存货跌价准备的计提进行分析，关注企业存货的可变现能力，分析企业的存货是否存在市场份额缩小、销售滞后、库存积压的情况等。

（5）存货的周转率分析。存货周转率是一个动态的内部管理指标，反映一定时期的存货流转的速度。企业关注的焦点在于减少存货和加速流转，减少存货可以有效减少资金占用和降低经营风险，改善企业的财务状况和提高抗风险的能力；加速流转可以有效提高公司的盈利能力，从而创造更多的价值。

（三）非流动资产的质量分析

1. 固定资产和在建工程质量分析

固定资产占用资金数额较大、资金周转时间长，是资产管理的重点，分析固定资产质量时应注意以下两个方面。

（1）固定资产的构成。一般固定资产分为生产经营用固定资产、非生产经营用固定资产和闲置固定资产3类。这3类中只有生产经营用固定资产能为企业带来盈利，在分析该项目时，应结合固定资产明细表，了解固定资产的构成是否合理。

（2）固定资产占总资产的比例。固定资产的规模和结构，与企业所处的行业性质直接相关，制造业企业的固定资产比重较大，服务业或其他行业的固定资产相对较少，因此，应结合行业具体分析。

在我国，企业资产负债表中的"在建工程"项目，反映企业期末各项未完成工程的实际支出和尚未使用的工程物资的实际成本，反映了企业固定资产新建、改扩建、更新改造、大修理等的情况。

2. 无形资产质量分析

无形资产是企业拥有或控制的没有实物形态的可辨认非货币性资产，包括专利权、非专利技术、商标权、著作权、土地使用权、特许经营权等。

（1）无形资产的盈利性分析。不同项目的无形资产的属性可能不同，其盈利性也各不相同。专利权、商标权、著作权、土地使用权、特许经营权等无形资产的使用寿命受明确的法律法规保护，其盈利性容易判断。而像专有技术这类无形资产的使用寿命不受法律保护，其盈利性较难确定。

（2）无形资产的变现性分析。企业无形资产变现性主要包括3个方面：是否为特定主体所控制；是否可以单独转让；是否存在活跃市场进行公平交易。

三、资产负债表权益质量分析

（一）负债项目质量分析

1. 流动负债项目质量分析

（1）短期借款。短期借款反映企业借入的尚未归还的一年期以下（含一年）的借款。短期借款发生变动的原因主要有：①流动资金周转需要；②减少利息支出；③调整负债结构和财务风险；④提高企业资金弹性。

（2）应付票据。应付票据是由出票人出票，委托付款人在指定日期无条件支付确定的金额给收款人或持票人的票据。法律法规对应付票据的付款时间有相关规定，应关注以下事项：①将故意隐瞒的销售收入，在"应付票据"账户贷方长期挂账，以此逃避纳税；②"应付票据"账户借方发生额直接对应存货类账户，不按税法规定确认收入，计算缴纳增值税；③"应付票据"账户贷方发生额直接对应货币资金类账户，少计销售收入。

（3）应付账款。应付账款反映企业因购买原材料、商品和接受劳务等而应付给供应单位的款项。应付账款即赊购商品，是一种典型的商业信用形式，在商业信用条件不变的情况下，应付账款同企业进货规模存在着密切关系，应关注以下事项：①"应付账款"账户贷方直接对应货币资金类账户，隐匿收入；②有证据表明确实无法支付的应付账款不及时冲销确认应纳税所得额；③"应付账款"账户借方直接对应存货类账户，不按税法规定对销售的存货确认收入，计算缴纳增值税。

（4）应交税费。应交税费反映企业期末未交、多交或未抵扣的各种税金。应关注以下事项：①增值税。错误核算销项税额、进项税额、已交税金、进项税额转出等，影响计算缴纳增值税。②其他税费。隐匿、转移、分解应税收入；虚列费用支出；将不准税前扣除的应交税费计入当期损益，减少应纳税所得额；对减免、返还的各种税金不按税法规定计入应纳税所得额计算缴纳所得税。

2. 非流动负债项目质量分析

（1）长期借款。长期借款反映企业借入的尚未归还的一年期以上（不含一年）的借款。应关注以下事项：①对超过税法规定标准的利息支出，未按税法规定调增应纳税所得额；②将应予以资本化的利息支出费用化，影响应纳税所得额。

（2）应付债券。应付债券反映企业发行的尚未偿还的各种长期债券的本金和利息。应关注以下事项：①对超过税法规定标准的利息支出，未按税法规定调增应纳税所得额；②将应予以资本化的发行费用、溢折价摊销和利息支出，列入当期费用，减少应纳税所得额。

（二）所有者权益项目质量分析

1. 实收资本

实收资本是指企业按照章程规定或合同、协议约定，接受投资者投入企业的资本。实收资本的构成比例或股东的持股比例是企业进行利润或股利分配的主要依据。

2. 其他权益工具

企业应当在资产负债表"实收资本"项目和"资本公积"项目之间增设"其他权益工具"项目，反映企业发行的除普通股以外的分类为权益工具的各种金融工具。"其他权益工具"科目应按企业发行金融工具的种类设置明细科目，如"优先股"和"永续债"。

3. 资本公积

资本公积是企业收到投资者的超过其在注册资本（股本）中所占份额的出资，以及直接计入所有者权益的利得或损失等。资本公积包括资本溢价（或股本溢价）和其他资本公积。资本溢价（或股本溢价）是指企业收到投资者的超过其在注册资本（股本）中所占份额的出资。其他资本公积是指除资本溢价（或股本溢价）以外的所形成的资本公积。

4. 其他综合收益

其他综合收益是指企业根据企业会计准则规定未在当期损益中确认的各项利得和损失。

5. 盈余公积

盈余公积是指企业按照规定从净利润中提取的各种积累资金。公司制企业的盈余公积包括法定盈余公积和任意盈余公积。法定盈余公积是指企业按照规定的比例从净利润中提取的盈余公积。任意盈余公积是指企业按照股东会决议提取的盈余公积。应杜绝将取得的应税收入记入"盈余公积"账户。

6. 未分配利润

未分配利润是指企业实现的净利润经过弥补亏损、提取盈余公积和向投资者分配利润后留存在企业的、历年结存的利润。相对于所有者权益的其他部分来说，企业对未分配利润的使用有较大的自主权。影响未分配利润的因素有：企业生产经营活动的业绩、利润分配政策。

任务实施

在上市公司中，由于行业特征不同，每个行业的资产质量、负债质量、权益质量各有不同。请依据任务背景中给定的 10 个行业代表公司，完成以下分析。

【子任务 1】 分析给定的 10 个行业代表公司 2023 年的货币资金情况。

步骤一： 新建可视化。进入看板设计界面，执行"可视化"→"新建"命令，在打开的"选择数据集"对话框中选择"基础财务报表分析数据集（23 年）"，单击"确定"按钮，如图 5-2-4 所示，进入可视化界面。

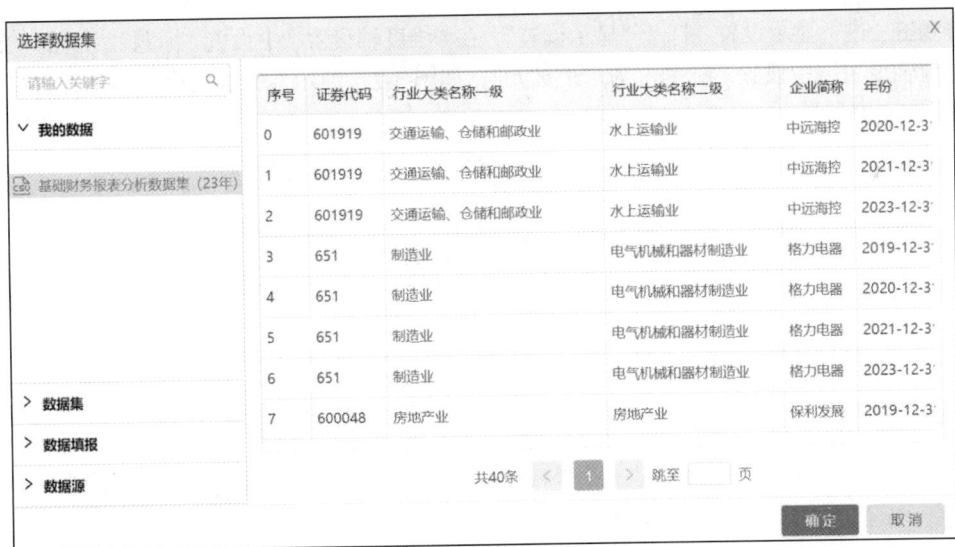

图 5-2-4　选择数据集

步骤二： 将可视化命名为"2023 年货币资金分析"。将左侧"指标"中的"货币资金"拖至右侧"指标"处，将左侧"维度"中的"企业简称"拖至右侧"维度"处。在"图形"中选择条形图。

步骤三： 将指标设置为按照"货币资金"升序排列。单击"求和（货币资金）"指标旁的倒三角按钮，从弹出的下拉菜单中选择"数据格式"，打开"数据显示格式"对话框。将"缩放率"设置为"1000000000"，"千分位"设置为"启用"，"小数位"设置为"2"，单击"确定"按钮，如图 5-2-5 所示。

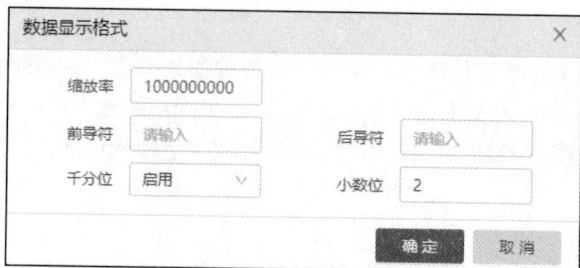

图 5-2-5　设置数据显示格式

步骤四：进行过滤设置。单击"求和（货币资金）"指标右侧的倒三角按钮，从弹出的下拉菜单中选择"创建过滤"，在打开的"添加过滤条件"对话框中选择"年_年份""等于""2023"，如图 5-2-6 所示。单击"确定"按钮退出。

图 5-2-6　设置过滤条件

步骤五：进行显示设置。打开"显示设置"，在"维度轴设置"中设置"标题"为"企业简称"，在"数值轴设置"中设置"标题"为"十亿元"，如图 5-2-7 所示。完成货币资金分析图的制作，结果如图 5-2-8 所示。

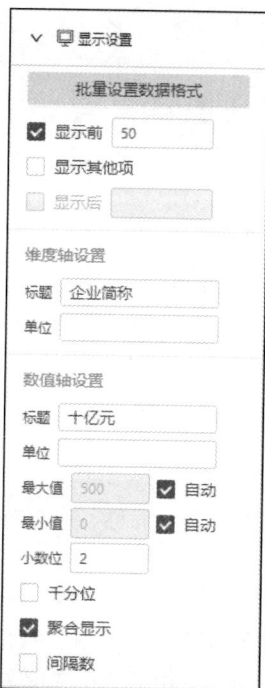

图 5-2-7　设置维度轴与数值轴

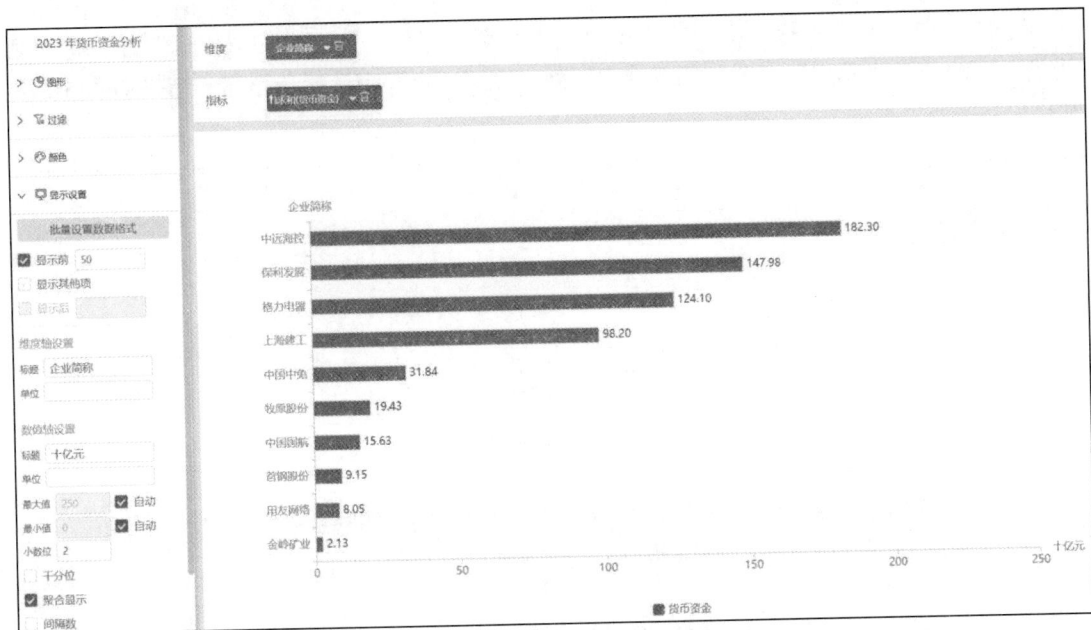

图 5-2-8 货币资金分析图

由图 5-2-8 可知，货币资金最多的企业是中远海控，最少的企业是金岭矿业。

【子任务 2】分析给定的 10 个行业代表公司 2023 年货币资金占总资产的比例。

步骤一：新建可视化。进入看板设计界面，执行"可视化"→"新建"命令，在打开的"选择数据集"对话框中选择"基础财务报表分析数据集（23 年）"，单击"确定"按钮，进入可视化界面，将可视化命名为"2023 年货币资金占总资产比例"。

步骤二：新建计算指标。由于"货币资金占总资产比例"指标并不在"基础财务报表分析数据集"的字段中，需要新建计算指标。单击"指标"旁边的"+"按钮，从弹出的下拉菜单中选择"计算字段"，如图 5-2-9 所示。在打开的对话框中设置"名称"为"货币资金占总资产比例"，设置"字段类型"为"数字"，将其表达式设置为"sum(货币资金)/sum(资产总计)*100"，其中 sum() 函数表示加总，单击"确定"按钮，完成表达式的设置，如图 5-2-10 所示。

图 5-2-9 选择"计算字段"

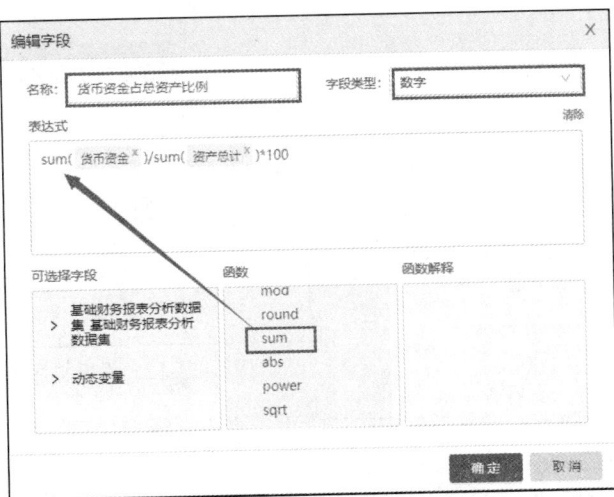

图 5-2-10 设置"货币资金占总资产比例"指标

步骤三：将左侧"指标"中的"货币资金占总资产比例"拖至右侧"指标"处，将左侧"维度"中的"企业简称"拖至右侧"维度"处，在"图形"中选择条形图，结果如图 5-2-11 所示。

图 5-2-11　维度、指标与图形的设定

步骤四：进行排序设置。将指标按照"货币资金占总资产比例"进行升序排列，如图 5-2-12 所示。

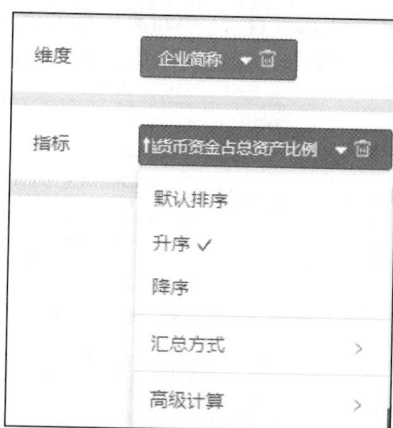

图 5-2-12　设置排序方式

步骤五：设置指标中的"货币资金占总资产比例"数据显示格式。单击"货币资金占总资产比例"指标右侧的倒三角按钮，从弹出的下拉菜单中选择"数据格式"，在打开的"数据显示格式"对话框的"后导符"处填入"%"，单击"确定"按钮，如图 5-2-13 所示。

图 5-2-13 "货币资金占总资产比例"数据显示格式设置

步骤六：进行过滤设置。单击"货币资金占总资产比例"指标右侧的倒三角按钮，从弹出的下拉菜单中选择"创建过滤"，在打开的"添加过滤条件"对话框中选择"年_年份""等于""2023"，单击"确定"按钮，完成操作。

步骤七：进行显示设置。将"维度轴设置"中的"标题"设置为"企业简称"，将"数值轴设置"中的"标题"设置为"比例"，完成 2023 年货币资金占总资产比例的可视化制作，结果如图 5-2-14 所示。

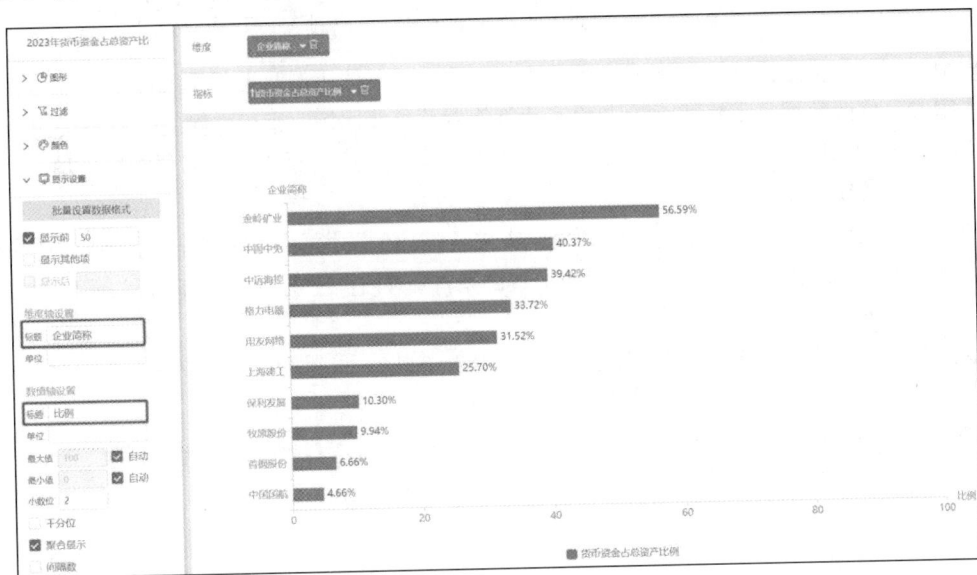

图 5-2-14 设置维度轴和数值轴

【子任务 3】分析给定的 10 个行业代表公司 2023 年流动负债占负债总额的比例。

步骤一：新建可视化。进入看板设计界面，执行"可视化"→"新建"命令，在打开的"选择数据集"对话框中选择"基础财务报表分析数据集（23 年）"，单击"确定"按钮。进入可视化界面，将可视化命名为"2023 年流动负债占总负债比例"。

步骤二：新建计算指标。由于"流动负债占总负债比例"指标并不在"基础财务报表分析数据集"的字段中，需要新建计算指标。单击"指标"旁边的"+"按钮，在弹出的下拉菜单中选择"计算字段"。在打开的对话框中设置"名称"为"流动负债占总负债比例"，设置"字段类型"为"数字"，将其表达式设置为"sum(流动负债合计)/sum(负债合计)*100"，单击"确定"按钮，完成表达式的设置，如图 5-2-15 所示。

步骤三：将左侧"指标"中的"流动负债占总负债比例"拖至右侧"指标"处，将左侧"维度"中的"企业简称"拖至右侧"维度"处，在"图形"中选择条形图。

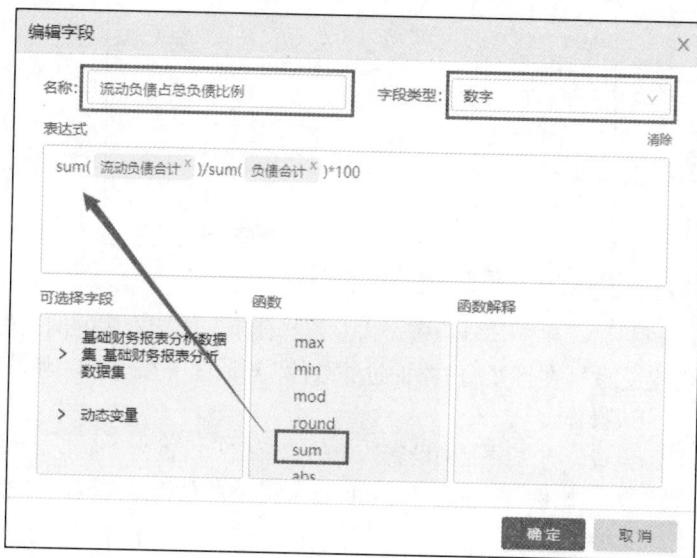

图 5-2-15　设置"流动负债占总负债比例"指标

步骤四：进行排序设置。将指标按照"流动负债占总负债比例"进行升序排列。

步骤五：修改数据显示格式。单击"流动负债占总负债比例"指标右侧的倒三角按钮，从弹出的下拉菜单中选择"数据格式"，在打开的"数据显示格式"对话框的"后导符"处填入"%"，单击"确定"按钮，完成操作。

步骤六：进行过滤设置。单击"流动负债占总负债比例"指标右侧的倒三角按钮，从弹出的下拉菜单中选择"创建过滤"，在打开的"添加过滤条件"对话框中选择"年_年份""等于""2023"，单击"确定"按钮。

步骤七：进行显示设置。将"维度轴设置"中的"标题"设置为"企业简称"，将"数值轴设置"中的"标题"设置为"比例"，结果如图 5-2-16 所示。

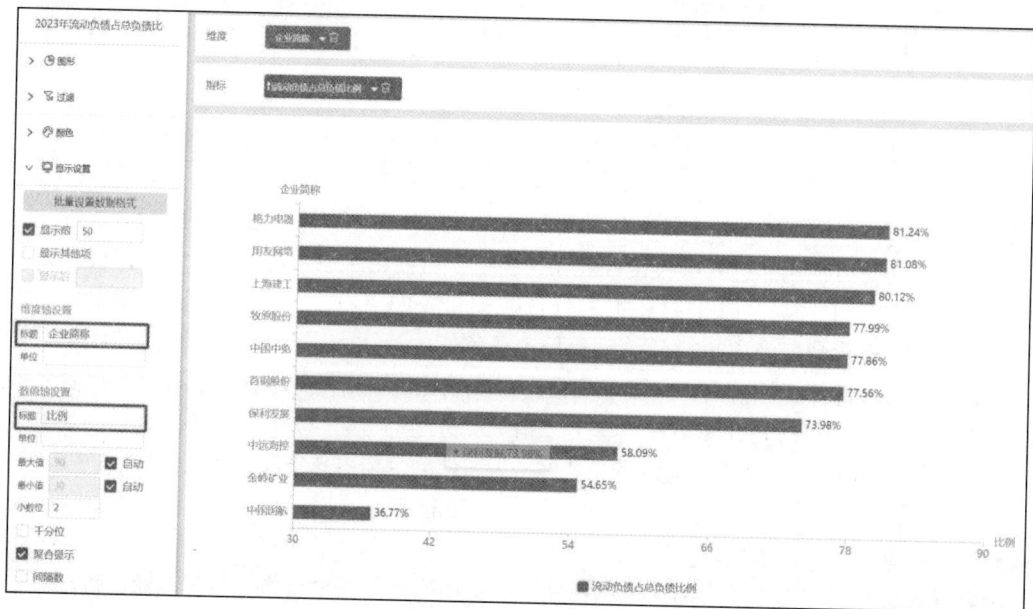

图 5-2-16　显示设置

由图 5-2-16 可知，流动负债占总负债比例最大的是格力电器，最小的是中国国航。

任务三　利润表分析

任务场景

在上市公司中，由于行业特征不同，每个行业的营业收入、营业成本各有不同。结合任务二给定的 10 个行业代表公司完成下面的任务。

任务要求：对 10 个行业代表公司的利润表进行分析，展示其 2023 年的营业收入情况。

任务准备

从利润表来看，企业的损益可以分为经常性损益、非经常性损益、综合性损益三大类。经常性损益具有稳定性、可持续性的特点；非经常性损益具有偶然性、不可持续性的特点；综合性损益具有概括性、可比性的特点。

一、经常性损益项目分析

经常性损益项目是企业主要的、有目的的、经常性业务活动创造的影响或造成的亏损，与企业经营管理水平密切相关，可以反映企业的获利能力，因此，经营性损益列示在利润表的前面。经常性业务所带来的收入与其相应的耗费要相互配比，耗费是按照其与收入的相关程度排序的。

1. 营业收入

营业收入包括企业主要经营活动和非主要经营活动所带来的收入总额，会计核算上分别称为主营业务收入和其他业务收入。

在具体进行营业收入分析时，要从以下几个方面重点关注。

（1）整体把握营业收入概况。应从整体看，企业营业收入与利润增长趋势的对应关系、营业收入增长率与行业平均增长率的对应关系。

（2）营业收入的构成分析。应关注营业收入主要来源于什么方面，在营业收入中占比较大的商品或服务是企业过去业绩的主要增长点，应对此进行进一步的发展趋势分析。

（3）与关联方的交易。应关注与关联方交易的价格是否公允、交易背景是否真实等。

（4）营业收入变动的原因分析。如发生剧烈变动，应关注是否有合理理由、是否符合市场规律等。

（5）进行营业收入分析时，还应关注营业收入的真实性和可持续性。

2. 营业成本

营业成本可分为主营业务成本和其他业务成本。

（1）从数量方面分析，主营业务成本应当和主营业务收入匹配。毛利率是反映这两者之间的关系的重要指标，可直接反映企业的经营效益；从质量方面分析，主营业务成本由于受到会计政策和职业判断的影响，具有一定的可操作性。

（2）其他业务成本是企业确认的除主营业务活动以外的其他经营活动所发生的支出。其他业

务成本包括销售材料的成本、出租固定资产的折旧额、出租无形资产的摊销额等。

3. 税金及附加

税金及附加用来核算企业日常经营活动应负担的税费，包括消费税、城市维护建设税、资源税、房产税、车船使用税、城镇土地使用税和教育费附加等。在分析该项目时应该关注企业所缴纳的税金及附加与对应会计期间的收入是否符合税法规定的勾稽关系。

4. 期间费用

（1）销售费用。销售费用是指企业销售商品、提供劳务的过程中产生的各种费用。销售费用可能对销售收入产生很大的影响，其中各种广告营销费用应该在销售费用中占较大比重。如果一个企业的销售费用增长幅度远远大于营业收入增长幅度，其获利空间是非常有限的。

（2）管理费用。管理费用是指企业为组织和管理企业生产经营所发生的费用。按照成本性态来分析，所有费用都可以分为 3 类，即固定性费用、变动性费用、混合费用，混合费用还可以继续划分为固定性部分和变动性部分。在企业的组织结构、管理风格、管理手段、业务规模等变化不大的时候，企业的固定性费用通常不会有太大变动，而变动性费用则随着业务量的增长而增长。

（3）财务费用。财务费用是指企业为筹集生产经营所需资金而发生的应予以费用化的金额。分析企业的财务费用时，应当将财务费用的增减变动和企业的筹资活动联系起来，分析财务费用增减变动的合理性和有效性，并且关注市场平均利率水平和同行业企业的筹资成本。

（4）研发费用。研发费用是指企业进行研究和开发活动所产生的应予以费用化的金额。分析研发费用时，应关注企业研发活动的合理性，以及资本化、费用化的分类是否准确等。

5. 所得税费用

所得税费用是指企业在一定的会计期间内取得的利润总额，经过调整后，按照税法规定的比率，计算缴纳所得税税款所形成的费用。分析企业所得税费用时，应结合资产负债表中的"递延所得税资产""递延所得税负债""应交税费"项目。

二、非经常性损益项目分析

非经常性损益是指企业发生的、与经营业务无直接关系，或者虽然与经营业务相关，但由于其性质、金额或发生频率影响了真实、公允地反映企业正常获利能力的各项收入和支出。

1. 投资收益

由于投资收益取决于投资企业获取的收益及分配的方法，因此投资收益的高低和真实性也不易控制。在分析时应注意与现金流量表反映的投资收益收回的现金相比较。

2. 资产减值损失、公允价值变动损益

资产减值损失和公允价值变动损益是未实现的利得和损失，在利润表中予以单独披露，以更加全面、具体地反映企业的财务业绩。

3. 营业外收入与营业外支出

营业外收入和营业外支出是企业发生的、与日常活动无直接关系的各项支出。营业外收入并不是由企业经营资金耗费所产生的，不需要企业付出代价，实际上是一种纯收入。营业外收入主要包括债务重组利得、政府补贴、盘盈利得、捐赠收益等。营业外支出主要包括债务重组损失、公益性捐赠支出、非常损失、盘亏损失等。

三、综合性损益项目分析

综合性损益项目主要包括营业利润、利润总额和净利润。营业利润反映了企业正常经营活动所取得的财务成果，其不仅受到营业收入、营业成本以及期间费用的影响，还受到资产减值损失、公允价值变动损益和投资收益的影响，是综合收益的体现。利润总额反映了企业全部活动的财务成果，它不仅反映企业的营业利润，而且反映非流动资产处置损益及营业外收支等一系列财务数据。净利润或税后利润是企业所有者最终取得的财务成果。

📺 任务实施

分析给定的 10 个行业代表公司 2023 年的营业收入情况。

步骤一： 新建可视化。进入看板设计界面，执行"可视化"→"新建"命令，在打开的"选择数据集"对话框中选择"基础财务报表分析数据集（23 年）"，单击"确定"按钮。进入可视化界面，将可视化命名为"2023 年营业收入分析"。

步骤二： 在可视化界面中，将左侧"指标"中的"营业收入"拖至右侧"指标"处，将左侧"维度"中的"企业简称"拖至右侧"维度"处，在"图形"中选择条形图。

步骤三： 进行排序设置。按照"营业收入"进行升序排列，如图 5-3-1 所示。

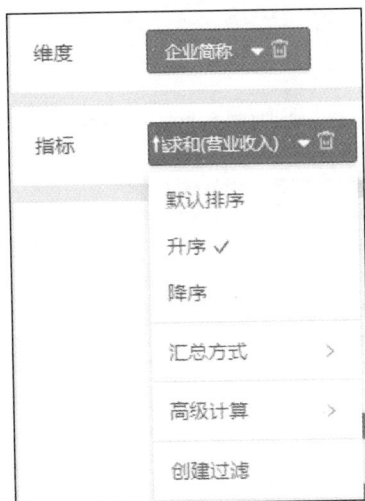

图 5-3-1 设置排序方式

步骤四： 进行数据显示格式设置。单击"求和（营业收入）"旁的倒三角按钮，从弹出的下拉菜单中选择"数据格式"打开"数据显示格式"对话框，将"缩放率"设置为"1000000000"，"千分位"设置为"启用"，"小数位"设置为"2"，单击"确定"按钮。

步骤五： 进行过滤设置。单击"求和（营业收入）"指标右侧的倒三角按钮，从弹出的下拉菜单中选择"创建过滤"，在打开的"添加过滤条件"对话框中选择"年_年份""等于""2023"。单击"确定"按钮。

步骤六： 进行显示设置。打开"显示设置"，在"维度轴设置"中将"标题"设置为"企业简称"，在"数值轴设置"中将"标题"设置为"十亿元"，如图 5-3-2 所示。营业收入分析图制作完成，如图 5-3-3 所示。

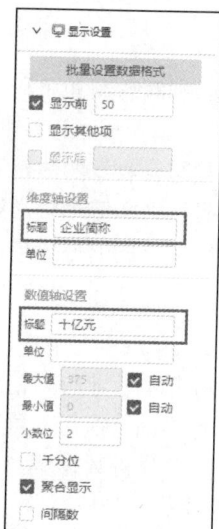

图 5-3-2　进行显示设置

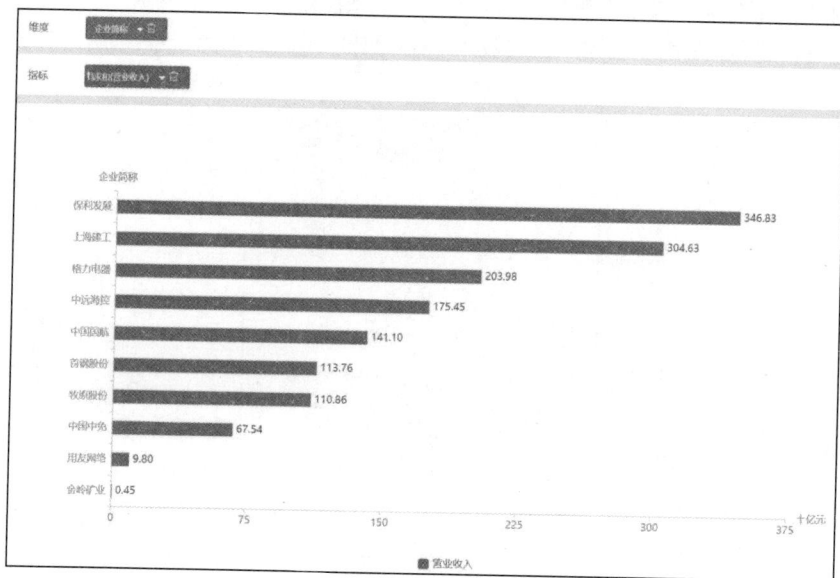

图 5-3-3　营业收入分析图

由图 5-3-3 可知，营业收入最高的企业是保利发展，最低的企业是金岭矿业。

任务四　现金流量表分析

任务场景

在上市公司中，由于行业特征不同，每个行业的现金流量表各有不同。结合任务二给定的 10 个行业代表公司完成下面的任务。

任务要求：对 10 个行业代表公司的现金流量表进行分析，展示其 2023 年的经营活动现金流量情况。

任务准备

一、现金流量表的概念

现金流量表，是指反映企业一定会计期间现金和现金等价物流入和流出情况的报表。从编制原理来看，现金流量表按照收付实现制原则编制，将权责发生制下盈利信息调整为收付实现制下的现金流量信息，便于信息使用者了解企业净利润的质量。从内容上看，现金流量表整体上被划分为经营活动、投资活动和筹资活动 3 个部分。

二、经营活动现金流量质量分析

1. "销售商品、提供劳务收到的现金"项目

该项目反映企业销售商品、提供劳务实际收到的现金（含销售收入和应向购买者收取的增值税税额），包括本期销售商品、提供劳务收到的现金，以及前期销售和前期提供劳务本期收到的现金和本期预收的账款，应减去本期退回本期销售的商品和前期销售本期退回的商品退还的现金。企业销售材料和代购代销业务收到的现金，也在本项目中反映。

在分析"销售商品、提供劳务收到的现金"项目时，应注意以下几点。

（1）分析企业收入质量。

将销售商品、提供劳务收到的现金与利润表中的"营业收入"项目相对比，可以判断企业销售收现情况，可用销售收现率衡量。

销售收现率=(销售商品、提供劳务收到的现金÷营业收入)×100%

该指标反映了企业销售收入产生现金的能力，表明企业每一元销售收入中有多少实际收到的现金收益。该比率越高，收入质量越高。

（2）分析公司业务结构。

将销售商品、提供劳务收到的现金与经营活动流入的现金总额比较，可大致说明企业销售产品获得的现金占经营活动流入的现金的比重有多大。

2. "收到的税费返还"项目

该项目反映企业收到的退还的各种税费，如收到的增值税、消费税、所得税、教育费附加等。例如分析企业出口业务真实性时，可以通过收到的税费返还来检验。如果企业有大量的出口业务收入而现金流量表却反映没有收到税费返款，则可能是虚增的出口收入。

3. "收到其他与经营活动有关的现金"项目

收到的其他与经营活动有关的现金流入如罚款收入、流动资产损失中由个人赔偿的现金流入。另外，企业实际收到的政府补助，无论是与资产相关还是与收益相关，均在该项目填列。

4. "购买商品、接受劳务支付的现金"项目

该项目反映企业购买材料或商品、接受劳务实际支付的现金，包括本期购入材料或商品、接受劳务支付的现金（包括增值税进项税额），以及本期支付前期购入材料或商品、接受劳务的未付款项和本期预付款项。本期发生的购货退回收到的现金应从本项目减去。

购买商品、接受劳务支付的现金分析要点如下。

（1）此项目应是企业现金流出的主要方向，通常具有数额大、所占比重大的特点。将其与利润表的营业成本相比较，可以判断企业购买商品付现率的情况，可以了解企业资金的紧张程度或企业的商业信用情况。

（2）通过计算现金购销比率发现问题。

现金购销比率=(购买商品、接受劳务支付的现金÷销售商品、提供劳务收到的现金)×100%

在一般情况下，这一比率应接近商品的销售成本率。如果现金购销比率不正常，可能有两种情况：一是购进呆滞积压商品；二是经营业务萎缩。

5. "支付给职工以及为职工支付的现金"项目

该项目反映企业实际支付给职工以及为职工支付的现金，包括本期实际支付给职工的工资、奖金、各种津贴和补贴等以及为职工支付的其他费用，不包括支付的离退休人员的各项费用和支付给在建工程人员的工资等。

6. "支付的各项税费"项目

该项目反映企业按规定支付的各种税费，包括本期发生并支付的税费，以及本期支付以前各期发生的税费和预交的税金，不包括计入固定资产价值等，也不包括本期退回的增值税、所得税。本期退回的增值税、所得税在"收到的税费返还"项目反映。

7. "支付其他与经营活动有关的现金"项目

该项目反映企业除上述各项目外，支付的其他与经营活动有关的现金流出。

三、投资活动现金流量质量分析

1. "收回投资收到的现金"项目

该项目反映企业出售、转让或到期收回除现金等价物以外的短期投资、长期股权投资而收到的现金，以及收回长期债权投资本金而收到的现金，不包括长期债权投资收回的利息，以及收回的非现金资产。

2. "取得投资收益收到的现金"项目

该项目反映企业因股权性投资和债权性投资而取得的现金股利、利息，以及从子公司、联营企业与合营企业分得的现金，不包括股票股利。

3. "处置固定资产、无形资产和其他长期资产收回的现金净额"项目

该项目反映企业处置固定资产、无形资产和其他长期资产所取得的现金，减去为处置这些资产而支付的有关费用后的净额。由于自然灾害造成的固定资产损失等长期资产损失而收到的保险赔偿收入，也在本项目中反映。

4. "处置子公司及其他营业单位收到的现金净额"项目

该项目反映企业处置子公司及其他营业单位所取得的现金，减去相关处置费用以及子公司及其他单位持有的现金等价物的净额。需要根据企业的战略安排结合处置子公司的具体的披露情况，分析企业处置子公司的合理性。

5. "收到其他与投资活动有关的现金"项目

该项目反映企业除了上述各项以外，收到的其他与投资活动有关的现金流入。

6. "购建固定资产、无形资产和其他长期资产支付的现金"项目

该项目反映企业购买、建造固定资产，取得无形资产和其他长期资产所支付的现金。

7. "投资支付的现金"项目

该项目反映企业进行权益性投资和债权性投资支付的现金，包括企业取得的除现金等价物以外的短期股票投资、短期债券投资、长期股权投资、长期股权投资支付的现金，以及支付的佣金、手续费等附加费用。

8."取得子公司以及其他营业单位支付的现金净额"项目

该项目反映企业购买子公司及其他营业单位时以现金支付的部分，减去子公司及其他营业单位持有的现金和现金等价物的净额。

9."支付其他与投资活动有关的现金"项目

该项目反映企业除了上述各项以外，支付的其他与投资活动有关的现金流出。

四、筹资活动现金流量质量分析

1."吸引投资收到的现金"项目

该项目反映企业收到的投资者投入的现金，包括以发行股票、债券等方式筹集资金实际收到的款项（发行收入减去支付的佣金等发行费用后的净额）。

2."取得借款收到的现金"项目

该项目反映企业举借各种短期、长期借款所收到的现金。此项目数额的大小，表明企业通过银行等金融机构筹集资金能力的强弱，在一定程度上代表了企业商业信用的高低。

3."收到其他与筹资活动有关的现金"项目

该项目反映企业除上述各项目外，收到的其他与筹资活动有关的现金流入，如接受现金捐赠等。

4."偿还债务支付的现金"项目

该项目反映企业偿还债务支付的现金，包括偿还金融机构的借款本金、偿还债务本金等。此项目有助于分析企业资金周转是否处于良性循环状态。

5."分配股利、利润或偿付利息支付的现金"项目

该项目反映企业实际支付的现金股利，支付给其他投资单位的利润以及支付的借款利息、债券利息等。利润的分配情况可以反映企业现金的充裕程度。

6."支付其他与筹资活动有关的现金"项目

该项目反映企业除了上述各项目外，支付的其他与筹资活动有关的现金流出，如捐赠现金支出、融资租入固定资产支付的租赁费等。

任务实施

分析给定的10个行业代表公司2023年的经营活动现金流量情况。

步骤一： 新建可视化。进入看板设计界面，执行"可视化"→"新建"命令，在打开的"选择数据集"对话框中选择"基础财务报表分析数据集（23年）"，单击"确定"按钮。进入可视化界面，将可视化命名为"2023年经营活动现金流量分析"。

步骤二： 在可视化界面中，将左侧"维度"中的"企业简称"拖至右侧"维度"处，将左侧"指标"中的"经营活动产生的现金流量净额"拖至右侧"指标"处，在"图形"中选择条形图。

步骤三： 进行排序设置。按照"求和（经营活动产生的现金流量净额）"进行升序排列。

步骤四： 进行数据显示格式设置。单击"求和（经营活动产生的现金流量净额）"指标旁的倒三角按钮，从弹出的下拉菜单中选择"数据格式"打开"数据显示格式"对话框，将"缩放率"设置为"1000000000"，"千分位"设置为"启用"，"小数位"设置为"2"，单击"确定"按钮。

步骤五： 进行过滤设置。单击"求和（经营活动产生的现金流量净额）"指标右侧的倒三角按钮，从弹出的下拉菜单中选择"创建过滤"，在打开的"添加过滤条件"对话框中选择"年_年份"

"等于""2023"，单击"确定"按钮。

步骤六：进行显示设置。打开"显示设置"，在"维度轴设置"中将"标题"设置为"企业简称"，在"数值轴设置"中将"标题"设置为"十亿元"，完成经营活动现金流量净额分析图的制作，如图 5-4-1 所示。

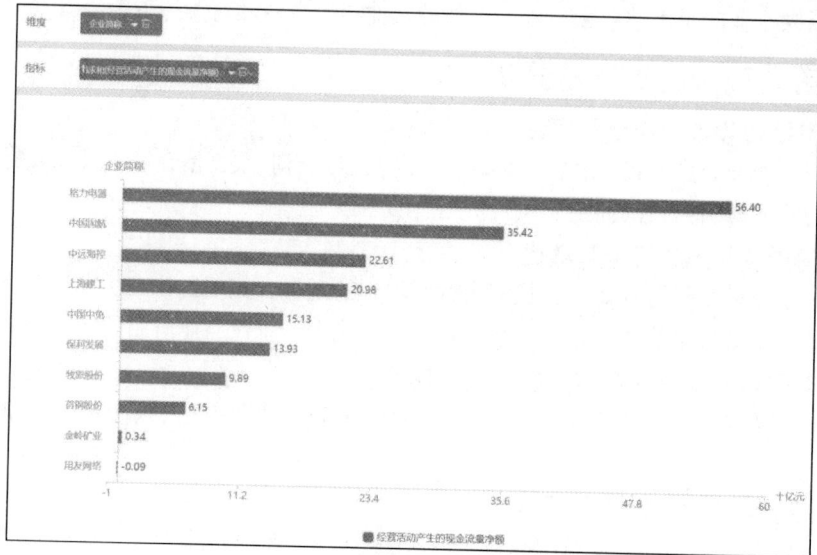

图 5-4-1　经营活动现金流量净额分析图

由图 5-4-1 可知，格力电器的经营活动现金流量净额最高，用友网络的经营活动现金流量净额为负数。

项目小结

财务报表分析是财务数据分析师的核心技能之一。通过本项目的学习，我们能够更好地理解企业的财务状况、经营成果和现金流量情况，运用比较分析法、趋势分析法、结构分析法、因素分析法对企业的资产负债、利润表、现金流量表的质量及结构进行分析，提升自身的专业素养。进行财务报表分析能够为管理层提供有效的决策支持，帮助企业做出更加明智的财务决策；还能够及时发现企业面临的财务风险，从而协助企业采取相应的风险管理措施，确保企业的稳健运营。

项目测试

一、单项选择题

1. 连环替代法是（　　　）的基本形式。
   A. 比较分析法　　　　B. 比率分析法　　　　C. 趋势分析法　　　　D. 因素分析法
2. 能反映企业经营结果的财务报表是（　　　）。
   A. 资产负债表　　　　B. 利润表　　　　C. 现金流量表　　　　D. 所有者权益变动表
3. 能反映企业财务状况的财务报表是（　　　）。
   A. 资产负债表　　　　B. 利润表　　　　C. 现金流量表　　　　D. 所有者权益变动表

二、多项选择题

1. 利润表中能反映企业利润的指标有（　　）。

　　A. 毛利润　　　　　　B. 营业利润　　　　C. 利润总额　　　　　D. 净利润

2. 流动资产包括（　　）。

　　A. 应收账款　　　　B. 长期待摊费用　　C. 预收账款

　　D. 预付账款　　　　E. 低值易耗品

三、判断题

1. 企业变现能力最强的资产也是盈利最多的资产。（　　）

2. 企业利润的唯一来源是不断增加的营业收入。（　　）

3. 企业资产规模不断膨胀，企业盈利能力就越强。（　　）

4. 企业的投资活动起到"造血"作用。（　　）

四、任务实战

1. 分析任务二中给定的 10 个行业代表公司 2023 年应收账款占总收入的比例。

2. 分析任务二中给定的 10 个行业代表公司 2023 年的筹资活动现金流量。

项目六

企业财务能力分析

项目导读

树立辩证思维，坚持守正创新

辩证思维是指以变化发展视角认识事物的思维方式。财务数据分析师在进行偿债能力、盈利能力及综合能力分析时要树立辩证思维，分析指标内、外部各种因素之间的相互联系和作用，以发展的眼光寻找财务指标发展变化进程中的运动规律。

惟创新者进，惟创新者强，惟创新者胜。财务数据分析师在进行财务指标分析时要坚持守正创新，在沿用长期使用的科学方法的基础上，紧跟时代步伐，顺应时代发展，积极学习大数据分析技术，不断充实和完善企业财务分析指标体系。

学习目标

知识目标

1. 掌握企业财务能力的各项指标的含义；
2. 掌握企业财务能力指标数据的计算公式。

技能目标

1. 能够计算各项企业财务能力指标；
2. 能够完成企业财务能力分析的可视化看板设计。

素养目标

1. 培养良好的会计职业操守，保证数据安全；
2. 增强创新创业的信心和能力。

任务一　短期偿债能力分析

任务场景

AJHXJL 公司准备召开财务战略会议，管理层想了解公司近几年的短期偿债能力的变化趋势。

任务要求：运用流动比率、速动比率、现金比率对 AJHXJL 公司的短期偿债能力进行可视化分析。

任务准备

一、偿债能力分析概述

1. 偿债能力的含义

偿债能力是指企业偿还本身所欠债务的能力。对偿债能力进行分析有利于债权人进行正确的借贷决策，有利于投资者进行正确的投资决策，有利于企业经营者进行正确的经营决策，有利于正确评价企业的财务状况。

偿债能力的衡量方法有两种：一种是比较可供偿债资产与债务的存量，资产存量超过债务存量较多，则认为偿债能力较强；另一种是比较经营活动现金流量和偿债所需现金，如果经营活动现金流量大幅超过偿债所需现金，则认为偿债能力较强。

2. 偿债能力的分类

债务一般按到期时间分为短期债务和长期债务，因此偿债能力分析也分为短期偿债能力分析和长期偿债能力分析。

二、短期偿债能力分析概述

企业在短期（一年或一个营业周期）内需要偿还的负债主要指流动负债，因此短期偿债能力衡量的是对流动负债的清偿能力。企业的短期偿债能力取决于短期内企业产生现金的能力，即在短期内能够转化为现金的流动资产有多少。企业短期偿债能力的衡量指标主要有营运资金、流动比率、速动比率和现金比率。

（一）营运资金

营运资金是指流动资产超过流动负债的部分，其计算公式如下：

$$营运资金=流动资产-流动负债$$

计算营运资金使用的流动资产和流动负债，通常可以直接取自资产负债表。营运资金越多，则偿债能力越强。当流动资产大于流动负债时，营运资金为正，说明企业财务状况稳定，不能偿债的风险较小。反之，当流动资产小于流动负债时，营运资金为负，此时，企业部分非流动资产以流动负债作为资金来源，企业不能偿债的风险很大。

营运资金是绝对数，不便于不同企业之间的比较。例如，C公司和D公司有相同的营运资金，如表6-1-1所示，是否意味着它们具有相同的偿债能力呢？

表6-1-1　　　　　　　　　　　C公司和D公司的营运资金　　　　　　　　　　　金额单位：万元

项目	C公司	D公司
流动资产	600	2 400
流动负债	200	2 000
营运资金	400	400

尽管C公司和D公司的营运资金都为400万元，但是C公司的偿债能力明显强于D公司，原因是C公司的营运资金占流动资产的比例约为66.67%，即流动资产中只有约33.33%用于偿还流动负债；而D公司的营运资金占流动资产的比例约为16.67%，即流动资产中有约83.33%用于

偿还流动负债。因此，在实务中通常无法直接使用营运资金作为偿债能力的衡量指标，短期偿债能力更多地通过债务的存量比率来衡量。

（二）流动比率

流动比率是企业流动资产与流动负债之比，其计算公式为：

$$流动比率=流动资产÷流动负债$$

流动比率表明每 1 元流动负债有多少流动资产作为保障，流动比率越大，短期偿债能力通常越强。一般认为，生产企业合理的最低流动比率是 2。这是因为流动资产中变现能力最差的存货金额约占流动资产总额的一半，剩下的流动性较强的流动资产至少要等于流动负债，这样企业的短期偿债能力才会有保证。

运用流动比率进行分析时，要注意以下两个问题。

（1）流动比率高不意味着短期偿债能力一定很强。

流动比率假设全部流动资产可变现用于清偿流动负债。实际上，各项流动资产的变现能力并不相同，而且变现金额可能与账面金额存在较大差异。因此，流动比率是对短期偿债能力的粗略估计，还需进一步分析流动资产的构成项目。

（2）对流动比率，只有将其和同行业平均流动比率、本企业历史流动比率进行比较，才能知道本期流动比率是高还是低。

分析流动比率过高或过低的原因，须结合流动资产和流动负债的构成项目及经营状况。一般情况下，营业周期、流动资产中的应收账款和存货的周转速度是影响流动比率的主要因素。营业周期短、应收账款和存货的周转速度快的企业，其流动比率低一些也是可以接受的。

（三）速动比率

速动比率是企业速动资产与流动负债之比，其计算公式为：

$$速动比率=速动资产÷流动负债$$

构成流动资产的各项目，流动性有很大差别。其中，货币资金、以公允价值计量且其变动计入当期损益的金融资产和各种应收款项，可以在较短时间内变现，称为速动资产；其他的流动资产，包括存货、预付款项、一年内到期的非流动资产和其他流动资产等，属于非速动资产。

速动比率表明每 1 元流动负债有多少速动资产作为偿债保障。一般情况下，速动比率越大，短期偿债能力越强。通常认为存货占了流动资产的一半左右，因此剔除存货影响的速动比率至少是 1。速动比率过低，表明企业面临偿债风险；但速动比率过高，则表明企业可能会因现金及应收账款过多而增加机会成本。

（四）现金比率

现金资产主要是指货币资金。现金资产与流动负债的比值称为现金比率，其计算公式为：

$$现金比率=货币资金÷流动负债$$

现金比率剔除了应收账款对偿债能力的影响，能反映企业直接偿付流动负债的能力，表明每 1 元流动负债有多少现金资产作为偿债保障。因为流动负债是在一年内（或一个营业周期内）陆续到期清偿的，所以并不需要企业时刻保留用于偿还流动负债的现金资产。

三、影响短期偿债能力的表外因素

（一）增强短期偿债能力的表外因素

（1）可动用的银行授信额度（如周转信贷协定）。这一数据不在财务报表中反映，但有的公司以董事会决议公告披露。

（2）可快速变现但未列入"一年内到期的非流动资产"项目的非流动资产（如正在出租的房产等），企业发生周转困难时，将其出售并不影响企业的持续经营。

（3）企业的信誉。信誉优秀的企业即使在短期偿债方面出现暂时困难，也比较容易筹集到资金。

（二）降低短期偿债能力的表外因素

降低短期偿债能力的表外因素主要是与担保有关的或有负债。如果或有负债数额较大且很可能发生，应在评估偿债能力时给予关注。

任务实施

根据任务要求，运用流动比率、速动比率、现金比率对 AJHXJL 公司 2019—2023 年的短期偿债能力进行可视化分析。

【子任务 1】运用流动比率对 AJHXJL 公司的短期偿债能力进行可视化分析。

步骤一：新建可视化，选择"资产负债表-AJHXJL"作为数据集，单击"确定"按钮，如图 6-1-1 所示。将新建的可视化命名为"AJ 公司流动比率分析"。

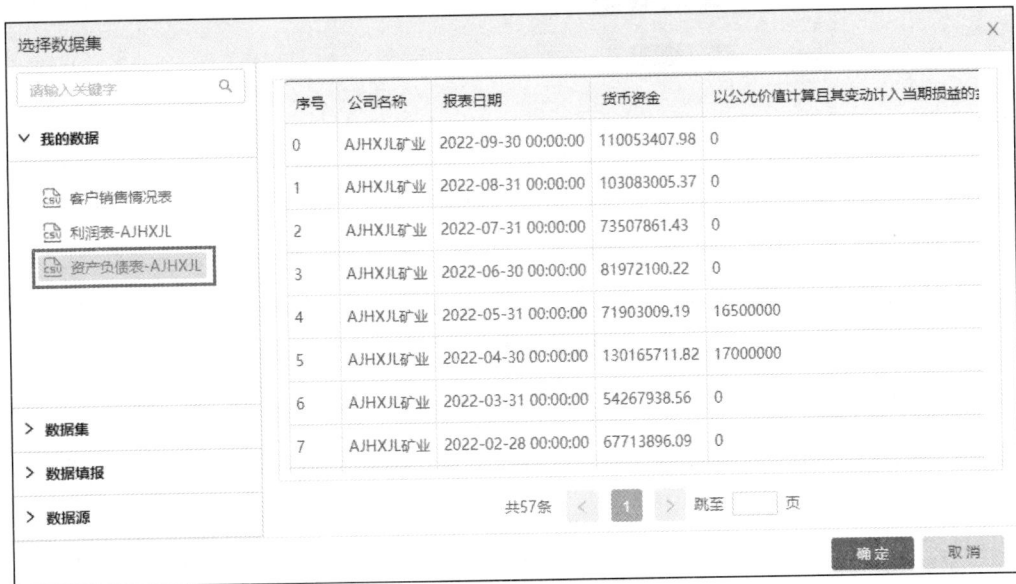

图 6-1-1 选择数据集

步骤二：单击左侧"指标"旁的"+"按钮，从弹出的下拉菜单中选择"计算字段"，在打开的对话框中设置"名称"为"流动比率"，"字段类型"为"数字"，"表达式"为"avg(流动资产合计)/avg(流动负债合计)"，单击"确定"按钮，完成"流动比率"指标的创建，如图 6-1-2 所示。

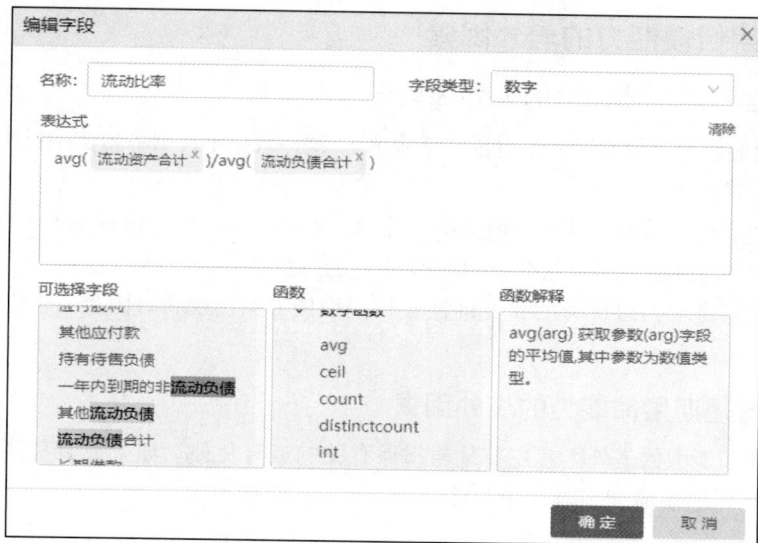

图 6-1-2 创建"流动比率"指标

步骤三：将左侧"指标"中的"流动比率"拖至右侧"指标"处，将左侧"维度"中的"年_报表日期"拖至右侧"维度"处。单击"年_报表日期"维度右侧的倒三角按钮，从弹出的下拉菜单中选择"升序"→"年_报表日期"，在"图形"中选择折线图，结果如图 6-1-3 所示。单击"保存"和"退出"按钮，返回看板设计界面。

图 6-1-3 流动比率折线图

通过流动比率折线图可以看出，AJHXJL 公司的流动比率在 2019—2023 年均在 1 以下，说明 AJHXJL 公司资金回笼较慢，有资金链断裂风险，需要持续追加投入才能维持正常；也有可能说明企业存货积压较多、销售受阻，存在存货跌价风险。

【子任务 2】 运用速动比率对 AJHXJL 公司的短期偿债能力进行可视化分析。

步骤一： 新建可视化，选择"资产负债表-AJHXJL"作为数据集，重复子任务 1 的操作，将可视化命名为"AJ 公司速动比率分析"。

步骤二： 单击左侧"指标"旁的"+"按钮，从弹出的下拉菜单中选择"计算字段"，在打开的对话框中设置"名称"为"速动比率"，"字段类型"为"数字"，"表达式"为"(avg(流动资产合计)-avg(预付款项)-avg(存货)-avg(一年内到期的非流动资产)-avg(持有待售资产)-avg(其他流动资产))/avg(流动负债合计)"，单击"确定"按钮，完成"速动比率"指标的创建，如图 6-1-4 所示。

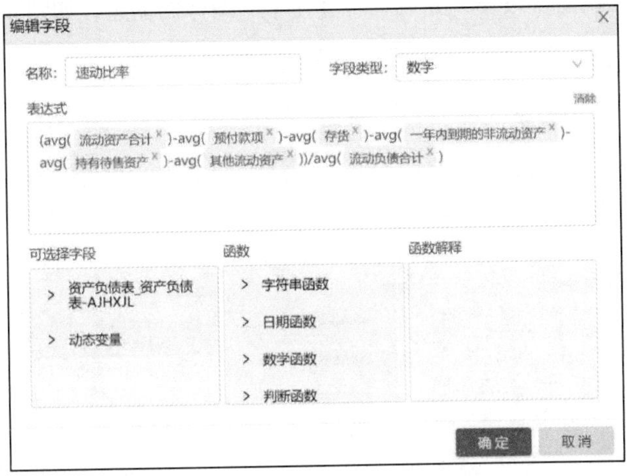

图 6-1-4 创建"速动比率"指标

步骤三： 将左侧"指标"中的"速动比率"拖至右侧"指标"处，将左侧"维度"中的"年_报表日期"拖至右侧"维度"处。按照"年_报表日期"进行升序排列，在"图形"中选择折线图，单击"保存"按钮，完成操作，结果如图 6-1-5 所示。

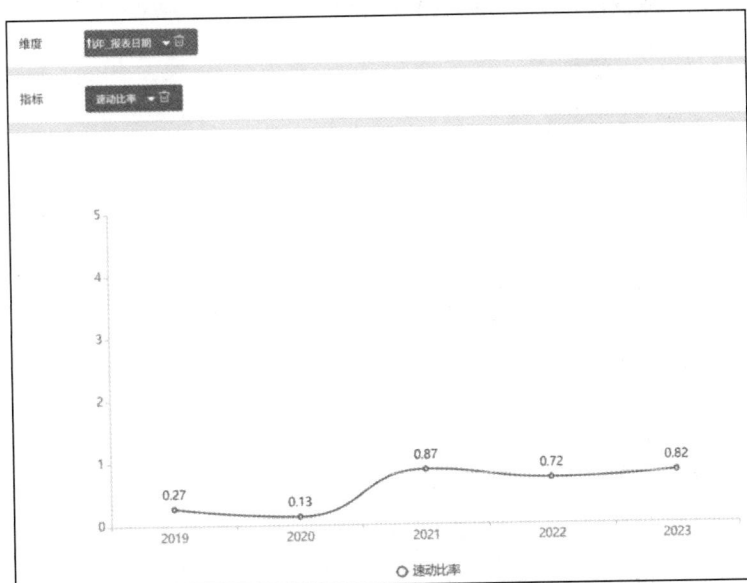

图 6-1-5 速动比率折线图

通过速动比率折线图可以看出，AJHXJL 公司的速动比率在 2019—2023 年均在 1 以下，说明 AJHXJL 公司必须依赖变卖部分存货才能偿还短期债务，应收账款不一定能迅速变现，未冲销的坏账和逾期的应收账款会影响速动比率的代表性。

[子任务 3] 运用现金比率对 AJHXJL 公司的短期偿债能力进行可视化分析。

步骤一：新建可视化，选择"资产负债表-AJHXJL"作为数据集，将可视化命名为"AJ 公司现金比率分析"。

步骤二：单击左侧"指标"旁的"+"按钮，从弹出的下拉菜单中选择"计算字段"，在打开的对话框中设置"名称"为"现金比率"，"字段类型"为"数字"，"表达式"为"avg(货币资金)/avg(流动负债合计)"，单击"确定"按钮，完成"现金比率"指标的创建，如图 6-1-6 所示。

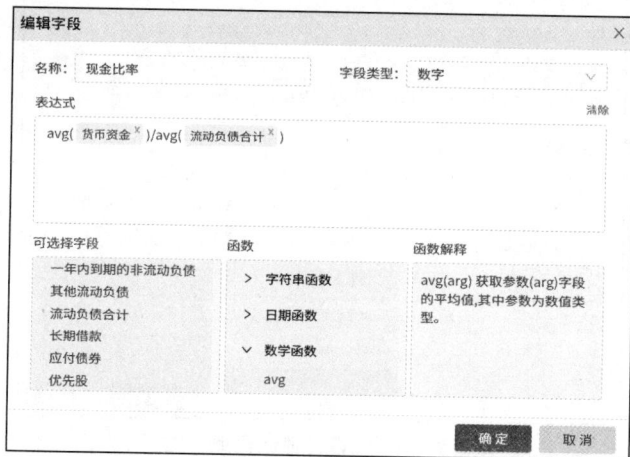

图 6-1-6　创建"现金比率"指标

步骤三：将左侧"指标"中的"现金比率"拖至右侧"指标"处，将左侧"维度"中的"年_报表日期"拖至右侧"维度"处。按照"年_报表日期"进行升序排列，在"图形"中选择折线图，单击"保存"按钮，完成操作，结果如图 6-1-7 所示。

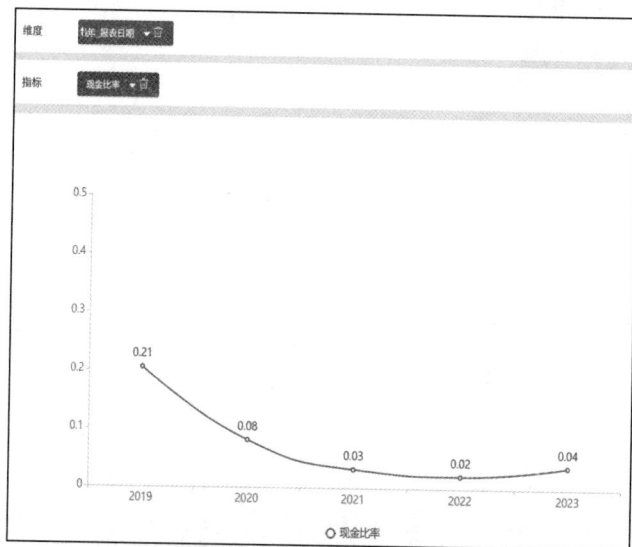

图 6-1-7　现金比率折线图

通过现金比率折线图可以看出，AJHXJL 公司的现金比率在 2019—2023 年均在 0.5 以下，且 2019—2022 年呈明显下降趋势，说明 AJHXJL 公司在偿还短期债务方面可能会面临困难，现金开始趋向紧张，企业的流动负债过高，其短期偿债能力较弱。

任务二 长期偿债能力分析

任务场景

AJHXJL 公司根据财务战略会议要求，准备重新制定公司的财务战略。近几年公司经营状况有较大波动，公司董事会想了解公司 2023 年的长期偿债情况。财务数据分析师首先对本期指标进行分析，再进行行业均值比较分析。

任务要求： 运用资产负债率对 AJHXJL 公司的长期偿债能力进行可视化分析。

任务准备

一、长期偿债能力分析的含义

长期偿债能力是指企业在较长的时间内偿还债务的能力。企业在长期内，不仅需要偿还流动负债，还需要偿还非流动负债，因此，长期偿债能力衡量的是企业对所有负债的清偿能力。企业对所有负债的清偿能力取决于其总资产水平，因此长期偿债能力分析考察的是企业资产、负债和所有者权益之间的关系。

二、长期偿债能力分析指标

（一）资产负债率

资产负债率是企业负债总额与资产总额之比，其计算公式为：

$$资产负债率=(负债总额÷资产总额)×100\%$$

资产负债率反映总资产中有多少是通过负债取得的，可以衡量企业清算时资产对债权人权益的保障程度。当资产负债率高于 50% 时，表明企业资产主要来源于负债，财务风险较大。当资产负债率低于 50% 时，表明企业资产的主要来源是所有者权益，财务状况比较稳健。这一比率越低，表明企业的长期偿债能力越强。

事实上，利益主体不同，看待该指标的角度也不同。从债权人的角度看，资产负债率越低越好，这样企业偿债有保证，贷款不会有太大风险；从股东的角度看，其关心的是举债的效益。在全部资产利润率高于借款利率时，股东希望资产负债率越高越好，因为这样股东所得到的利润就会越大。从经营者的角度看，其进行负债决策时，更关注如何实现风险和收益的平衡。资产负债率较低，表明企业的财务风险较低，但同时意味着企业可能没有充分发挥财务杠杆的作用，盈利能力也较低；而较高的资产负债率，则表明企业有较大的财务风险和较高的盈利能力。只有当债务资金增加的收益能够涵盖其带来的风险时，经营者才能考虑借入资金。而在风险和收益实现平衡的条件下，是选择较高的负债水平还是较低的负债水平，则取决于经营者的风险偏好等多种因素。

（二）产权比率

产权比率又称资本负债率，是负债总额与所有者权益总额之比，它是企业财务结构稳健与否的重要标志。产权比率的计算公式为：

$$产权比率=(负债总额÷所有者权益总额)×100\%$$

产权比率不仅反映了债权人提供的资本与所有者提供的资本的相对关系，即企业财务结构是否稳定，而且反映了债权人资本受股东权益保障的程度，或者是企业清算时对债权人利益的保障程度。一般来说，这一比率越低，表明企业的长期偿债能力越强，债权人的权益保障程度越高。产权比率需要结合企业的具体情况加以分析。当企业的资产收益率大于负债利息率时，负债经营有利于提高资金收益率，获得额外的利润，这时的产权比率可适当高些。

产权比率高，是高风险、高报酬的财务结构；产权比率低，是低风险、低报酬的财务结构。产权比率与资产负债率对评价偿债能力的作用基本一致，只是资产负债率侧重于分析偿还债务的物质保障程度，产权比率侧重于揭示财务结构的稳健程度以及自有资金对偿债风险的承受能力。

（三）权益乘数

权益乘数是资产总额与所有者权益总额的比值，其计算公式为：

$$权益乘数=资产总额÷所有者权益总额$$

权益乘数表明所有者每投入 1 元可实际拥有和控制的金额。在企业存在负债的情况下，权益乘数大于 1。企业负债比率越高，权益乘数越大。产权比率和权益乘数是资产负债率的另外两种表现形式，是常用的反映财务杠杆水平的指标。

（四）利息保障倍数

利息保障倍数是指企业息税前利润与应付利息之比，又称已获利息保障倍数，用以衡量偿付借款利息的能力。其计算公式为：

$$利息保障倍数=息税前利润÷应付利息 =(净利润+利润表中的利息费用+所得税)÷应付利息$$

公式中的"息税前利润"是指利润表中扣除利息费用和所得税前的利润；"应付利息"是指本期发生的全部应付利息，不仅包括财务费用中的利息费用，还包括计入固定资产成本的资本化利息。资本化利息虽然不在利润表中扣除，但仍然是要偿还的。利息保障倍数主要用于衡量企业支付利息的能力，没有足够多的息税前利润，利息支付就会遇到困难。

利息保障倍数反映企业息税前利润与利息支出之间的关系，利息保障倍数越大，长期偿债能力越强。从长期看，利息保障倍数至少要大于 1（国际公认标准为 3），也就是说，只有当息税前利润大于应付利息时，企业才具有偿还债务利息的可能性。如果利息保障倍数过低，企业将面临亏损、财务的安全性与稳定性下降的风险。在短期内，利息保障倍数小于 1，企业也仍然具有利息支付能力，因为计算息税前利润时减去的一些折旧和摊销费用并不需要支付现金。但这种支付能力是暂时的，当企业需要重置资产时，势必发生支付困难。因此，在分析时需要比较企业连续多个会计年度（如 5 年）的利息保障倍数，以分析企业付息能力的稳定性。

任务实施

根据任务要求，运用资产负债率对 AJHXJL 公司 2023 年的长期偿债能力进行可视化分析。

步骤一：新建可视化，选择"资产负债表-AJHXJL.xlsx"作为数据集，单击"确定"按钮。将可视化命名为"AJ 公司资产负债率分析"。

步骤二：单击左侧"指标"旁的"+"按钮，从弹出的下拉菜单中选择"计算字段"，在打开的对话框中设置"名称"为"资产负债率"，"字段类型"为"数字"，"表达式"为"avg(负债合计)/avg(资产总计)"，单击"确定"按钮，完成"资产负债率"指标的创建，结果如图6-2-1所示。

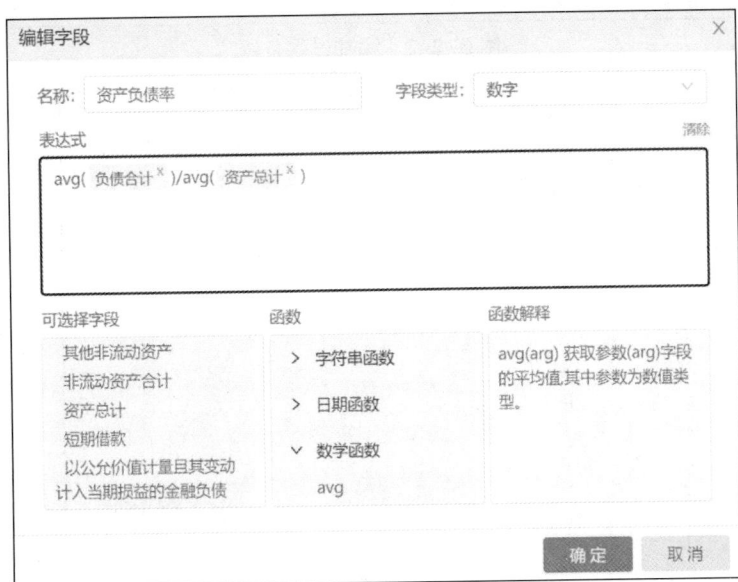

图6-2-1 创建"资产负债率"指标

步骤三：将左侧"指标"中的"资产负债率"拖至右侧"指标"处，单击"资产负债表"指标旁的倒三角按钮，从弹出的下拉菜单中选择"数据格式"。在打开的对话框中，将"缩放率"设置为"0.01"，将"后导符"设置为"%"，将"小数位"设置为"2"，如图6-2-2所示，单击"确定"按钮。"维度"无须设置，在"图形"中选择指标卡。

图6-2-2 数据显示格式设置

步骤四：单击"过滤"中的"设置"按钮，在打开的对话框中按条件添加"年_报表日期""等于""2023"，如图6-2-3所示。单击"确定"按钮，完成资产负债率指标卡的制作，结果如图6-2-4所示。

图 6-2-3　添加过滤条件

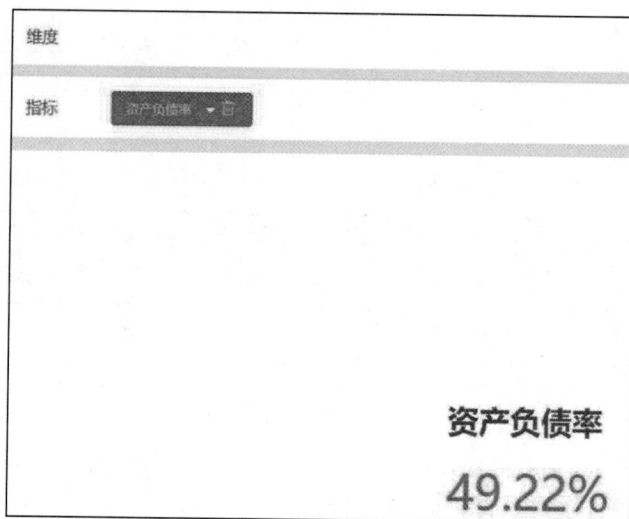

图 6-2-4　AJHXJL 公司资产负债率指标卡

步骤五： 对采矿业行业均值进行可视化分析。新建可视化，选择"fsdata"（这是行业数据）作为数据集，单击"确定"按钮，如图 6-2-5 所示。将可视化命名为"采矿业资产负债率分析"。

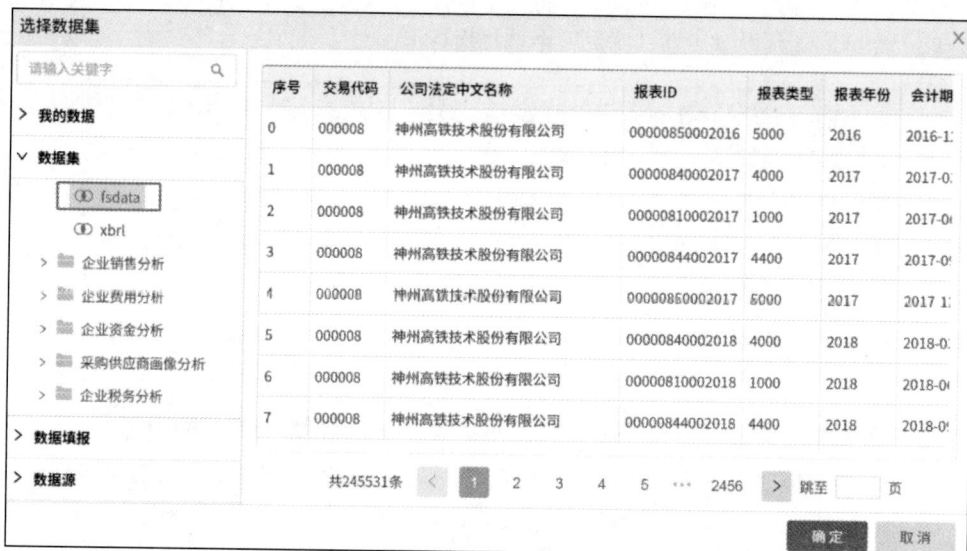

图 6-2-5　选择"fsdata"数据集

步骤六： 单击左侧"指标"旁的"+"按钮，从弹出的下拉菜单中选择"计算字段"，在打开的对话框中设置"名称"为"资产负债率"，"字段类型"为"数字"，"表达式"为"avg(负债合计)/avg(资产总计)"。单击"确定"按钮，完成"资产负债率"指标的创建，如图 6-2-6 所示。

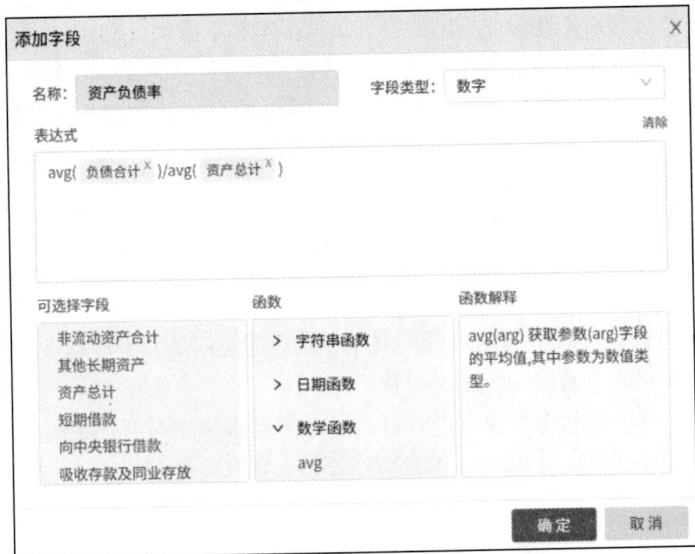

图 6-2-6　创建"资产负债率"指标

步骤七： 对"资产负债率"指标进行数据显示格式设置，操作同步骤三。

步骤八： 单击"过滤"中的"设置"按钮，在打开的对话框中按条件添加"报表类型""等于""5000"，"报表年份""等于""2023"，"行业""等于""采矿业"，如图 6-2-7 所示。单击"确定"按钮，完成行业资产负债率指标卡的制作，结果如图 6-2-8 所示。

图 6-2-7　过滤条件设置

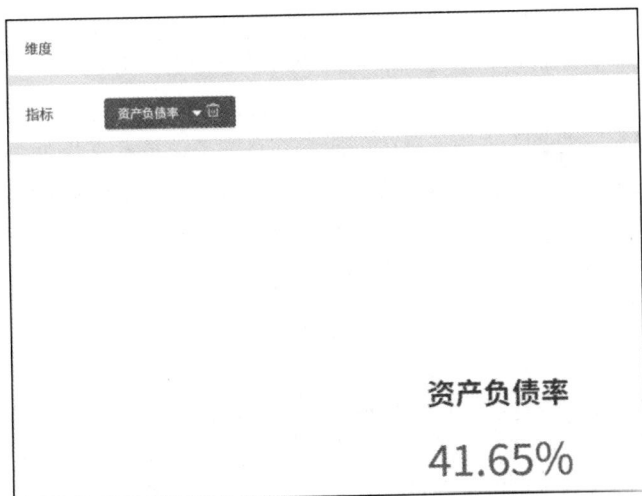

图 6-2-8　行业资产负债率指标卡

通过 AJHXJL 公司与采矿业行业均值的资产负债率指标卡看出，AJHXJL 公司的资产负债率为 49.22%，采矿业的资产负债率均值为 41.65%，两者数值均小于 50%，但 AJHXJL 公司的偿债能力低于采矿业行业均值，有待增强。当然，结合其他指标综合分析企业的长期偿债能力更有说服力。

任务三　盈利能力分析

任务场景

2023 年 AJHXJL 公司准备寻找新的投资对象，投资部建议从其下游行业"有色金属冶炼和压延加工业"中寻找盈利能力强的企业进行投资。

任务要求：运用营业毛利率、净资产收益率、总资产报酬率对有色金属冶炼和压延加工业相关公司的盈利能力进行可视化分析，为 AJHXJL 公司选择投资公司。

任务准备

一、盈利能力分析的定义

不论是投资人、债权人还是经理人员，都非常重视和关心企业的盈利能力。盈利能力是企业获取利润、实现资金增值的能力。因此，盈利能力指标主要反映收入与利润之间的关系、资产与利润之间的关系，主要有营业毛利率、营业净利率、总资产净利率、总资产报酬率和净资产收益率。

二、盈利能力分析指标

（一）营业毛利率

营业毛利率是营业毛利与营业收入之比，其计算公式如下：

$$营业毛利率=(营业毛利÷营业收入)\times100\%$$

其中：

$$营业毛利=营业收入-营业成本$$

营业毛利率反映产品每 1 元营业收入所包含的毛利润是多少，即营业收入扣除营业成本后还有多少剩余可用于弥补各期费用和形成利润。营业毛利率越高，表明产品的盈利能力越强。将营业毛利率与行业平均水平进行比较，可以反映企业产品的市场竞争地位。营业毛利率高于行业平均水平，意味着实现相同的收入占用了更少的成本，在资源、技术或劳动生产率方面具有竞争优势；而那些营业毛利率低于行业平均水平的企业，则在行业中处于竞争劣势。此外，将不同行业的营业毛利率进行横向比较，也可以说明行业间盈利能力的差异。

（二）营业净利率

营业净利率是净利润与营业收入之比，其计算公式为：

$$营业净利率=(净利润÷营业收入)\times100\%$$

营业净利率反映每 1 元营业收入最终赚取了多少利润，用于反映产品最终的盈利能力。在利润表上，从营业收入到净利润需要扣除营业成本、期间费用、税金及附加等。因此，将营业净利率按利润的扣除项目进行分解可以识别影响营业净利率的主要因素。

（三）总资产净利率

总资产净利率指净利润与平均总资产的比率，反映 1 元资产创造的净利润。其计算公式为：

$$总资产净利率=(净利润÷平均总资产)×100\%$$

其中：

$$平均总资产=(期初资产总额+期末资产总额)÷2$$

总资产净利率衡量的是企业的盈利能力。总资产净利率越高，表明企业资产的利用效果越好。影响总资产净利率的因素有营业净利率和总资产周转率。因此，企业可以通过提高营业净利率、加速资产周转来提高总资产净利率。

（四）总资产报酬率

总资产报酬率又称总资产利润率、总资产回报率、资产总额利润率，是指企业息税前利润与平均总资产之间的比率，用以评价企业运用全部资产的总体获利能力，是评价企业资产运营效益的重要指标。其计算公式为：

$$总资产报酬率=(利润总额+利息支出)÷平均总资产×100\%$$

总资产报酬率越高，表明资产利用效率越高，说明企业在增加收入、节约资金等方面取得了良好的效果；该指标越低，说明企业资产利用效率越低，应分析差异原因，提高销售利润率，加速资金周转，提高企业经营管理水平。

（五）净资产收益率

净资产收益率又称权益净利率或权益报酬率，是净利润与平均所有者权益的比值，表示每 1 元权益资本赚取的净利润，可以反映权益资本的盈利能力。其计算公式为：

$$净资产收益率=(净利润÷平均所有者权益)×100\%$$

其中：

$$平均所有者权益=(期初所有者权益+期末所有者权益)÷2$$

该指标是反映企业盈利能力的核心指标，也是杜邦财务指标体系的核心指标，更是投资者关注的重点。一般来说，净资产收益率越高，所有者和债权人的利益保障程度越高。如果企业的净资产收益率在一段时间内持续增长，说明权益资本盈利能力在稳定上升。但净资产收益率不是越高越好，分析时要注意企业的财务风险。

改善资产盈利能力和增加企业负债都可以提高净资产收益率，而如果不改善资产盈利能力，单纯通过加大举债力度来提高权益乘数进而提高净资产收益率，则十分危险。因为企业负债经营的前提是有足够的盈利能力保障偿还债务本息，单纯增加负债对净资产收益率的改善只具有短期效应，企业最终将因盈利能力无法涵盖增加的财务风险而陷入财务困境。因此，净资产收益率上升的同时财务风险没有明显加大，才能说明企业的财务状况良好。

任务实施

根据任务要求，对相关公司的营业毛利率、净资产收益率、总资产报酬率进行可视化分析，为 AJHXJL 公司选择投资公司。

【子任务 1】对相关公司的营业毛利率进行可视化分析。

步骤一：新建可视化，选择"fsdata"数据集，单击"确定"按钮，进入可视化界面，将新建的可视化命名为"营业毛利率分析"。

步骤二：单击左侧"指标"旁的"+"按钮，从弹出的下拉菜单中选择"计算字段"，在打开的对话框中设置"名称"为"营业毛利率"，"字段类型"为"数字"，"表达式"为"(sum(营业收入)-sum(营业成本))/sum(营业收入)"，单击"确定"按钮，完成"营业毛利率"指标的创建，如图6-3-1所示。

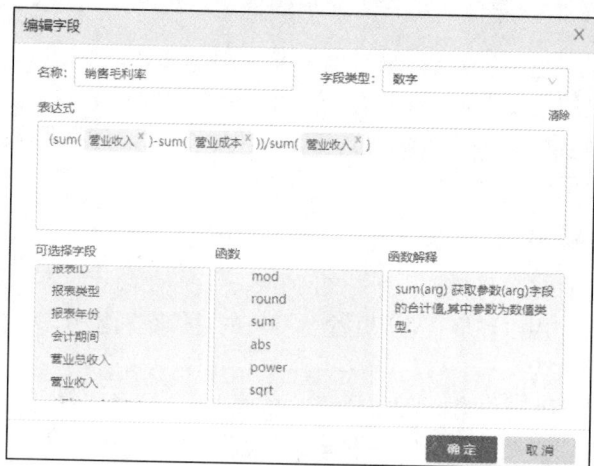

图 6-3-1　创建"营业毛利率"指标

步骤三：将左侧"指标"中的"营业毛利率"拖至右侧"指标"处，将左侧"维度"中的"公司简称"拖至右侧"维度"处。单击"营业毛利率"指标旁的倒三角按钮，从弹出的下拉菜单中选择"数据格式"。在打开的对话框中，将"缩放率"设置为"0.01"，将"后导符"设置为"%"，将"小数位"设置为"2"，单击"确定"按钮。在"图形"中选择条形图，结果如图6-3-2所示。

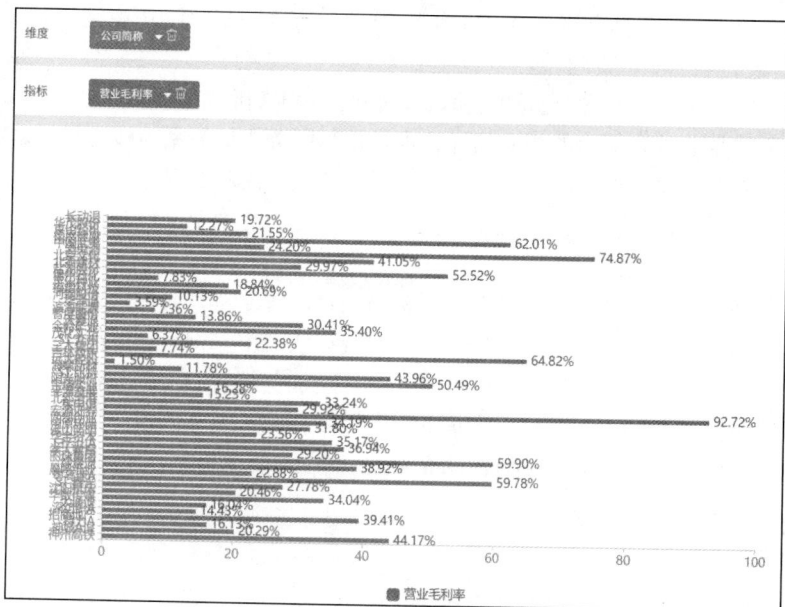

图 6-3-2　营业毛利率条形图

步骤四：单击"过滤"中的"设置"按钮，在打开的对话框中按条件添加"报表类型""等于""5000"，"报表年份""等于""2023"，"行业分类（二级）""等于""有色金属冶炼和压延加工业"，如图6-3-3所示。单击"确定"按钮，完成过滤条件的设置。

图 6-3-3 过滤条件设置

步骤五：单击"营业毛利率"指标旁的倒三角按钮，从弹出的下拉菜单中选择"升序"，完成排序设置。在"显示设置"中取消勾选"显示前"，勾选"显示后"并设置值为"20"，在"维度轴设置"中设置"标题"为"企业简称"，在"数值轴设置"中设置"标题"为"百分比%"，完成数据显示设置，结果如图 6-3-4 所示。

图 6-3-4 营业毛利率排序与显示设置

【子任务2】对相关公司的净资产收益率进行可视化分析。

步骤一：新建可视化，选择数据集的步骤参考子任务 1 的步骤一，将可视化命名为"净资产收益率分析"。

步骤二：单击左侧"指标"旁的"+"按钮，从弹出的下拉菜单中选择"计算字段"，在打开的对话框中设置"名称"为"净资产收益率"，"字段类型"为"数字"，"表达式"为"sum(净利润)/avg(股东权益合计)"，单击"确定"按钮，完成"净资产收益率"指标的创建，如图 6-3-5 所示。

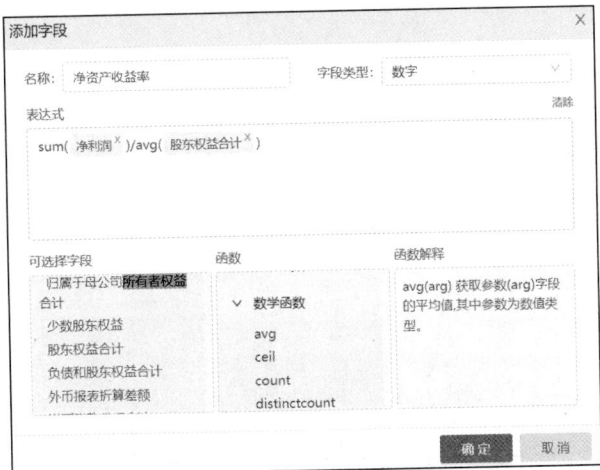

图 6-3-5 创建"净资产收益率"指标

步骤三：将左侧"指标"中的"净资产收益率"拖至"指标"处，将左侧"维度"中的"公司简称"拖至"维度"处。对"净资产收益率"指标进行数据显示格式设置，其操作步骤可参考子任务1的步骤三。

步骤四：设置过滤条件，其操作步骤可参考子任务1的步骤四。

步骤五：单击"净资产收益率"指标旁的倒三角按钮，从弹出的下拉菜单中选择按照"年报表日期"进行升序排列。在"显示设置"中取消勾选"显示前"，勾选"显示后"并设置值为"20"，在"维度轴设置"中设置"标题"为"企业简称"，在"数值轴设置"中设置"标题"为"百分比%"，完成数据显示设置，结果如图6-3-6所示。

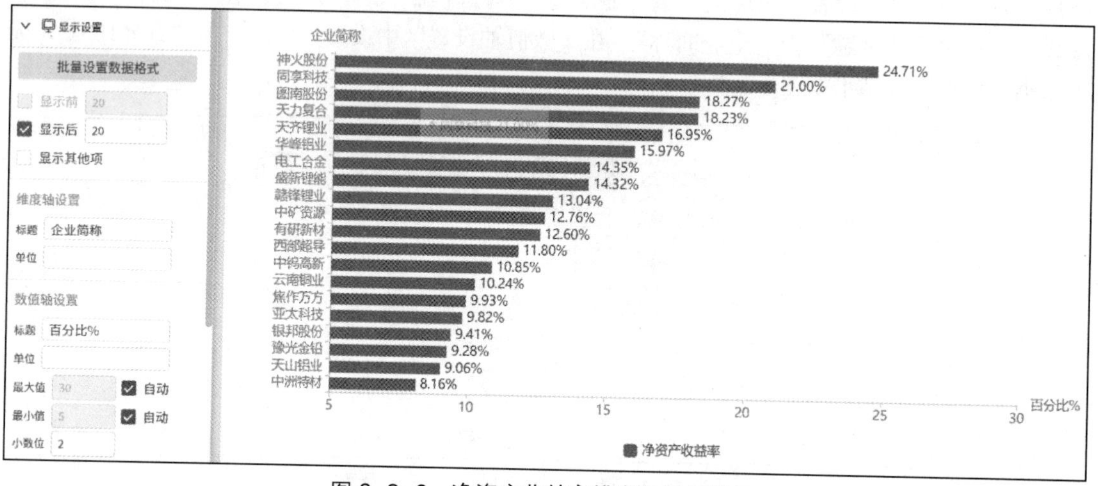

图 6-3-6　净资产收益率排序与显示设置

【子任务3】对相关公司的总资产报酬率进行可视化分析。

步骤一：新建可视化，选择数据集的步骤参考子任务1的步骤一，将可视化命名为"总资产报酬率分析"。

步骤二：单击左侧"指标"旁的"+"按钮，从弹出的下拉菜单中选择"计算字段"，在打开的对话框中设置"名称"为"总资产报酬率"，"字段类型"为"数字"，"表达式"为"(sum(利润总额)+sum(财务费用))/avg(资产总计)"，单击"确定"按钮，完成"总资产报酬率"指标的创建，如图6-3-7所示。

图 6-3-7　创建"总资产报酬率"指标

步骤三： 将左侧"指标"中的"总资产报酬率"拖至"指标"处，将左侧"维度"中的"公司简称"拖至"维度"处。对"总资产报酬率"指标进行数据显示格式设置，其操作步骤可参考子任务 1 的步骤三。

步骤四： 设置过滤条件，其操作步骤可参考子任务 1 的步骤四。

步骤五： 单击"总资产报酬率"指标旁的倒三角按钮，从弹出的下拉菜单中选择按照"年_报表日期"进行升序排列。在"显示设置"中取消勾选"显示前"，勾选"显示后"并设置值为"20"，在"维度轴设置"中设置"标题"为"企业简称"，在"数值轴设置"中设置"标题"为"百分比%"，完成数据显示设置，结果如图 6-3-8 所示。

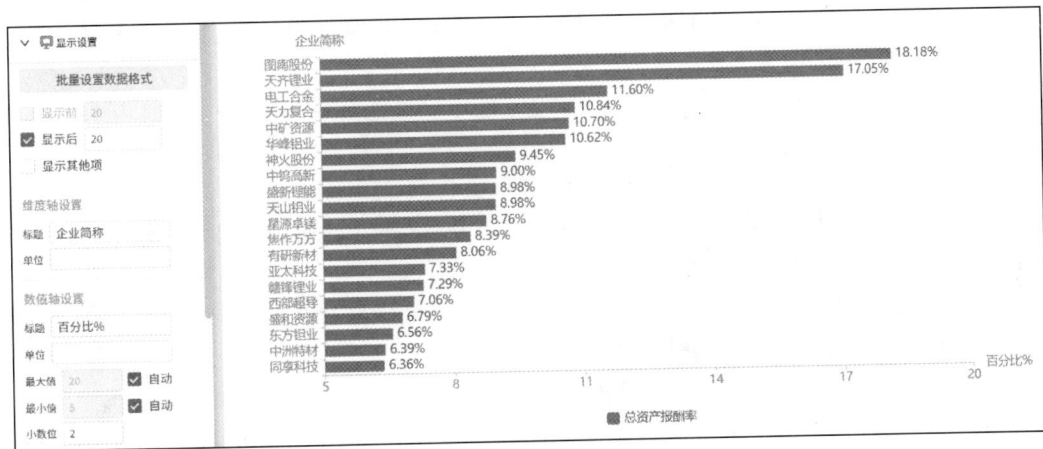

图 6-3-8 总资产报酬率排序与显示设置

通过上述对营业毛利率、净资产收益率、总资产报酬率的分析可知，天齐锂业 2023 年的营业毛利率最高达到 37.01%，神火股份 2023 年的净资产收益率最高达到 24.71%，图南股份 2023 年的总资产报酬率最高达到 18.18%，AJHXJL 公司投资部在进行有色金属冶炼和压延加工业投资时可选择上述 3 家企业。

任务四　营运能力分析

任务场景

AJHXJL 公司是非上市公司，属于采矿业，根据业务可比性和财务可比性选择了对比公司为在深交所上市的金岭矿业。

任务要求： 对 2023 年 AJHXJL 公司和金岭矿业的营运能力指标（应收账款周转天数、存货周转天数、总资产周转天数）进行对比分析。

任务准备

营运能力主要指资产运用、循环效率的高低。一般而言，资金周转速度越快，说明企业的资金管理水平越高，资金利用效率越高，企业可以较少的投入获得较多的收益。营运能力指标主要反映投入与产出（主要指收入）之间的关系。企业营运能力分析主要包括流动资产营运能力分析、固定资产营运能力分析和总资产营运能力分析 3 个方面。

一、流动资产营运能力分析

反映流动资产营运能力的指标主要有应收账款周转率、存货周转率和流动资产周转率。

（一）应收账款周转率

应收账款在流动资产中有着举足轻重的地位，及时收回应收账款，不仅增强了企业的短期偿债能力，也反映出企业管理应收账款的能力。反映应收账款周转情况的比率有应收账款周转率（次数）和应收账款周转天数。

1. 应收账款周转率（次数）的概念

应收账款周转次数，是一定时期内产品营业收入与应收账款平均余额的比值，表明一定时期内应收账款平均收回的次数。其计算公式为：

$$应收账款周转率(次数)=营业收入÷应收账款平均余额$$

其中：

$$应收账款平均余额=(期初应收账款+期末应收账款)÷2$$

应收账款周转天数指应收账款周转一次（从销售开始到收回现金）所需要的时间，其计算公式为（计算期天数一般为 365 天）：

$$应收账款周转天数=365÷应收账款周转次数=365×应收账款平均余额÷营业收入$$

2. 计算和使用应收账款周转次数应注意的问题

通常，应收账款周转次数越多（或周转天数越短），表明应收账款的管理能力越强。

（1）营业收入指扣除销售折扣和折让后的销售净额。从理论上讲，应收账款是由赊销引起的，其对应的收入应为赊销收入，而非全部营业收入。但是赊销数据难以取得，且可以假设现金销售是收账时间为零的应收账款，因此只要保持计算口径一致，使用销售净额不影响分析结果。营业收入数据使用利润表中"营业收入"项目对应的数据。

（2）应收账款包括应收票据及应收账款等全部赊销账款。

（3）应收账款应为未扣除坏账准备的金额。应收账款在财务报表上按净额列示，计提坏账准备会使财务报表上列示的应收账款减少，而营业收入不变。其结果是，计提的坏账准备越多，应收账款周转率越高、周转天数越少，这样做会导致应收账款实际管理欠佳的企业的应收账款周转情况反而较好，得出错误结论。

（4）应收账款期末余额的可靠性问题。应收账款是特定时点的存量，容易受季节性、偶然性和人为因素的影响。在用应收账款周转率进行业绩评价时，最好使用多个时点的平均数，以减少这些因素的影响。

（二）存货周转率

在流动资产中，存货所占比重较大，存货的流动性将直接影响企业的流动比率。存货周转率同样可以通过存货周转次数和存货周转天数反映。

存货周转率（次数）是指一定时期内企业营业成本与存货平均余额的比率，是衡量和评价企业购入存货、投入生产、销售收回等各环节管理效率的综合性指标。其计算公式为（营业成本数据为利润表中"营业成本"项目对应的数值）：

$$存货周转率(次数)=营业成本÷存货平均余额$$

其中：

$$存货平均余额=(期初存货+期末存货)÷2$$

存货周转天数是指存货周转一次（即存货取得到存货销售）所需要的时间。计算公式为：

$$存货周转天数=365÷存货周转次数=365×存货平均余额÷营业成本$$

一般来讲，存货周转速度越快，存货占用水平越低，存货流动性越强，存货转化为现金或应收账款的速度就越快，这样会增强企业的短期偿债能力及盈利能力。分析存货周转速度，有利于找出存货管理中存在的问题，尽可能降低资金占用水平。

（三）流动资产周转率

流动资产周转率是反映企业流动资产周转速度的指标。流动资产周转率（次数）是一定时期营业收入与企业流动资产平均余额之间的比率，其计算公式为：

$$流动资产周转率(次数)=营业收入÷流动资产平均余额$$

其中：

$$流动资产平均余额=(期初流动资产+期末流动资产)÷2$$

$$流动资产周转天数=365÷流动资产周转次数=365×流动资产平均余额÷营业收入净额$$

在一定时期内，流动资产周转次数越多，表明以相同的流动资产完成的周转额越多，流动资产利用效果越好。流动资产周转天数越少，表明流动资产经历生产、销售各阶段所用的时间越短，可相对节约流动资产，增强企业盈利能力。

二、固定资产营运能力分析

反映固定资产营运能力的指标为固定资产周转率。固定资产周转率（次数）是指企业营业收入与固定资产平均额的比率。它是反映企业固定资产周转情况，从而衡量固定资产利用效率的一项指标。其计算公式为：

$$固定资产周转率(次数)=营业收入÷固定资产平均额$$

其中：

$$固定资产平均额=(期初固定资产+期末固定资产)÷2$$

固定资产周转率高（即一定时期内固定资产周转次数多），说明企业固定资产投资得当，固定资产结构合理，固定资产利用效率高；反之，如果固定资产周转率不高，则表明固定资产利用效率不高，提供的生产成果不多，企业营运能力不强。

三、总资产营运能力分析

反映总资产营运能力的指标是总资产周转率。总资产周转率（次数）是企业营业收入与企业平均资产总额的比率，其计算公式为：

$$总资产周转率(次数)=营业收入÷平均资产总额$$

如果企业各期资产总额比较稳定，波动不大，则：

$$平均资产总额=(期初总资产+期末总资产)÷2$$

如果各期资产总额的波动性较大，则企业应采用更详细的资料进行计算，如按照各月的资金占用额计算，则：

$$月平均总资产=(月初总资产+月末总资产)÷2$$

$$季平均总资产=(1/2季初总资产+第一月月末总资产+第二月月末总资产+1/2季末总资产)÷3$$

$$年平均总资产=(1/2年初总资产+第一季季末总资产+第二季季末总资产+第三季季末总资产+$$
$$1/2年末总资产)÷4$$

计算总资产周转率时，分子、分母在时间上应保持一致。

总资产周转率用来衡量企业资产整体的使用效率。总资产由各项资产组成，在营业收入既定的情况下，总资产周转率的驱动因素是各项资产。因此，对总资产周转情况进行分析应结合各项资产的周转情况，以发现影响企业资产周转的主要因素。总之，各项资产的周转率用于衡量各项资产赚取收入的能力，经常与企业盈利能力的指标结合在一起，以全面评价企业的盈利能力。

📠 任务实施

根据任务要求，对 2023 年 AJHXJL 公司和金岭矿业的应收账款周转天数、存货周转天数、总资产周转天数进行可视化分析。

【子任务 1】对两家公司的应收账款周转天数进行可视化分析。

步骤一： 新建可视化，选择 "AJ 利润表与资产表合集"，单击 "确定" 按钮，如图 6-4-1 所示。将可视化命名为 "AJ 公司应收账款周转天数"。

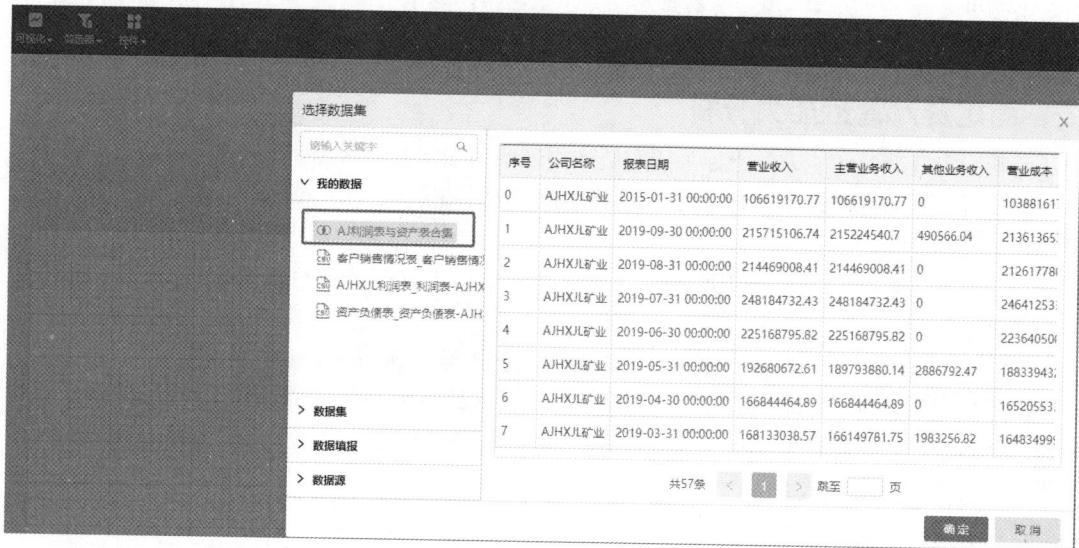

图 6-4-1　选择 "AJ 利润表与资产表合集"

步骤二： 单击左侧 "指标" 旁的 "+" 按钮，从弹出的下拉菜单中选择 "计算字段"，在打开的对话框中设置 "名称" 为 "应收账款周转天数"，"字段类型" 为 "数字"，"表达式" 为 "365*avg(应收账款)/sum(营业收入)"，单击 "确定" 按钮，完成 "应收账款周转天数" 指标的创建，如图 6-4-2 所示。

步骤三： 将左侧 "指标" 中的 "应收账款周转天数" 拖至右侧 "指标" 处，添加过滤条件 "年_报表日期" "等于" "2023"。在 "图形" 中选择指标卡，完成可视化设计，如图 6-4-3 所示。

步骤四： 进行横向对比分析。新建可视化，选择 "fsdata" 数据集，单击 "确定" 按钮。将可视化命名为 "金岭矿业应收账款周转天数"。

步骤五： 新建 "应收账款周转天数" 指标，参考步骤二。

图 6-4-2　创建"应收账款周转天数"指标

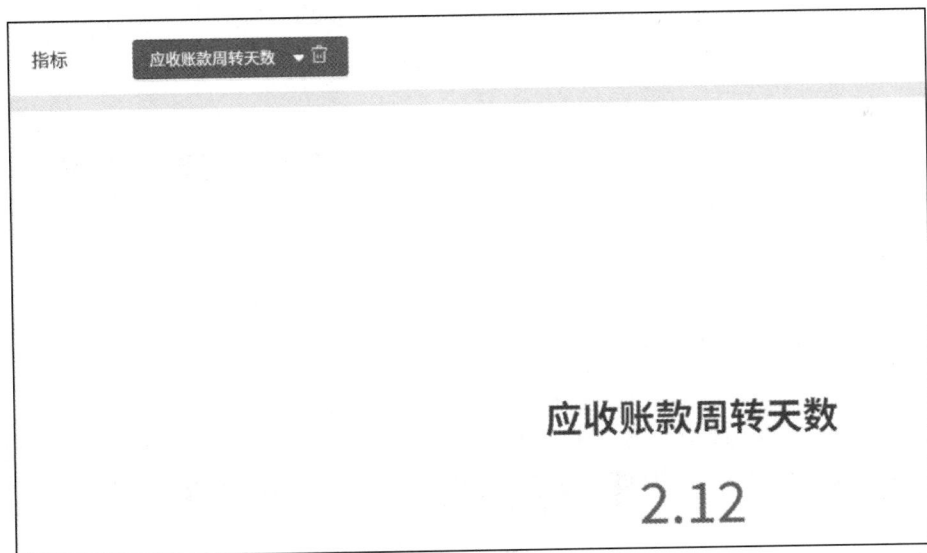

图 6-4-3　AJHXJL 公司应收账款周转天数指标卡

　　步骤六：将左侧"指标"中的"应收账款周转天数"拖到"指标"处。单击"过滤"中的"设置"按钮，在打开的对话框中按条件添加"报表类型""等于""4400"（4400 代表三季度报表），"报表年份""等于""2023"，"公司简称""等于""金岭矿业"，如图 6-4-4 所示，单击"确定"按钮。在"图形"中选择指标卡，完成金岭矿业应收账款周转天数指标卡的设计，如图 6-4-5所示。

图 6-4-4　过滤条件设置

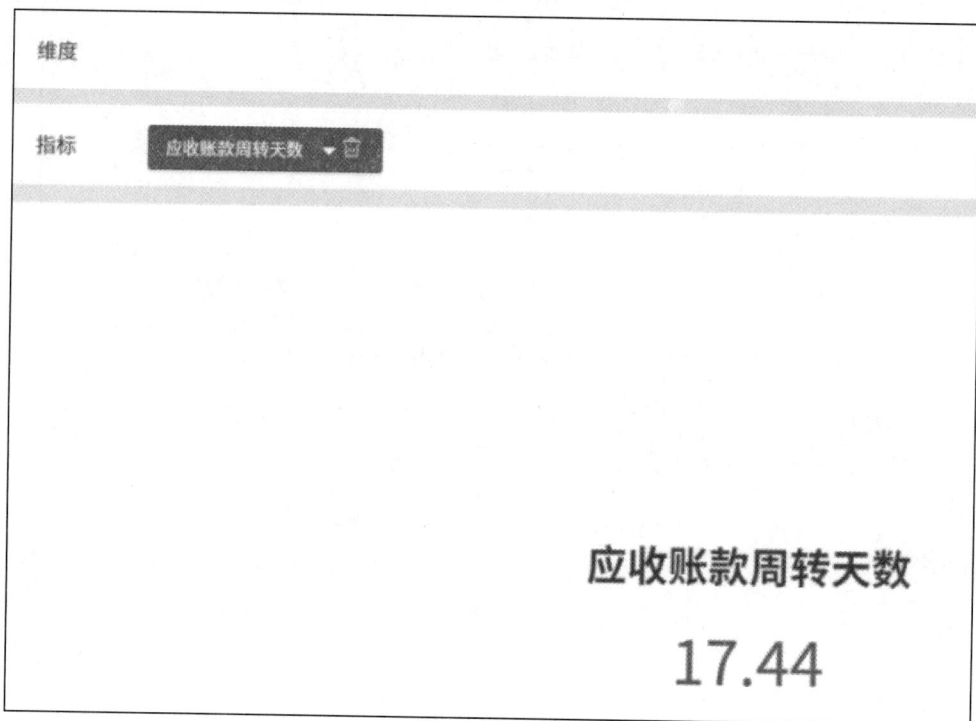

图 6-4-5　金岭矿业应收账款周转天数指标卡

通过 AJHXJL 公司与金岭矿业应收账款周转天数指标卡可以看出，AJHXJL 公司 2023 年前三个季度的应收账款周转天数为 2.12，金岭矿业 2023 年前三个季度的应收账款周转天数为17.44。由于应收账款周转天数是反向指标，说明 AJHXJL 公司的应收账款营运能力要强于金岭矿业。

【子任务 2】对两家公司的存货周转天数进行可视化分析。

步骤一： 新建可视化，选择"AJ 利润表与资产表合集"，单击"确定"按钮。将可视化命名为"AJ 公司存货周转天数"。

步骤二： 单击左侧"指标"旁的"+"按钮，从弹出的下拉菜单中选择"计算字段"，在打开的对话框中设置"名称"为"存货周转天数"，"字段类型"为"数字"，"表达式"为"365*avg(存货)/sum(营业成本)"，单击"确定"按钮，完成"存货周转天数"指标的创建，如图 6-4-6所示。

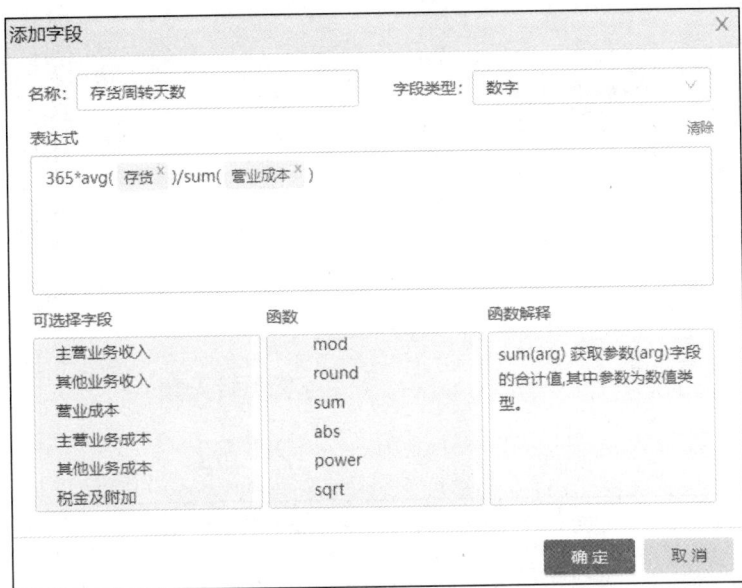

图 6-4-6 创建"存货周转天数"指标

步骤三：将左侧"指标"中的"存货周转天数"拖到"指标"处。添加过滤条件，可参考子任务 1 的步骤三。在"图形"中选择指标卡，完成 AJHXJL 公司存货周转天数指标卡的制作，如图 6-4-7 所示。

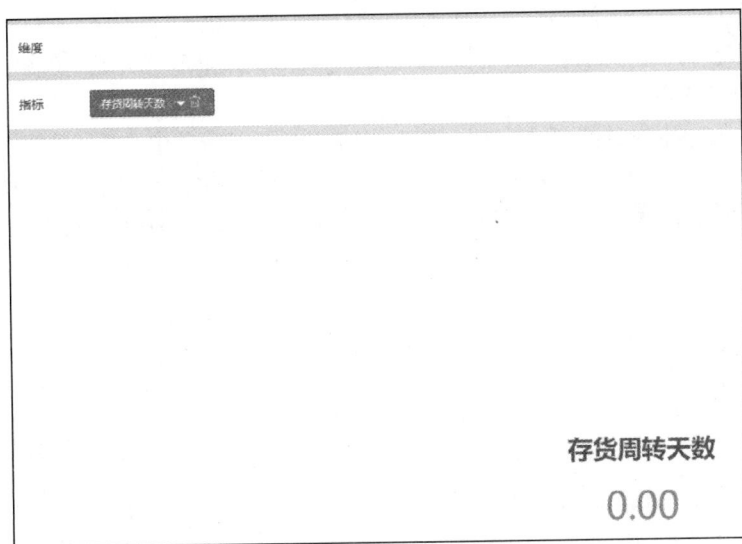

图 6-4-7 AJHXJL 公司存货周转天数指标卡

步骤四：进行横向对比分析。新建可视化，其操作步骤可参考子任务 1 的步骤四。将可视化命名为"金岭矿业存货周转天数"。

步骤五：新建"存货周转天数"指标，参考步骤二。

步骤六：将左侧"指标"中的"存货周转天数"拖到"指标"处。添加过滤条件，可参考子任务 1 的步骤六。在"图形"中选择指标卡，完成金岭矿业存货周转天数指标卡的制作，如图 6-4-8 所示。

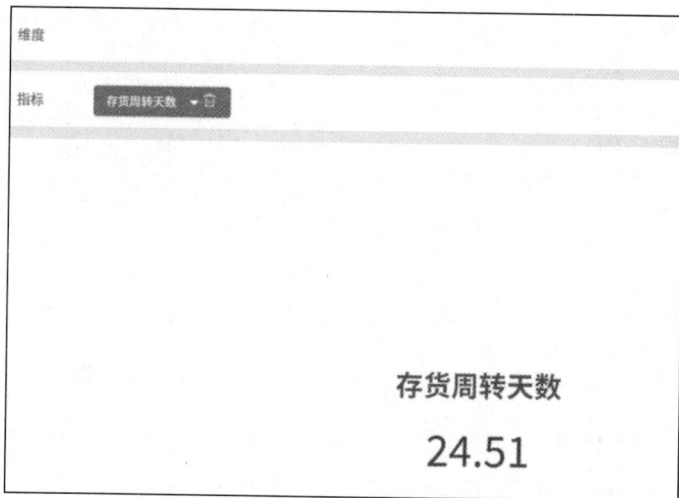

图 6-4-8　金岭矿业存货周转天数指标卡

通过 AJHXJL 公司与金岭矿业存货周转天数指标卡可以看出，AJHXJL 公司 2023 年前三个季度的存货周转天数为 0.00，金岭矿业存货周转天数为 24.51，两者相差较大，说明 AJHXJL 公司的存货营运能力要高于金岭矿业。AJHXJL 公司存货周转天数为 0.00，比较特殊，是因为 AJHXJL 公司的存货为 0。存货为 0 的原因是 AJHXJL 公司是集团的母公司，其主要业务是负债销售、投资和管理，存货都在各个子公司处。

【子任务 3】对两家公司的总资产周转天数进行可视化分析。

步骤一： 新建可视化，选择"AJ 利润表与资产表合集"，单击"确定"按钮。将可视化命名为"AJ 公司总资产周转天数"。

步骤二： 单击左侧"指标"旁的"+"按钮，从弹出的下拉菜单中选择"计算字段"，在打开的对话框中设置"名称"为"总资产周转天数"，"字段类型"为"数字"，"表达式"为"365*avg(资产总计)/sum(营业收入)"，单击"确定"按钮，完成"总资产周转天数"指标的创建，如图 6-4-9 所示。

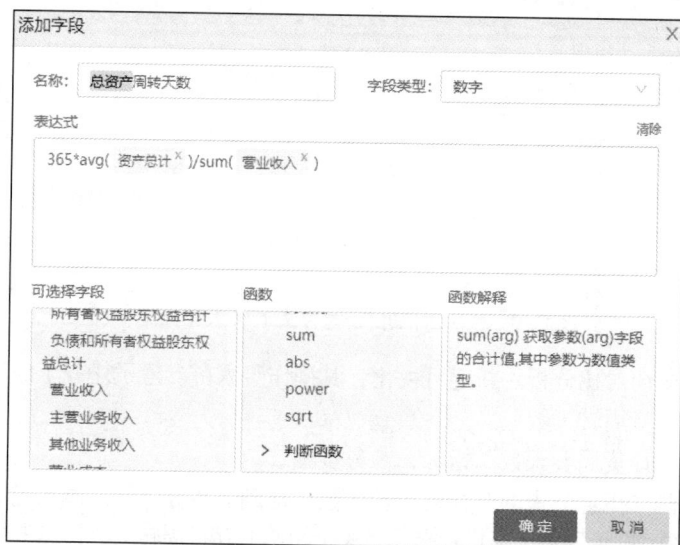

图 6-4-9　创建"总资产周转天数"指标

步骤三：将左侧"指标"中的"总资产周转天数"拖到"指标"处。添加过滤条件，可参考子任务1的步骤三。在"图形"中选择指标卡，完成AJHXJL公司总资产周转天数指标卡的制作，如图6-4-10所示。

图6-4-10 AJHXJL公司总资产周转天数指标卡

步骤四：进行横向对比分析。新建可视化，其操作步骤可参考子任务1的步骤四。将可视化命名为"金岭矿业总资产周转天数"。

步骤五：新建"总资产周转天数"指标，参考步骤二。

步骤六：将左侧"指标"中的"总资产周转天数"拖至"指标"处。添加过滤条件，可参考子任务1的步骤六。在"图形"中选择指标卡，完成金岭矿业总资产周转天数指标卡的制作，如图6-4-11所示。

图6-4-11 金岭矿业总资产周转天数指标卡

通过 AJHXJL 公司与金岭矿业总资产周转天数指标卡可以看出，AJHXJL 公司 2023 年前三个季度的总资产周转天数为 939.96，金岭矿业总资产周转天数为 1 260.83，说明 AJHXJL 公司的总资产营运能力要强于行业标杆金岭矿业。

任务五　发展能力分析

任务场景

AJHXJL 公司准备召开财务战略会议，公司财务总监欲从发展能力透视企业的经营情况。

任务要求：运用大数据技术，对该企业营业收入增长率及增长额、营业利润增长率及增长额、净利润增长率及增长额进行可视化分析，并洞察营业利润下降的原因。

任务准备

一、发展能力的定义

发展能力也称为增长能力，是指企业在生存的基础上，在生产经营活动过程中表现出的未来扩大规模、壮大实力的发展趋势和潜在能力，如资产规模的扩大、销售收入和利润的增长、竞争力的增强等。

二、发展能力分析指标

衡量企业发展能力的指标主要有营业收入增长率、总资产增长率、营业利润增长率、资本保值增值率和所有者权益增长率等。

（一）营业收入增长率

该指标反映的是相对化的营业收入增长情况，是衡量企业经营状况和市场占有能力、预测企业经营业务拓展趋势的重要指标。在实际分析时应考虑企业历年的销售水平、市场占有情况、行业未来发展及其他影响企业发展的潜在因素，或结合企业前 3 年的营业收入增长率进行趋势性分析判断。其计算公式为：

$$营业收入增长率=(本年营业收入增长额÷上年营业收入)×100\%$$

其中：

$$本年营业收入增长额=本年营业收入-上年营业收入$$

计算过程中，营业收入数据可以使用利润表中"营业收入"项目对应的数据。营业收入增长率大于零，表明企业本年营业收入有所增长。该指标越高，表明企业营业收入的增长速度越快，企业市场前景越好。

（二）总资产增长率

总资产增长率是企业本年资产增长额同年初资产总额的比率，反映企业本年资产规模的扩大情况。其计算公式为：

$$总资产增长率=(本年总资产增长额÷上年总资产)×100\%$$

其中：

$$本年总资产增长额=本年总资产-上年总资产$$

总资产增长率越高，表明企业在一定时期内资产经营规模扩张的速度越快。但在分析时，需要关注资产规模扩张的质和量的关系，以及企业的后续发展能力，避免盲目扩张。

（三）营业利润增长率

营业利润增长率是企业本年营业利润增长额与上年营业利润的比率，反映企业营业利润的增减变动情况。其计算公式为：

$$营业利润增长率=(本年营业利润增长额÷上年营业利润)×100\%$$

其中：

$$本年营业利润增长额=本年营业利润-上年营业利润$$

（四）资本保值增值率

资本保值增值率是指扣除客观因素影响后的所有者权益的期末总额与期初总额之比。其计算公式为：

$$资本保值增值率=(扣除客观因素影响后的期末所有者权益÷期初所有者权益)×100\%$$

在其他因素不变的情况下，如果企业本期净利润大于 0，并且利润留存率大于 0，则必然会使期末所有者权益大于期初所有者权益，所以该指标也是衡量企业盈利能力的重要指标。这一指标的高低，除了受企业经营成果的影响外，还受企业利润分配政策影响。

（五）所有者权益增长率

所有者权益增长率是企业本年所有者权益增长额与上年所有者权益的比率，反映企业当年资本的积累能力。其计算公式为：

$$所有者权益增长率=(本年所有者权益增长额÷上年所有者权益)×100\%$$

其中：

$$本年所有者权益增长额=本年所有者权益-上年所有者权益$$

所有者权益增长率越高，表明企业的资本积累越多，应对风险、持续发展的能力越强。

任务实施

根据任务要求，对 2023 年 AJHXJL 公司的营业收入增长率及增长额、营业利润增长率及增长额、净利润增长率及增长额进行可视化分析，并洞察营业利润下降的原因。

【子任务 1】对 AJHXJL 公司 2023 年营业收入增长率及增长额进行可视化分析。

步骤一： 新建可视化，选择"AJ 利润表与资产表合集"，单击"确定"按钮。将可视化命名为"AJ 公司营业收入增长率及增长额"。

步骤二： 将左侧"指标"中的"营业收入"拖至右侧"指标"处两次，"维度"为无。单击第一个"同比（营业收入）"旁的倒三角按钮，从弹出的下拉列表中选择"高级计算"→"同比/环比"，打开"同比/环比设置"对话框。在"日期字段"下拉列表中选择"报表日期"，单位为"年"；在"对比类型"下拉列表中选择"同比"；在"所选日期"文本框中输入"1"，单位选择"年"（显示为 2023 年）；在"计算"下拉列表中选择"增长率"；在"间隔"文本框中输入"1"，单位选择"年"（显示为 2022 年），完成营业收入增长率的设置，如图 6-5-1 所示。第二个"同比（营业收入）"（增长额）的设置与第一个"同比（营业收入）"（增长率）的设置，区别在于"计算"选择"增长值"，如图 6-5-2 所示。

图 6-5-1 营业收入增长率设置

图 6-5-2 营业收入增长额设置

步骤三：在"图形"中选择表格，将"指标"中的第一个营业收入显示名设置为"营业收入（增长率）"，将第二个营业收入显示名设置为"营业收入（增长额）"，结果如图 6-5-3 所示。

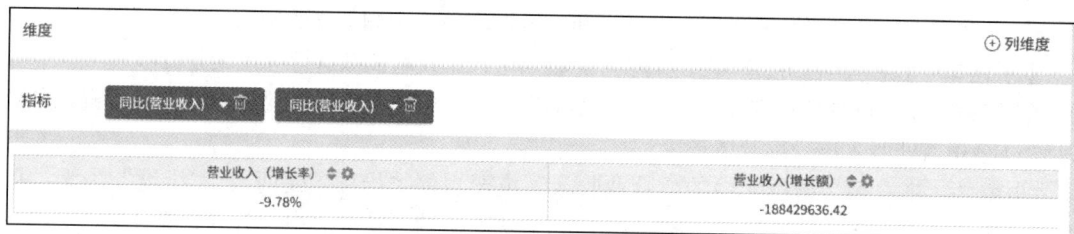

图 6-5-3 营业收入增长率及增长额

【**子任务 2**】对 AJHXJL 公司 2023 年营业利润增长率及增长额进行可视化分析。

步骤一：新建可视化，选择数据集，参考子任务 1 的步骤一。

步骤二：将可视化命名为"AJ 公司营业利润增长率及增长额"。将左侧"指标"中的"营业利润"拖至"指标"处两次，"维度"为无。营业利润增长率和营业利润增长额的设置参考子任务 1 的步骤二。

步骤三： 设置图形与显示名，参考子任务 1 的步骤三，结果如图 6-5-4 所示。

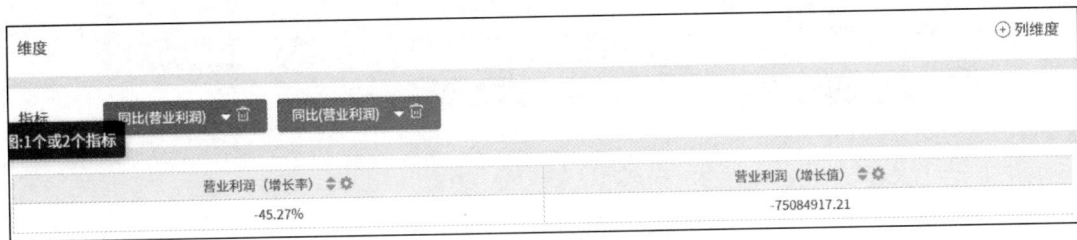

图 6-5-4 营业利润增长率及增长额

步骤四： 洞察营业利润下降的原因。新建可视化，选择"AJ 利润表与资产表合集"，操作步骤参考子任务 1 的步骤一。

步骤五： 将可视化命名为"洞察营业利润下降原因"。将左侧"指标"中的"营业利润"拖至右侧"指标"处，将"维度"中的"年_报表日期"拖至右侧"维度"处。在"图形"中选择折线图，将"维度"中的"年_报表日期"按照升序排列，结果如图 6-5-5 所示。

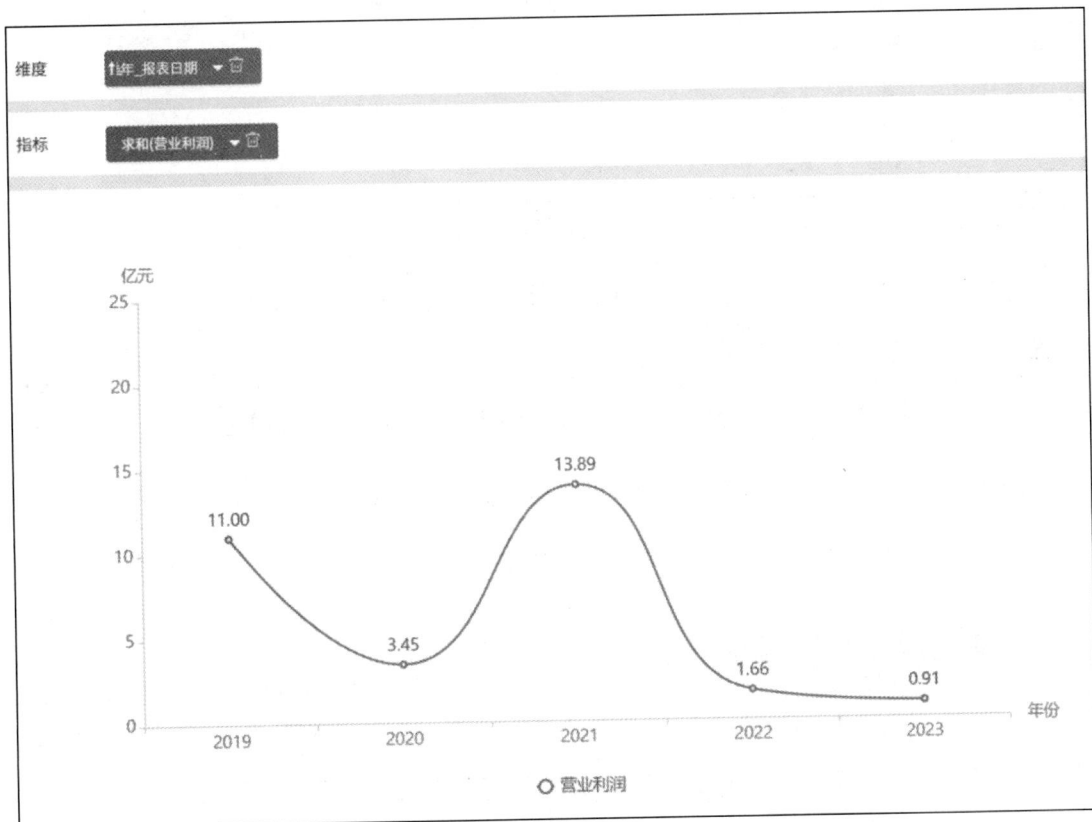

图 6-5-5 营业利润折线图

步骤六： 将左侧"指标"中可能影响营业利润的因素拖至右侧"指标"处，有"税金及附加""销售费用""管理费用""财务费用""资产减值损失""公允价值变动收益""投资收益"，如图 6-5-6 所示。

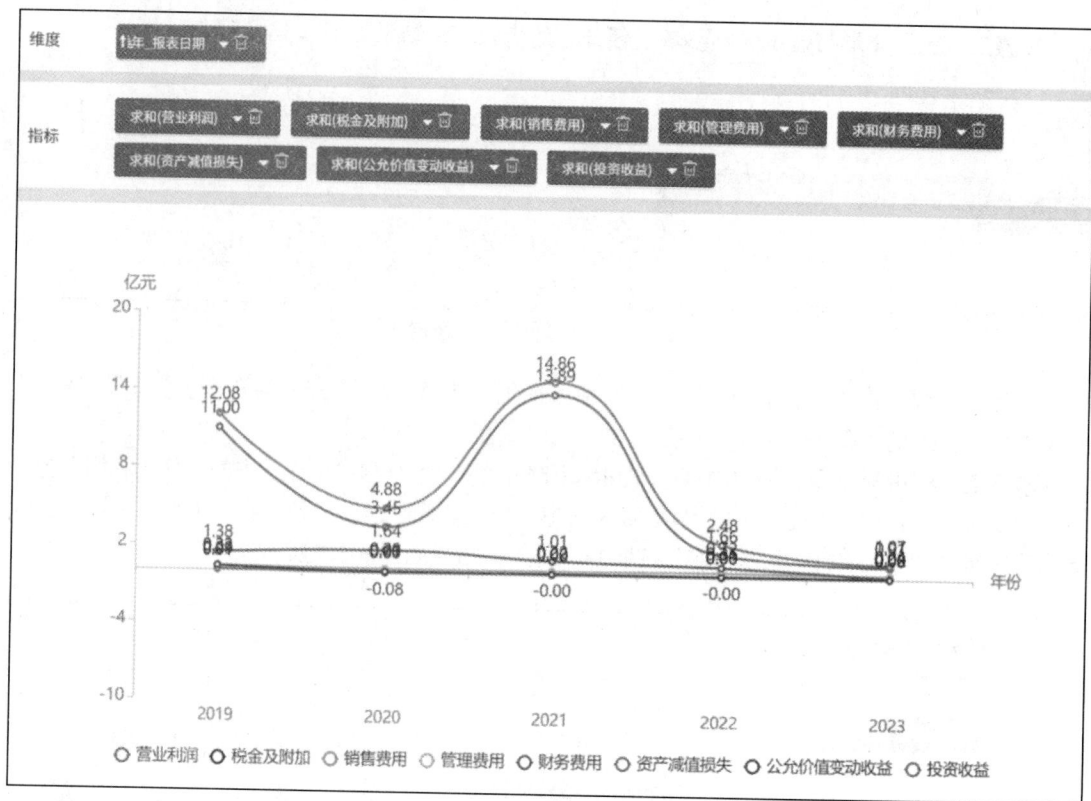

图 6-5-6　营业利润影响因素分析

【子任务 3】对 AJHXJL 公司 2023 年净利润增长率及增长额进行可视化分析。

步骤一： 新建可视化，选择数据集，参考子任务 1 的步骤一。

步骤二： 将可视化命名为"AJ 公司净利润增长率及增长额"。将左侧"指标"中的"净利润"拖至"指标"处两次，"维度"为无。净利润增长率和净利润增长额的设置参考子任务 1 的步骤二。

步骤三： 设置图形与显示名，参考子任务 1 的步骤三，结果如图 6-5-7 所示。

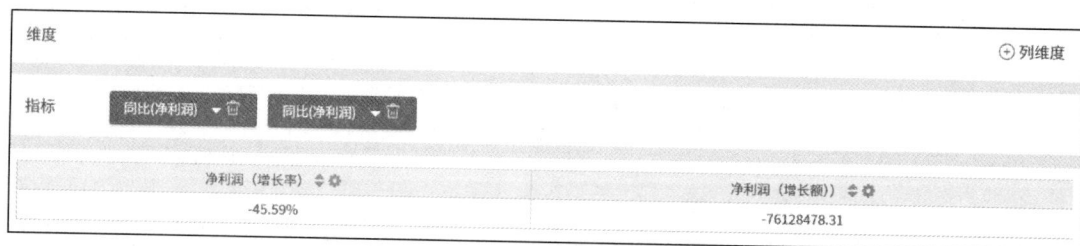

图 6-5-7　净利润增长率及增长额

通过以上分析可知，AJHXJL 公司 2023 年经营情况出现负增长，营业收入同比下降 9.78%，营业利润同比下降 45.27%，净利润同比下降 45.59%。通过洞察营业利润下降的原因可以发现，AJHXJL 公司的投资收益与营业利润下降趋势一致，主要是由于投资收益波动导致营业利润出现大幅度下降。

任务六 杜邦财务分析

任务场景

很久以前，有几个盲人听说大象是个头巨大的动物，请求国王让他们摸一摸大象。国王满足了他们的要求，摸过以后，他们各自发表了对大象的认识：有的说大象像根管子，有的说像把扇子，有的说像根大萝卜，有的说像堵墙，有的说像根柱子。如果你是企业的经营者，在分析企业财务状况的时候，你会不会和他们一样犯错？根据本任务的学习，请完成下面的任务。

任务要求：甲公司是一家医疗器械公司，现对公司财务状况和经营成果进行分析，以发现和主要竞争对手乙公司的差异。甲公司 2023 年资产负债表和利润表简表分别如表 6-6-1 和表 6-6-2 所示。

表 6-6-1　　　　　　　　　2023 年甲公司资产负债表　　　　　　　　　单位：万元

项目	金额
货币资金	3 150
应收账款	5 250
预付账款	900
存货	3 600
固定资产	11 100
资产总计	24 000
流动负债	10 500
非流动负债	1 500
股东权益	12 000
负债和所有者权益总计	24 000

表 6-6-2　　　　　　　　　2023 年甲公司利润表　　　　　　　　　单位：万元

项目	金额
营业收入	30 000
减：营业成本	19 500
税金及附加	900
销售费用	4 200
管理费用	480
财务费用	120
利润总额	4 800
减：所得税费用	1 200
净利润	3 600

假设资产负债表项目中年末余额代表全年水平。乙公司的相关财务比率中，营业净利率为 24%，总资产周转率为 0.6，权益乘数为 1.5。

使用因素分析法，按照营业净利率、总资产周转率、权益乘数的顺序，对甲公司相对于乙公司权益净利率的差异进行定量分析，并指出甲、乙公司在经营战略和财务政策上的差别。

任务准备

一、杜邦分析体系核心比率

（一）杜邦分析体系的定义

杜邦分析体系也称杜邦系统。杜邦系统是利用各种财务比率的内在联系，借以综合评价企业整体财务状况的综合分析方法。该系统以净资产收益率为起点，以总资产净利率和权益乘数为基础，重点揭示企业盈利能力及权益乘数对净资产收益率的影响，以及各相关指标间的相互影响和作用关系。

杜邦分析法将净资产收益率（权益净利率）分解，其分析关系式为：

$$净资产收益率=营业净利率×总资产周转率×权益乘数$$

（二）杜邦分析体系分析的注意要点

（1）净资产收益率是一个综合性最强的财务分析指标，是杜邦分析的起点。

财务管理的目标之一是股东财富最大化，净资产收益率反映了企业所有者投入资本的盈利能力，说明了企业筹资、投资、资产营运等各项财务及其管理活动的效率，而不断提高净资产收益率是使所有者权益最大化的基本保证。而净资产收益率的影响因素主要有 3 个，即营业净利率、总资产周转率和权益乘数。

（2）营业净利率反映企业净利润与营业收入的关系，它的高低取决于营业收入与成本总额的高低。

要提高营业净利率，一是要扩大营业收入，二是要降低成本费用。扩大营业收入既有利于提高营业净利率，又有利于提高总资产周转率。降低成本费用是提高营业净利率的一个重要因素。

（3）影响总资产周转率的一个重要因素是资产总额。

资产由流动资产与非流动资产组成，资产结构将直接影响资产的周转速度。一般来说，流动资产直接体现企业的偿债能力和变现能力，而非流动资产则体现了企业的经营规模、发展潜力。两者之间应该有合理的比例关系。对于营业净利率较高的制造企业，其周转次数较低（厚利少销），产品附加值较高，营业净利率较高，需要大量资产投资，则总资产周转率较低。对于周转率很高的零售企业，其营业净利率较低（薄利多销），产品附加值较低，营业净利率较低，无须大量投资，则总资产周转率较高。

（4）权益乘数主要受资产负债率的影响。

资产负债率越高，权益乘数就越高，说明企业的负债程度比较高，给企业带来了较多的杠杆利益，同时带来了较大的风险。

二、杜邦分析体系战略分析

杜邦分析体系是一个多层次的财务比率分解体系。各项财务比率，可在每个层次上与本公司历史或同业财务比率比较，比较之后向下一级分解。逐级向下分解，逐步覆盖公司经营活动的每个环节，针对不同层次分解制定不同战略。

将净资产收益率分解为营业净利率、总资产周转率和权益乘数。分解出来的营业净利率和总资产周转率，可以反映公司的经营战略。一些公司营业净利率较高，而总资产周转率较低，另一些公司则相反。这种现象不是偶然的。要提高营业净利率，就要增加产品附加值，往往需要增加投资，这样会引起总资产周转率下降。与此相反，为了加快周转，就要降低价格，这样会引起营业净利率下降。通常，营业净利率较高的制造业，其总资产周转率都比较低；总资产周转率很高的零售业，其营业净利率很低。采取"高盈利、低周转"还是"低盈利、高周转"的策略，企业应根据外部环境和自身资源进行选择。

分解的权益乘数可以反映企业的财务政策。在总资产净利率不变的情况下，提供财务杠杆可以提高净资产收益率，但同时会增加财务风险。如何配置财务杠杆是企业重要的财务政策。一般而言，总资产净利率较高的企业，财务杠杆较低，反之亦然。一些经营风险较低的企业可以得到较多的贷款，其财务杠杆较高；经营风险较高的企业，只能得到较少的贷款，其财务杠杆较低。总资产净利率与财务杠杆负相关，共同决定企业的权益净利率，因此企业必须使其财务战略与财务政策相匹配。

任务实施

指出甲、乙公司在经营战略和财务政策上的差别。

【子任务1】使用因素分析法，按照营业净利率、总资产周转率、权益乘数的顺序，对甲公司相对于乙公司权益净利率的差异进行定量分析。

首先分析甲公司：营业净利率=3 600÷30 000×100%=12%；

总资产周转率=30 000÷24 000=1.25（次）；

权益乘数=24 000÷12 000=2；

权益净利率=12%×1.25×2=30%。

再分析乙公司：权益净利率=24%×0.6×1.5=21.6%。

权益净利率差异=30%-21.6%=8.4%。

运用因素分析法进行连环替代。

乙公司：24%×0.6×1.5　①

第一次替代：12%×0.6×1.5=21.6%　②

第二次替代：12%×1.25×1.5　③

第三次替代（甲公司）：12%×1.25×2　④

营业净利率差异造成的权益净利率差异（②-①）=(12%-24%)×0.6×1.5=-10.8%。

总资产周转率差异造成的权益净利率差异（③-②）=12%×(1.25-0.6)×1.5=11.7%。

权益乘数差异造成的权益净利率差异（④-③）=12%×1.25×(2-1.5)=7.5%。

【子任务2】指出甲、乙公司在经营战略和财务政策上的差别。

营业净利率和总资产周转次数可以反映企业的经营战略，权益乘数可以反映企业的财务政策。在经营战略上，甲公司采用的是"低盈利、高周转"策略，乙公司采用的是"高盈利、低周转"策略。在财务政策上，甲公司有更高的财务杠杆。

项目小结

通过本项目的学习，我们对企业的偿债能力、营运能力、盈利能力、发展能力指标的计算与分析有了充分的理解，学会了运用大数据分析工具进行数据分析。随着新一代信息技术的快速普及，由财务人员在大数据财务分析中运用财务数据解决企业预测和决策方面的问题已是大势所趋。正确地看待新技术，不轻信、不盲从，敢挑战、爱思考，才能在技术快速迭代的时代保持头脑清醒，真正成为数智化财务人才。

项目测试

一、单项选择题

1. 从企业债权人的角度看，财务分析最直接的目的是提高（　　）。
   A. 企业的盈利能力　B. 企业的营运能力　C. 企业的偿债能力　D. 企业的发展能力

2. 可以提供企业变现能力信息的会计报表是（　　）。
   A. 现金流量表
   B. 所有者权益明细表
   C. 资产负债表
   D. 利润分配表

3. 下列指标中，（　　）不是反映企业偿债能力的指标。
   A. 流动比率　　B. 资产负债率　　C. 存货周转率　　D. 速动比率

4. 净资产收益率能反映企业（　　）的投资报酬率。
   A. 债权人　　　B. 经营者　　　C. 所有者权益　　D. 合作者

二、多项选择题

1. 发展能力指标有哪些？（　　）
   A. 营业收入增长率
   B. 营业利润增长率
   C. 利润总额
   D. 所有者权益增长率

2. 偿债能力指标有哪些？（　　）
   A. 资产负债率　　B. 流动比率　　C. 速动比率　　D. 现金比率

3. 以下关于同比、环比分析说法正确的是（　　）。
   A. 同比和环比侧重点不同，环比突出显示数据的短期趋势，会受到季节等因素的影响
   B. 同比更加侧重反映长期的大趋势，也就规避了季节的因素
   C. 同比是指本期数据和上月数据进行比较
   D. 环比是指本期数据和上年同期数据进行比较

4. 营运能力指标有哪些？（　　）
   A. 应收账款周转天数
   B. 存货周转天数
   C. 流动资产周转天数
   D. 总资产周转天数

5. 根据企业财务分析主体，可以将财务分析方法划分为（　　）。
   A. 内部经营者分析
   B. 内部债权人分析
   C. 外部投资者分析
   D. 外部宏观分析

三、判断题

1. 内部经营分析的主要步骤包括本期财务指标计算、财务指标纵向分析和财务指标横向对比。（　　）

2. 环比分析一般是指本期水平与上年同期水平进行对比分析。（　　）

3. 业务可比性是指该公司与可比公司属于同一行业，提供的产品与服务相同或类似，并且累计经营当前业务已经有一定的年限，有着相同的客户与终端市场。（　　）

4. 通常情况下，速动比率保持在 1 左右比较好。（　　）

四、任务实战

戊公司是一家上市公司，为了综合分析上年度的经营业绩，公司董事会召开专门会议进行讨论。公司相关资料如下。

资料一：戊公司资产负债表简表如表 1 所示。

表 1

戊公司资产负债表简表

2023 年 12 月 31 日　　　　　　　　　　　　　　　　　　　　　　单位：万元

资产	年初余额	年末余额	负债和所有者权益	年初余额	年末余额
货币资金	3 500	4 000	流动负债合计	15 000	20 000
应收账款	10 000	12 000	非流动负债合计	41 240	40 000
存货	18 000	14 000	负债合计	56 240	60 000
流动资产合计	31 500	30 000	所有者权益合计	35 260	40 000
非流动资产合计	60 000	70 000			
资产总计	91 500	100 000	负债和所有者权益总计	91 500	100 000

资料二：2023 年行业标杆企业部分财务指标如表 2 所示。

表 2　　　　　　　　　　　**2023 年行业标杆企业部分财务指标**

项目	行业标杆企业
流动比率	2
速动比率	1
平均资产负债率	50%
总资产周转率/次	1.3
总资产净利率	13%
长期资本负债率	40%

资料三：戊公司 2023 年营业收入为 146 977 万元，营业成本为 95 535.5 万元，财务费用中的利息费用为 1 360 万元，资本化利息为 2 640 万元，净利润为 9 480 万元，2023 年年初坏账准备余额为 500 万元，2023 年年末坏账准备余额为 600 万元，公司适用的所得税税率为 25%，假设没有纳税调整事项。

要求：

（1）计算戊公司 2023 年年末的流动比率、速动比率、长期资本负债率。

（2）计算戊公司 2023 年的利息保障倍数、权益乘数（保留 4 位小数）、营业净利率、总资产周转率、总资产净利率和权益净利率（取自资产负债表的数据取平均数）。

（3）计算行业标杆企业的营业净利率、权益乘数和权益净利率。

（4）和同行业相比，分析戊公司的短期偿债能力。

（5）为了分析戊公司短期偿债能力指标的可信性，你认为应分析哪些指标，并计算这些指标。

（6）计算戊公司 2023 年权益净利率与行业标杆企业的差异，并使用因素分析法依次测算总资产净利率和权益乘数变动对权益净利率差异的影响。

（7）分析戊公司的经营战略和财务政策与行业标杆企业的差异。

项目七
企业费用分析

项目导读

坚持底线思维，加强风险防控

党的二十大报告指出，"我们必须增强忧患意识，坚持底线思维，做到居安思危、未雨绸缪，准备经受风高浪急甚至惊涛骇浪的重大考验"。底线是不可逾越的警戒线，是事物变质的临界线。作为财务数据分析师，我们在日常财务工作中要建立财税风险预警机制，及时、准确地识别和评估企业可能存在的各种财务风险和税务风险，并采取相应措施降低或化解风险，使企业处于安全范围之内，切实提高企业的风险管控应对能力，从而促进企业健康、有序发展。

党的二十大报告还指出，"在全社会弘扬劳动精神、奋斗精神、奉献精神、创造精神、勤俭节约精神，培育时代新风新貌"。勤俭节约是中华民族的传统美德，企业经营者应该秉承这样的优良传统，厉行节约，勤俭办企，为社会创造更大的价值。

学习目标

知识目标

1. 了解费用的构成；
2. 了解企业费用管理的重要性；
3. 掌握进行费用分析的过程与方法。

技能目标

1. 能够创建费用整体分析可视化看板；
2. 能够创建可视化图形进行数据的同比分析。

素养目标

1. 养成勤俭节约的良好习惯，杜绝铺张浪费；
2. 拓宽智能化费用管理在实际业务中的应用，提高知行合一的能力。

任务一　费用整体分析

任务场景

"降本增效"是企业高质量发展的重要动力所在，加强企业费用管理和控制则是降本增效的重要途径之一。通过深度挖掘企业费用数据，可以帮助企业管理层了解和改善财务状况，优化资源配置，降低成本，提高盈利能力。AJHXJL 公司将举办业务经营会议，要求财务总监对企业的费用情况进行专项分析，对费用的异常项进行溯源，深度挖掘，查明原因，为后续的经营决策提供数据支持。

任务要求：请从整体费用入手，对费用结构展开分析。

任务准备

一、期间费用管理概述

期间费用是指不受企业产品质量或销量增减的影响，不能直接或间接归属于某个特定对象的各种费用，包括销售费用、管理费用和财务费用。这些费用易于确定发生期间和归属期间，但难以判别其归属对象，因而会在发生的当期从损益中扣除。相比生产成本费用，期间费用的管控弹性较大。企业管控期间费用的价值有以下 4 个：

（1）准确的费用数据是制定价格的依据，有利于企业提高市场竞争力；

（2）费用降低能够提高企业利润；

（3）费用与企业每个部门和员工息息相关，加强费用分析和管控有利于企业全员形成节约意识；

（4）费用管理水平的提高可以带动和促进企业整体管理水平的提高。

二、开展费用分析的原则

开展费用分析应遵循以下原则。

（1）制度性原则。费用分析应结合企业相关管理制度进行，例如企业的费用管理制度中规定，业务招待费应以年销售收入的一定比例为基础进行总额控制，那么在分析业务招待费项目时应根据相关比率来评价其支出是否合理。

（2）相关性原则。费用分析不能只分析各项费用发生的绝对值大小，更应强调各项费用产生后所带来的收益，要联系与之相关的生产经营业务量的增减变化来评价。

（3）重要性原则。由于期间费用包括的费用子项目较多，分析时可选择费用比重较大、超支或节约数额较大的项目进行重点分析，对于不重要的项目可适当简化处理。

三、费用整体分析的框架和思路

期间费用的分析一般采用先整体后专项的模式，首先对期间费用的整体状况进行分析，再结合整体分析的结果，有针对性地对销售费用、管理费用、财务费用进行费用大类和费用明细分析。费用分析的主要思路如下。

（1）关注本期费用总额、年累计费用总额情况。

（2）在整体把控费用的基础上，对费用结构和结构内各项占比进行分析。

（3）重点关注对费用总额变动影响最大的项目。

（4）根据费用性质和特点对费用进行分类，如将费用划分为人工费用、固定费用（如办公室租赁费、折旧摊销费用等）、变动费用（如运输费用、包装费用）、偶发性费用（如因特殊事项产生的一次性咨询费）等，展开深入分析。

四、费用分析常用指标

按照数据来源分类，费用分析指标可分为内部数据和外部数据。按照指标表现形式分类，费用分析指标可分为绝对指标和相对指标。对期间费用进行整体分析常用的指标如表 7-1-1 所示。

表 7-1-1　　　　　　　　　　　期间费用分析常用指标

指标	含义	数据来源
本期费用总额	反映费用整体情况	内部数据
全年累计总额	反映费用整体情况	内部数据
费用占本季度费用比例	反映费用在本季度中的情况	内部数据
费用占全年费用比例	反映费用在本年度中的情况	内部数据
全年累计中各月费用占比	反映费用的浮动情况	内部数据
费用环比上月数值	反映本期费用变化趋势	内部数据
费用同比上年同期数值	反映本期费用与上年情况	内部数据
费用构成及占比	反映费用结构情况	内部数据
费用历史趋势	反映费用历史变动情况	内部数据
费用收入比	反映费用与收入的配比	内部数据
本期管理费用率、销售费用率、财务费用率	分解三大费用与收入的关系	内部数据
与行业均值对比	反映企业与行业均值的高低	外部数据
与对标企业对比	反映企业与对标企业的高低	外部数据

任务实施

根据任务要求，完成 AJHXJL 公司期间费用的整体分析工作。

【子任务 1】运用饼图对 AJHXJL 公司本期费用结构进行可视化分析。

步骤一：新建可视化，选择"AJ 公司利润表"作为数据集，单击"确定"按钮，如图 7-1-1 所示。进入可视化界面，将可视化命名为"本期费用结构"。

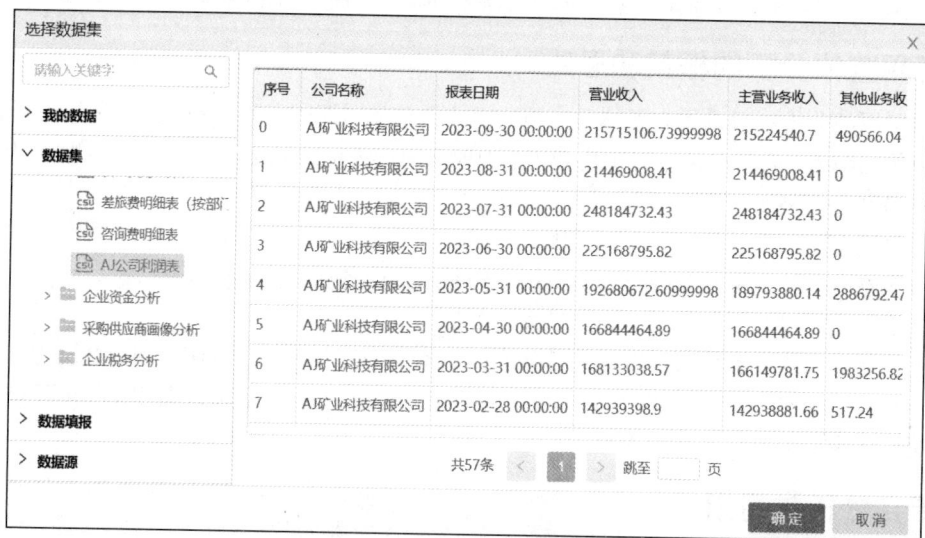

图 7-1-1　选择数据集

步骤二：制作费用结构饼图。将左侧"指标"中的"财务费用""销售费用""管理费用"拖至右侧"指标"处，"维度"为空（不需要任何维度）。在"过滤"中单击"设置"按钮，在打开的对话框中设置过滤条件为"年_报表日期""等于""2023"，单击"确定"按钮，如图 7-1-2 所示。在"图形"中选择饼图（环形图也可以达到同样的分析效果），完成费用结构饼图的制作，如图 7-1-3 所示。

图 7-1-2 添加过滤条件

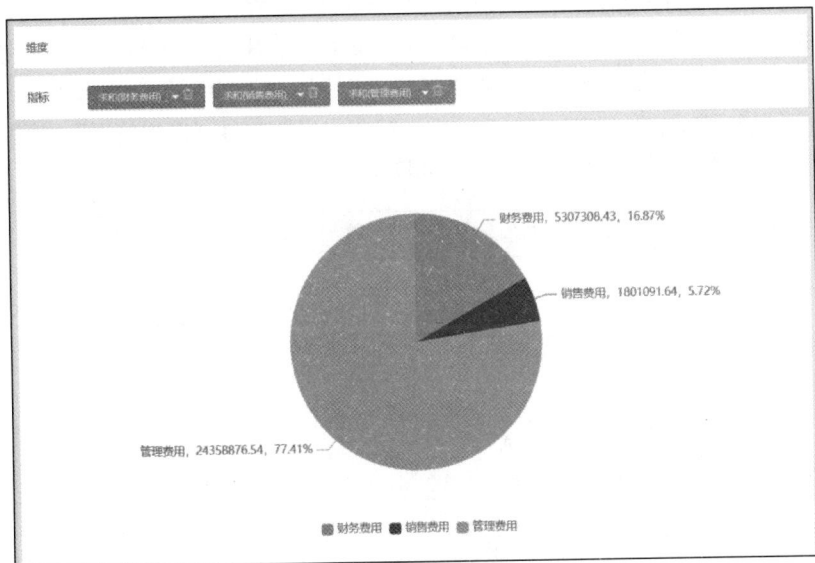

图 7-1-3 制作费用结构饼图

【**子任务 2**】运用表格对 AJHXJL 公司三大费用进行同比分析。

步骤一：新建可视化，选择"AJ 公司利润表"作为数据集，单击"确定"按钮，进入可视化界面，将可视化命名为"三大费用同比分析"。将左侧"指标"中的"财务费用""销售费用""管理费用"拖至右侧"指标"处，"维度"为空（不需要任何维度），在"图形"中选择表格，如图 7-1-4 所示。

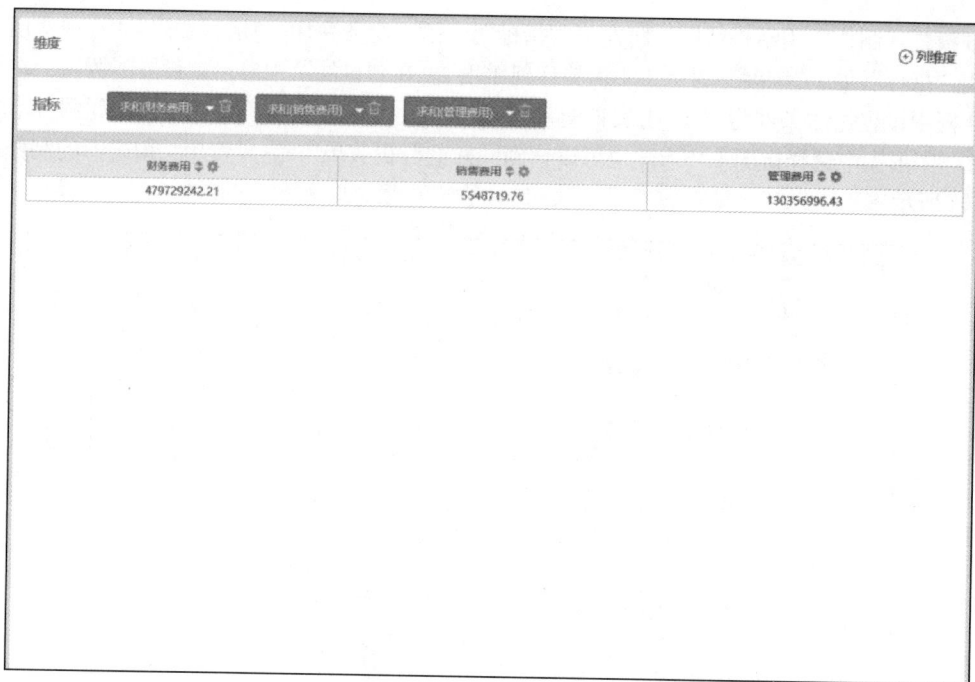

图 7-1-4　新建可视化

步骤二：计算同比数据。从"求和（财务费用）"下拉菜单中选择"高级计算"→"同比/环比"，如图 7-1-5 所示。在打开的"同比/环比设置"对话框中，在"日期字段"下拉列表中选择"报表日期"，单位为"年"；在"对比类型"下拉列表中选择"同比"；在"所选日期"文本框中输入"1"，单位为"年"；在"计算"下拉列表中选择"增长率"；在"间隔"文本框中输入"1"，单位为"年"，单击"确定"按钮，如图 7-1-6 所示。按此步骤依次对"销售费用""管理费用"进行同比计算，完成三大费用同比分析表的制作，如图 7-1-7 所示。

图 7-1-5　选择"同比/环比"

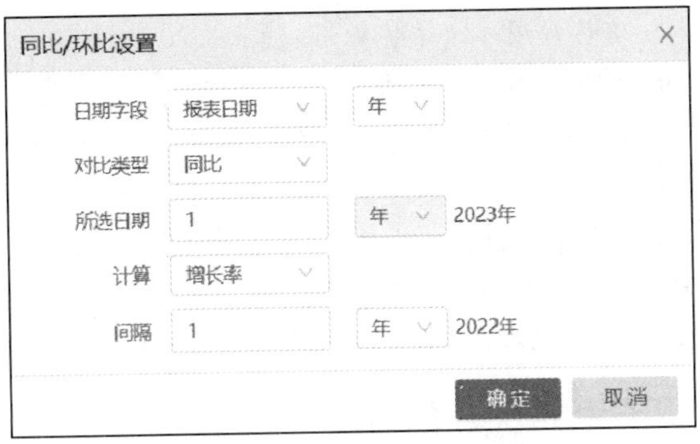

图 7-1-6　计算同比数据

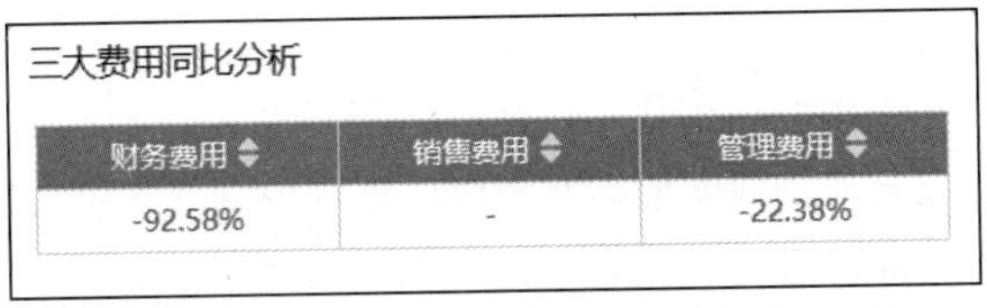
三大费用同比分析

财务费用	销售费用	管理费用
-92.58%	-	-22.38%

图 7-1-7　三大费用同比分析表

任务二　专项费用分析

任务场景

在任务一中，我们对 AJHXJL 公司的费用整体结构进行了初步分析。接下来，通过本任务的学习，请完成下面的任务。

任务要求：对销售费用、管理费用、财务费用展开专项费用分析，洞察数据背后的含义，溯源分析指标增减比率的合理性与异常项，为管理层后续进行决策提供支持。

任务准备

一、销售费用分析

（一）销售费用分析的内容

销售费用是保证企业正常经营的关键性因素，有了资金的支持，才能保证销售渠道的顺畅。企业应将销售费用控制在合理范围内。销售费用包括以下几个部分。

（1）企业在销售商品过程中发生的保险费、包装费、展览费、广告费、商品维修费、预计商品质量保证损失、运输费、装卸费等。

（2）为销售本企业商品或提供劳务而专设的销售机构（含销售网点、售后服务网点等）的职工薪酬、业务费、固定资产折旧费和修理费等。

（二）销售费用的分析指标

开展销售费用分析常用的指标包括销售费用率和销售费用占销售回款比。

1. 销售费用率

销售费用率体现企业为取得单位收入所花费的单位销售费用，其计算公式为：

$$销售费用率=(销售费用÷营业收入)×100\%$$

2. 销售费用占销售回款比

销售回款是指企业在销售商品或提供劳务后，从客户处收到的货款或款项。相比销售收入，销售回款更能体现企业现金流情况，对企业经营活动有重要影响。分析销售费用占销售回款的比例，能够了解企业销售费用支出是否合理。在进行销售费用明细项目分析时，可以选取"销售费用-业务招待费""销售费用-差旅费""销售费用-广告费"等与销售收入及回款额密切相关的费用项目，计算其占销售回款的比例，分析各明细费用的支出合理性，洞察改进空间。

（三）开展销售费用分析应关注的问题

（1）销售费用构成具有明显的行业特性，例如白酒、饮料等行业，需投入大量广告费进行宣传，因此广告宣传费在销售费用中占有很大的比重；电力、热力生产供应等行业，客户群体比较稳定，销售过程比较简单，销售费用率往往较低。

（2）分析销售费用时应考虑规模效应，对于以广告宣传费等为主要销售费用的行业，企业规模越大，单位产品分摊的销售费用往往越低。这种情况下，规模越大的企业，其销售费用率越低。

（3）销售费用率与企业所处生命周期密切相关。处于扩张期的企业，需要投入大量的销售费用占据市场，销售费用率相对而言往往较高。

二、管理费用分析

（一）管理费用分析的内容

管理费用能反映企业的综合管理水平。管理费用项目较多，且各个项目之间差异也较大，主要包括以下内容。

（1）董事会和行政管理部门在企业的经营管理中发生的或者应由企业统一负担的公司经费（包括行政管理部门职工工资及福利费、物料消耗、低值易耗品摊销、办公费和差旅费等）、行政管理部门等发生的固定资产修理费用等。

（2）工会经费、董事会费（包括董事会成员津贴、会议费和差旅费等）、业务招待费、技术转让费、研发费用等。

（3）聘请中介机构费、咨询费（含顾问费）、诉讼费等。

（4）企业在筹建期间发生的开办费、排污费、应缴纳的残疾人就业保障金等。

（二）管理费用的分析指标

管理费用率是开展管理费用分析常用的一个指标，是影响企业盈利能力的重要因素，反映了企业的经营管理水平。如果管理费用率很高，说明企业的利润被组织性、管理性的费用消耗得太多，必须加强对管理费用的控制才能提高盈利水平。其计算公式为：

$$管理费用率=(管理费用÷营业收入)×100\%$$

（三）开展管理费用分析应关注的问题

（1）研发费用的影响。对于从事高新技术研发的企业，研发费用是管理费用中一项重要的内容。在研发费用的确认计量中，"研发支出-费用化支出"最后需要转入管理费用，且金额往往较大，因此在对管理费用进行对标企业横向分析时，需着重考虑研发支出的影响。目前，一般企业财务报表格式要求研发费用应在利润表中单独列示体现。

（2）与销售费用类似，管理费用也有较大的行业差异。一般来说，技术密集型行业由于技术研发、员工薪酬等金额通常较大，管理费用率相对较高；而低毛利率、高周转率的行业，其管理费用率往往较低，如批发零售业。

三、财务费用分析

（一）财务费用分析的内容

财务费用是指企业为筹集生产经营所需资金等而发生的费用，具体项目包括：利息净支出（利息支出减利息收入后的差额）、汇兑净损失（汇兑损失减汇兑收益的差额）、金融机构手续费，以及筹集生产经营资金发生的其他费用等。为购建固定资产专门借款所发生的借款费用，在固定资产达到预定可使用状态前按规定应予以资本化的部分，不包括在财务费用内。

（1）利息净支出指企业短期借款利息、长期借款利息、应付票据利息、票据贴现利息、应付债券利息、长期应付引进国外设备款利息等利息支出（除资本化利息外）减去银行存款等的利息收入后的净额。

（2）汇兑损失指企业因向银行结售或购入外汇而产生的银行买入、卖出价与记账所采用的汇率之间的差额，以及月度（季度、年度）终了，各种外币账户的外币期末余额按照期末规定汇率折合的记账人民币金额与原账面人民币金额之间的差额等。

（3）相关手续费指发行债券所需支付的手续费（需资本化的手续费除外）、开出汇票的银行手续费、调剂外汇手续费等，但不包括发行股票所支付的手续费等。

（4）其他财务费用包括融资租入固定资产发生的融资租赁费用等。

（二）财务费用的分析指标

财务费用率是开展财务费用分析常用的一个指标，其计算公式为：

$$财务费用率=(财务费用÷营业收入)×100\%$$

（三）开展财务费用分析应关注的问题

（1）对于需要资本化的利息费用，严格确认其资本化的条件是否满足。利息资本化使得财务费用中的利息支出不是企业的全部利息支出。

（2）关注财务费用中的非利息净支出项目，如汇兑损益、手续费支出等，这些费用与企业筹资情况并不直接挂钩，支出项目稳定性不同（如汇兑损益受汇率波动影响很大）且行业特征明显。

（3）当企业的存款利息收入大于贷款利息费用时，可能会出现财务费用为负数的情况。如果负数金额较大，可能表明企业闲置资金过多，没有有效用于生产经营活动，需要强化财务管理、提高资金使用效率。

任务实施

根据任务要求，对销售费用、管理费用、财务费用展开专项费用分析。

【子任务1】销售费用历年趋势分析：运用折线图进行销售费用历年趋势分析。

步骤一：新建可视化，选择"AJ公司利润表"作为数据集，将可视化命名为"销售费用历年走势"。

步骤二：将左侧"指标"中的"销售费用"拖至右侧"指标"处，将左侧"维度"中的"年_报表日期"拖至右侧"维度"处。将维度设置为按照"年_报表日期"进行升序排列。单击"求和（销售费用）"指标右侧的倒三角按钮，从弹出的下拉菜单中选择"数据格式"，打开"数据显示格式"对话框，将"缩放率"设置为"10000"，"千分位"设置为"启用"，"小数位"设置为"2"，单击"确定"按钮，如图 7-2-1 所示。在"图形"中选择折线图，结果如图 7-2-2 所示。

图 7-2-1 设置销售费用显示格式

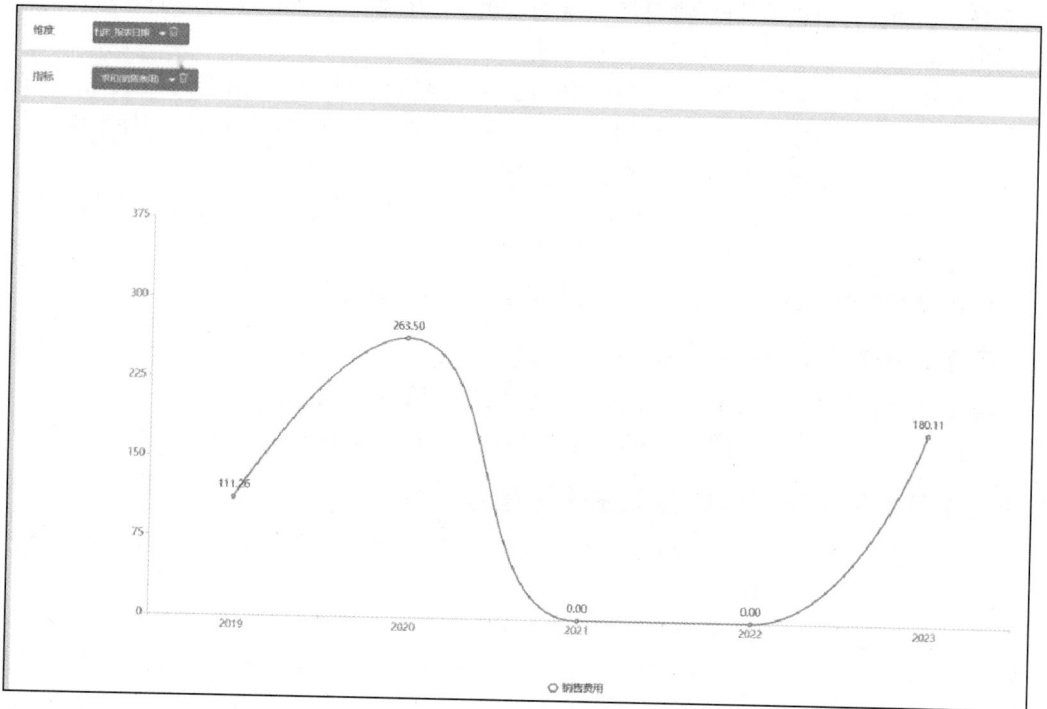

图 7-2-2 选择折线图

步骤三：进行显示设置。单击"求和（销售费用）"指标右侧的倒三角按钮，从弹出的下拉菜单中选择"设置显示名"，打开"别名"对话框，将显示名设置为"销售费用（万元）"，单击"确定"按钮，如图 7-2-3 所示。完成销售费用历年走势图的制作，如图 7-2-4 所示。

图 7-2-3 设置销售费用显示名

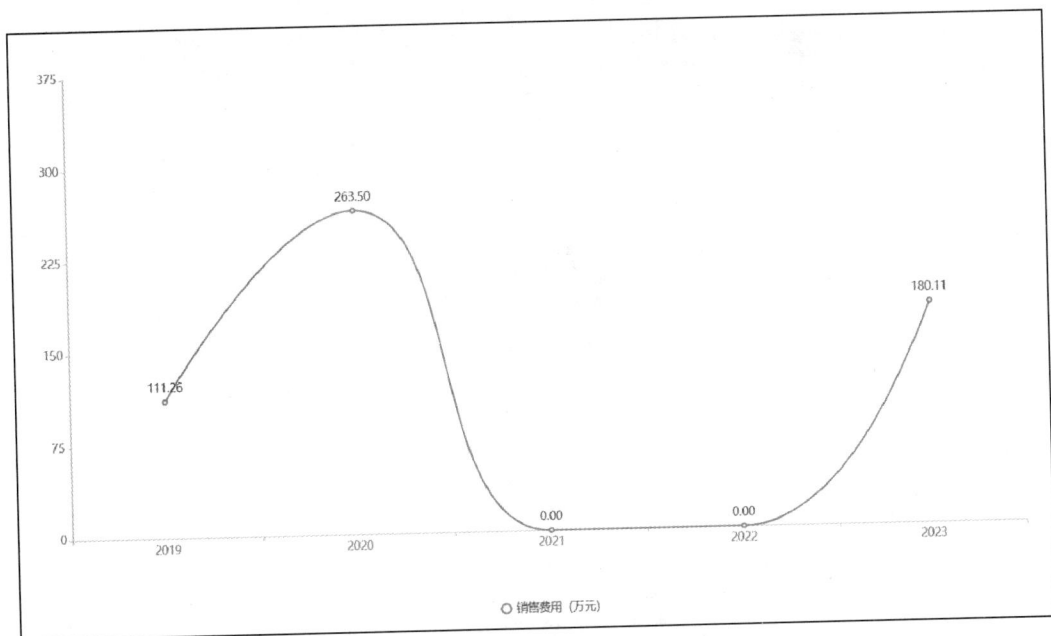

图 7-2-4 销售费用历年走势图

【子任务 2】运用饼图进行管理费用子项构成分析。

步骤一：新建可视化，选择"管理费用统计表"作为数据集，将可视化命名为"管理费用子项构成"。

步骤二：单击"维度"右侧的"+"按钮，从弹出的下拉菜单中选择"层级"，打开"钻取层级"对话框。将"层级名称"设置为"子项穿透"，"钻取路径"设置为"一级子项>二级子项>三级子项>四级子项"，单击"确定"按钮，如图7-2-5所示。

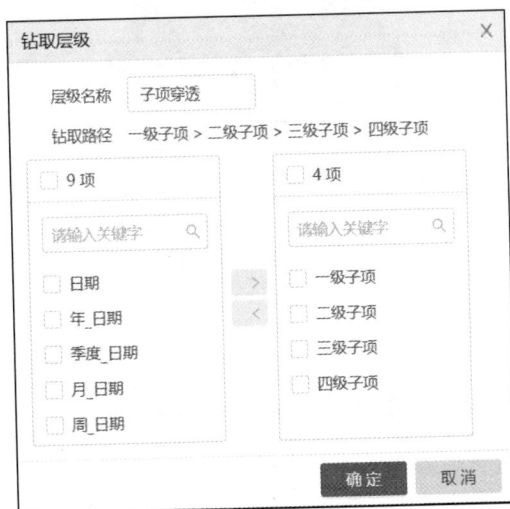

图 7-2-5 设置钻取层级

步骤三：将左侧"指标"中的"金额"拖至右侧"指标"处，将左侧"维度"中的"子项穿透"拖至右侧"维度"处，在"图形"中选择饼图，结果如图7-2-6所示。

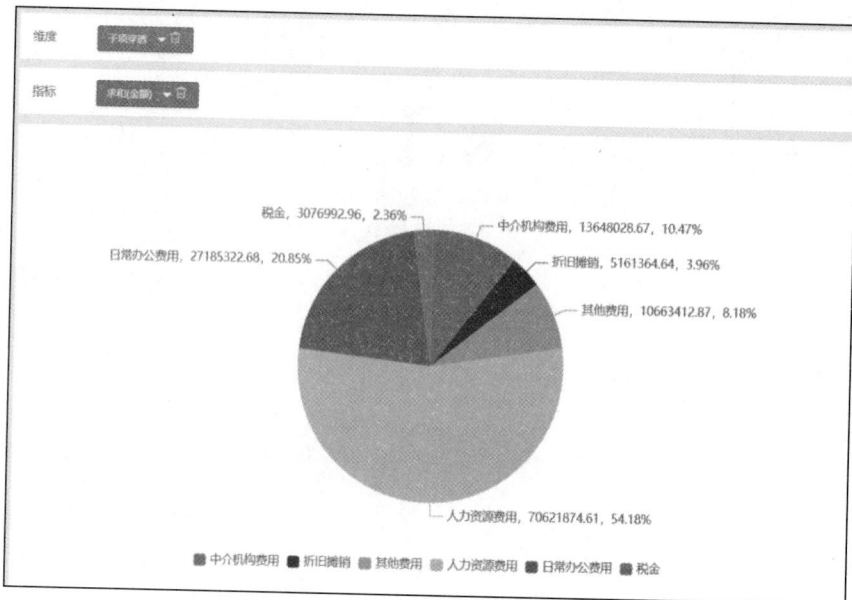

图 7-2-6　饼图效果

步骤四：单击"求和（金额）"指标旁的倒三角按钮，从弹出的下拉菜单中选择"数据格式"，打开"数据显示格式"对话框，将"缩放率"设置为"10000"，"后导符"设置为"万元"，"千分位"设置为"启用"，"小数位"设置为"2"，单击"确定"按钮，完成管理费用子项构成分析图的制作，结果如图 7-2-7 所示。

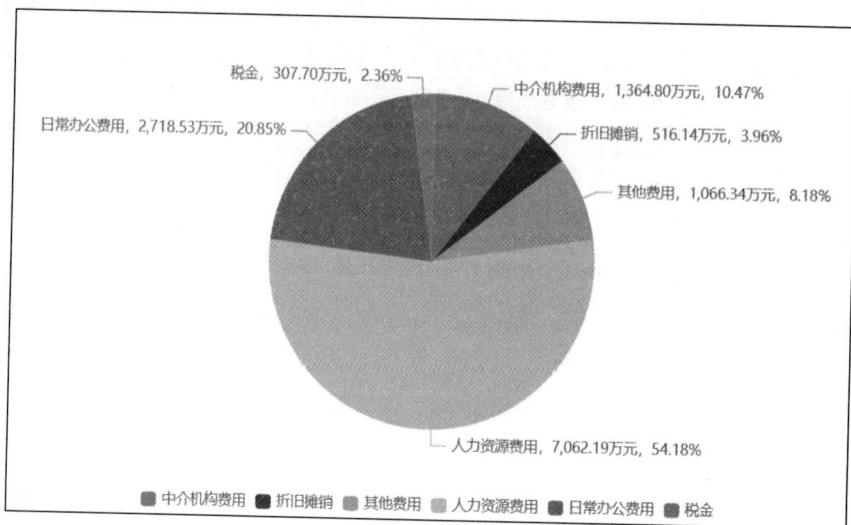

图 7-2-7　管理费用子项构成分析图

【**子任务 3**】运用表格进行财务费用各子项同比增减分析。

步骤一：新建可视化，选择"财务费用统计表"作为数据集，将可视化命名为"财务费用各子项同比分析"。

步骤二：将左侧"指标"中的"金额"拖至右侧"指标"处，将左侧"维度"中的"一级子项"拖至右侧"维度"处，在"图形"中选择表格，如图 7-2-8 所示。

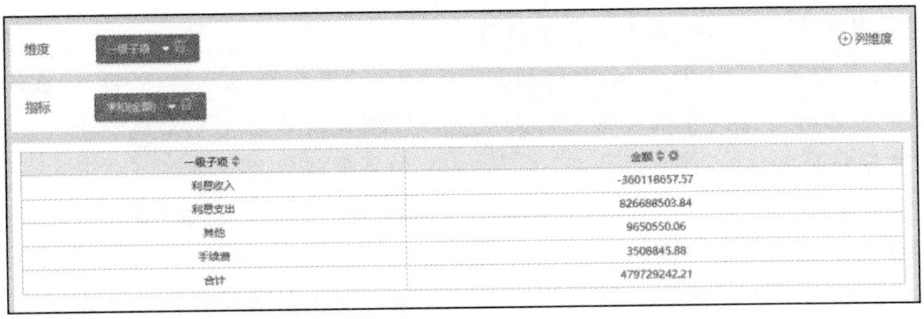

一级子项	金额
利息收入	-360118657.57
利息支出	826688503.84
其他	9650550.06
手续费	3508845.88
合计	479729242.21

图 7-2-8　维度与指标设置

步骤三：计算同比数据。单击“求和（金额）”指标右侧的倒三角按钮，从弹出的下拉菜单中选择“高级计算”→“同比/环比”。在“同比/环比设置”对话框中，在“日期字段”下拉列表中选择“制单日期”，单位为“年”；在“对比类型”下拉列表中选择“同比”；在“所选日期”文本框中输入“1”，单位为“年”；在“计算”下拉列表中选择“增长率”；在“间隔”文本框中输入“1”，单位为“年”，单击“确定”按钮。

步骤四：显示设置。在左侧“显示设置”中，取消勾选“显示行合计”，如图 7-2-9 所示。完成财务费用各子项同比分析表的制作，结果如图 7-2-10 所示。

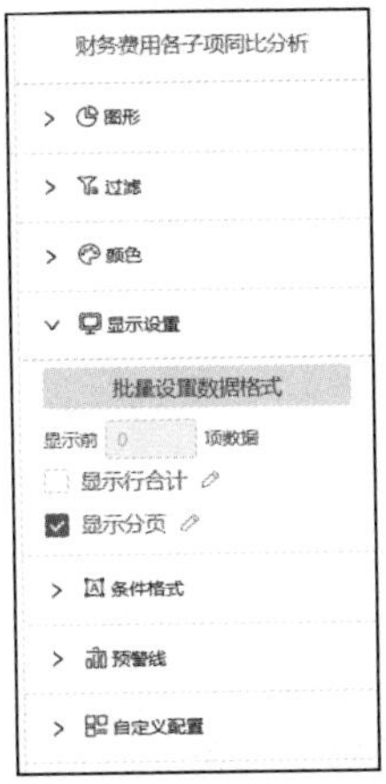

图 7-2-9　取消勾选“显示行合计”

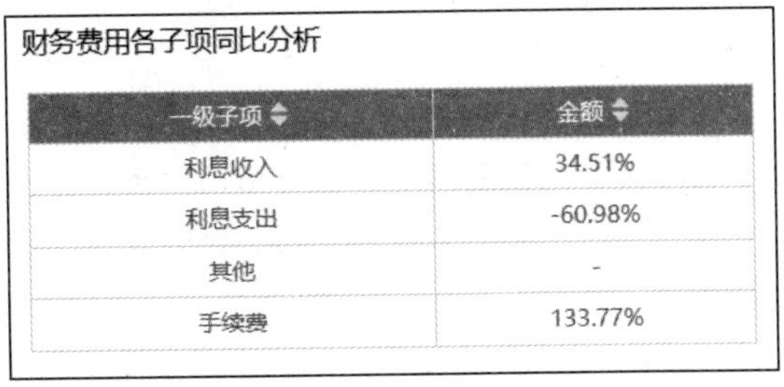
财务费用各子项同比分析

一级子项	金额
利息收入	34.51%
利息支出	-60.98%
其他	-
手续费	133.77%

图 7-2-10　财务费用各子项同比分析表

项目小结

在毛利一定的情况下，企业利润的多少取决于期间费用的多少，因此企业非常注重期间费用的分析和管控。期间费用包括销售费用、管理费用和财务费用。在进行费用分析时，一般采用先整体后专项的模式，综合运用多种财务分析方法，寻找并定位异常问题，深入挖掘其背后的原因，最终得出问题解决措施和费用管控优化方案。

项目测试

一、单项选择题

1. 销售费用率的计算公式为（　　）。

A. (销售费用÷主营业务成本)×100%　　B. (销售费用÷营业收入)×100%

C. (销售费用÷资产总额)×100%　　D. (销售费用÷所有者权益)×100%

2. 管理费用年末应当结转至（　　　）科目。

    A. "利润总额"　　　　B. "未分配利润"　　　C. "本年利润"　　　　D. "负债合计"

3. 企业产生的与专设销售机构相关的固定资产修理费用等后续支出属于（　　　）。

    A. 财务费用　　　　　　　　　　　　　B. 管理费用

    C. 销售费用　　　　　　　　　　　　　D. 管理费用或销售费用

4. 以下哪项不属于财务费用核算范围内的手续费？（　　　）

    A. 发行股票所支付的手续费　　　　　　B. 开出汇票的银行手续费

    C. 发行债券所需支付的手续费　　　　　D. 调剂外汇手续费

二、多项选择题

1. 对费用开展分析工作的主要思路包括（　　　）。

    A. 关注本期费用总额、年累计费用总额情况

    B. 在整体把控费用的基础上，对费用结构和结构内各项占比进行分析

    C. 重点关注对费用总额变动影响最大的项目

    D. 根据费用性质和特点对费用进行分类，展开深入分析。

2. 财务费用是指企业为筹集生产经营所需资金等而产生的费用，具体项目有（　　　）。

    A. 生产经营期间产生的不应计入固定资产的利息费用

    B. 金融机构手续费

    C. 汇兑净损失

    D. 利息收入

3. 一般情况下，销售费用的构成主体包括（　　　）。

    A. 销售人员薪酬

    B. 销售业务费用，包括培训费、办公费、招待费、差旅费等

    C. 公关费用，包括赞助、庆典活动费用、会议费等

    D. 广告费用，包括广告策划费用、制作费用、媒体费用

三、判断题

1. 企业经营活动中产生的汇兑损益、手续费支出属较为稳定的财务费用支出项目。（　　　）

2. 生产成本费用主要涉及企业生产过程的料工费等，比期间费用的管控弹性更大。（　　　）

3. 一般来说，技术密集型行业由于技术研发费、员工薪酬等金额通常较大，管理费用率相对较高；而低毛利、高周转的行业，其管理费用率往往较低，如批发零售业。（　　　）

4. 管理费用率越低，说明企业的利润被消耗得越多，必须加强管理费用的控制才能提高盈利水平。（　　　）

5. 销售回款相比销售收入更能够体现公司市场营销团队的工作质量。通过与竞争对手对比销售费用占销售回款的比例，可以分析公司的销售费用各项支出是否合理。（　　　）

四、任务实战

进入 DBE 财务大数据分析与决策平台，根据财务费用统计表，完成财务费用的历年趋势、财务费用的各子项构成、财务费用收入和支出项结构的可视化分析。

项目八

企业销售分析与预测

项目导读

京东的智能供应链预测

京东是中国领先的电子商务公司之一，以其高效的供应链管理和物流服务而闻名。随着大数据和人工智能技术的发展，京东开始利用这些技术来优化其销售预测和库存管理。

京东从其庞大的在线平台上收集数据，包括用户浏览、购买、评价等行为数据，以及商品的库存和销售记录。通过收集和分析大量的销售数据、客户行为数据及市场趋势，京东建立了一个智能供应链系统。

通过智能供应链系统，京东能够每天做出数十万条智能决策，包括商品的采购、库存管理和物流调度。这使得京东能够更快地响应市场变化，提高客户满意度，同时减少库存积压和物流成本。智能供应链预测使京东能够更好地识别和预测市场风险，如需求波动、供应链中断等。财务数据分析师可以利用这些预测来评估潜在风险对公司财务状况的影响及供应链各环节的绩效，并提出适当的风险缓解措施，制订符合其财务目标和市场趋势的战略计划。

学习目标

知识目标

1. 了解客户维度、产品维度、价格维度的相关概念和意义；
2. 掌握销售收入整体分析指标；
3. 掌握销售价格预测的基本环节。

技能目标

1. 能够完成销售收入整体情况分析；
2. 能够使用数据表进行销售客户维度分析、销售产品价格维度分析。

素养目标

1. 树立销售分析与预测意识；
2. 强化运用数据进行分析与预测的职业素养。

任务一　销售收入整体分析

任务场景

在 AJHXJL 公司的业务经营会议上，总经理要求财务总监对公司的销售情况进行专项分析，全面深入地分析公司的销售收入状况，为经营决策提供数据支撑。

任务要求： 对 AJHXJL 公司进行销售收入整体情况分析，分析指标包括集团营业收入、母公司营业收入、母公司营业收入结构。

任务准备

一、销售收入整体分析概述

（一）销售收入整体分析的概念

销售收入整体分析是从整体上分析一个企业的销售收入，包括从整体销售、客户维度、产品维度和价格维度进行分析。

（二）销售收入整体分析的意义

企业对销售收入整体进行分析时，首先应掌握销售收入的总体状况，包括当前期间的销售总收入、季度销售总收入、累计至今的销售总收入，以及与上年同期或上个月相比销售收入的增减情况。此外，还需将这些数据与同行业其他企业的表现进行比较，以评估企业的销售业绩是处于优势地位还是处于劣势地位。

除了总体销售数据，深入分析其他相关指标也是至关重要的。这包括分析销售收入增长率与其他关键财务指标之间的关系，净利润增长率、应收账款的增减情况及预收账款的变化趋势等。通过全面审视这些销售相关指标，企业能够更精准地制定经营策略，有效提升销售业绩和扩大市场份额。

二、销售收入整体分析指标

销售收入整体分析指标包括总量分析、增长性分析、纵向对比分析、横向对比分析、相关性分析等相关指标。

（一）销售收入总量分析指标

销售收入总量分析指标包括总销售收入、各产品销售收入、各区域销售收入等。销售收入总量分析指标的重要性体现在以下几个方面。

（1）企业的销售收入是评估其经营状况、市场占有率及预测业务发展动态的关键指标。

（2）销售总额及其增长速度反映了企业的整体竞争力，增长速度较快的企业通常具有更强的风险抵御能力。

（3）通过对产品类别的细化分析，可以掌握核心产品的发展趋势和新产品在市场上的表现。

（4）通过对地区维度的细化分析，可以识别关键市场区域，并发掘潜在市场机会，为制定下一阶段的市场布局策略提供依据。

（二）销售收入增长性分析

销售收入增长性分析指标包括同比增长率、环比增长率等。企业要了解本期指标的好坏，需要对本期指标做同比与环比分析，同比和环比分析的侧重点不同。

（三）销售收入纵向对比分析

（1）销售收入的纵向对比分析指的是将当前销售数据与历史同期数据进行比较，以计算销售的增长情况。

① 销售收入纵向分析能够揭示企业销售在时间序列上的增减变动情况。

② 纵向对比有助于识别销售收入的季节性波动,通过比较行业的季节性销售模式与企业的实际销售数据,可以分析企业在不同季节的销售表现,并据此调整渠道库存和生产运营策略。

③ 此外,纵向对比分析还能识别可能影响企业未来发展的潜在因素,为企业的未来发展提供预测性见解。

（2）销售收入纵向对比分析指标。销售收入纵向对比分析指标包括按年计算的增长率比较、按季度计算的增长率比较、按月计算的增长率比较等。

（四）销售收入横向对比分析

（1）销售收入横向对比分析指的是将企业的销售增长率与同行业内其他企业进行比较。

① 企业可以评估自身在行业中的位置,以及与领先企业之间的差异。领先企业通常是指那些在行业中具有显著代表性的企业,它们可能因为知名度高、信誉良好、发展潜力大或综合实力强脱颖而出。

② 行业标准通常是通过选取一定时期和范围内的同类型企业作为样本,运用特定方法对相关数据进行计算,得出的平均水平。

③ 为了更准确地把握企业的实际运营状况,需要将企业的销售数据与行业内的领先企业或行业平均水平进行比较分析。这有助于企业识别自身的优势和不足,从而制定相应的改进措施。

（2）销售收入横向对比分析指标。销售收入横向对比分析指标包括行业平均增长率、行业标杆增长率等。

（五）销售收入相关性分析

（1）销售收入相关性分析指的是在统计学和数据分析领域中,对销售收入与其他经济指标、市场因素或企业内部因素之间的关联性进行研究的过程。

（2）销售收入横向对比分析指标。

① 收入增长率与净利润增长率分析。收入与利润之间的联系密切,通过分析本期收入与本期利润的关系,可以揭示企业的多个经营问题。一方面,如果利润增长率超过了销售收入增长率,则表明企业的盈利能力有所提升。另一方面,当销售收入增长率显著超过利润增长率时,表明尽管企业的销售收入在增加,但利润的增长并没有以相同的比例上升,可以揭示成本费用的控制问题或运营效率不高的问题。

对于利润增长率超过收入增长率的现象,在短期内,可能是因为高毛利率的产品销量增加;从中期来看,企业对成本和费用的有效控制可能是关键因素;而从长期来看,企业维持核心竞争力及行业的整体经济状况变好是决定性因素。

② 收入增长率与应收账款增长率分析。通常情况下,应收账款与销售收入之间呈现出正相关的关系。在企业运营良好时,应收账款的增长速度一般会慢于销售收入的增长速度。如果出现应收账款增长速度超过销售收入增长速度的情况,这可能意味着销售收入中有较大比例是通过赊账实现的,导致资金回流缓慢。这种情况会影响企业的资金使用效率,降低资产质量,并可能增加经营风险。因此,企业需要关注应收账款的回收速度,并采取措施加以改善。

在日常经营中,往往会出现应收账款增长率与营业收入增长率不匹配的现象,原因有5个:①企业更改赊销政策,销售额虽有所增长,但增长幅度小于应收账款的增长幅度;②关联方销售占总销售的比例较高,收款无规律;③企业管理不善,原有应收账款无法收回,又盲目发展新客户；④市场形式变得异常火爆，出现客户先付款后提货的局面，这一点需结合预收账款进行分析；⑤企业无法适应市场变化，销售业务锐减，但应收款收不回来。

③ 收入增长率与预收账款增长率分析。预收账款通常可以视为企业在对下游客户时议价能力的一种体现，同时是预测企业未来收入的一个指标。当企业的预收账款出现显著增长时，往往预示着其未来的销售收入也将随之增加。然而，在分析预收账款时，需要考虑到行业特性的差异，因为不同的行业对预收账款的依赖程度和模式可能有所不同。

任务实施

根据任务要求对 AJHXJL 公司销售收入整体情况进行分析,具体包括本期集团营业收入分析、各机构营业收入分析、母公司营业收入结构分析。

【子任务 1】对本期集团营业收入进行可视化分析。

步骤一： 新建可视化，选择"销售收入总体统计表"作为数据集，单击"确定"按钮，如图8-1-1 所示。将可视化命名为"本期集团营业收入"。

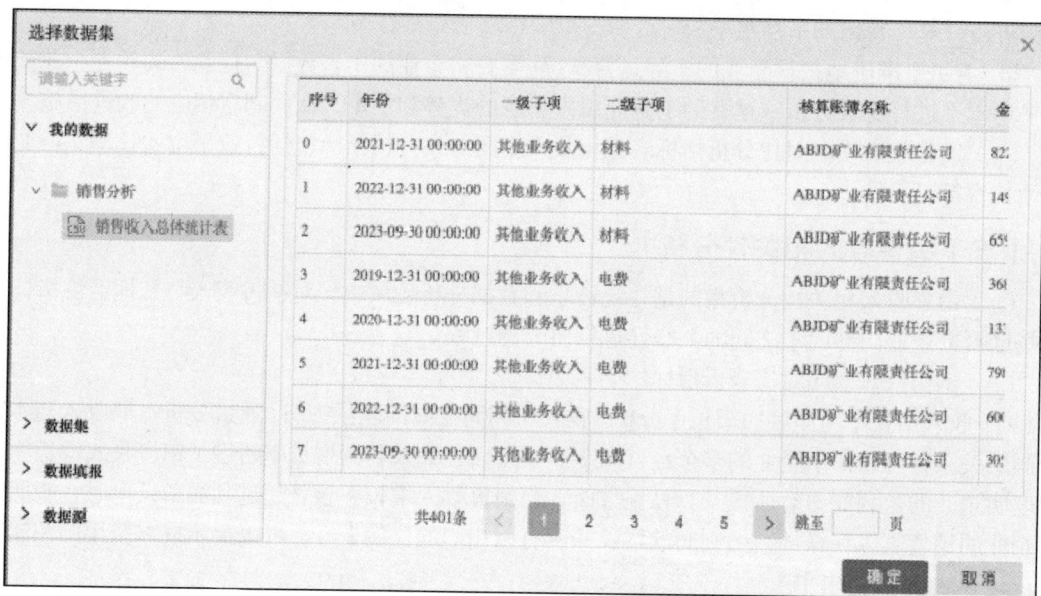

图 8-1-1　选择"销售收入总体统计表"

步骤二： 在"本期集团营业收入"可视化界面，将左侧"指标"中的"金额"拖放至右侧"指标"处，"维度"为空。

步骤三： 添加过滤条件"一级子项""包含""主营业务收入""其他业务收入"，"年_年份""等于""2023"，如图 8-1-2 所示。在"图形"中选择指标卡。

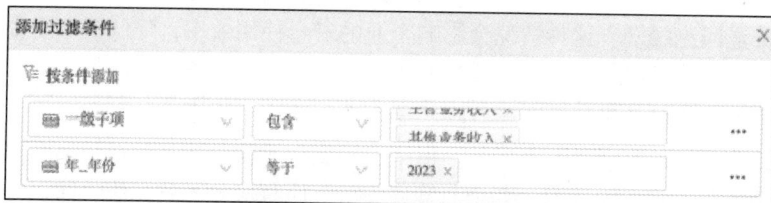

图 8-1-2　添加过滤条件

步骤四：单击"求和（金额）"指标旁的倒三角按钮，从弹出的下拉菜单中选择"数据格式"，在打开的对话框中设置"缩放率"设置为"100000000"，"后导符"为"亿元"，"千分位"为"启用"，"小数位"为"2"，单击"确定"按钮，如图 8-1-3 所示。

步骤五：单击"保存"按钮，得到本期集团营业收入指标卡，如图 8-1-4 所示。

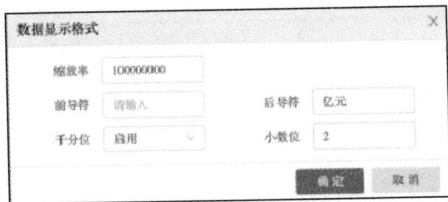

图 8-1-3　设置数据显示格式

金额
43.67亿元

图 8-1-4　本期集团营业收入指标卡

【**子任务 2**】对 AJHXJL 公司各机构营业收入进行可视化分析。

步骤一：新建可视化，选择"销售收入总体统计表"作为数据集，将可视化命名为"各机构本期营业收入"。

步骤二：将左侧"维度"中的"核算账簿名称"拖至右侧"维度"处，将左侧"指标"中的"金额"拖至右侧"指标"处。

步骤三：添加过滤条件"一级子项""包含""主营业务收入""其他业务收入"，"年_年份""等于""2023"，单击"确定"按钮，如图 8-1-5 所示。在"图形"中选择条形图。

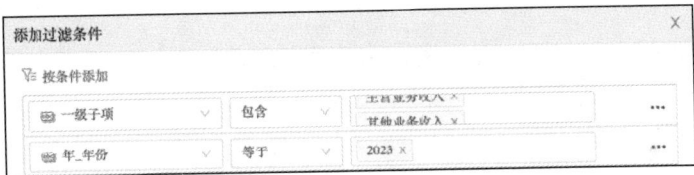

图 8-1-5　添加过滤条件

步骤四：单击"求和（金额）"指标旁的倒三角按钮，从弹出的下拉菜单中选择"升序"，如图 8-1-6 所示。

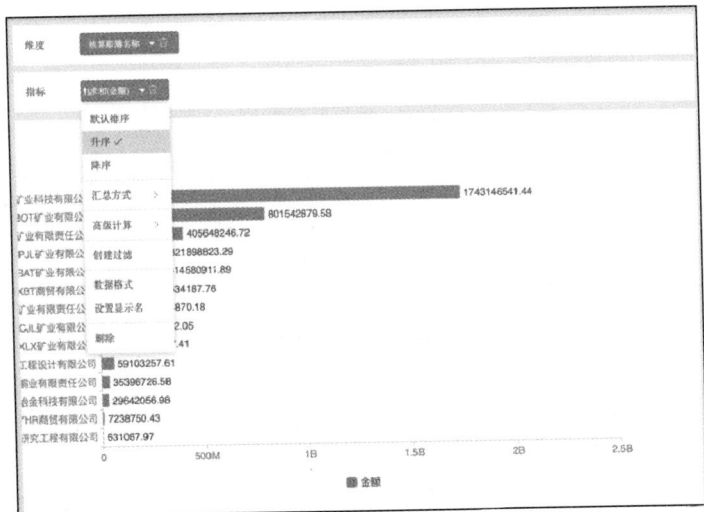

图 8-1-6　选择"升序"

步骤五：单击"求和（金额）"指标旁的倒三角按钮，从弹出的下拉菜单中选择"数据格式"。在打开的"数据显示格式"对话框中，设置"缩放率"为"100000000"，"后导符"为"亿元"，"千分位"为"启用"，"小数位"为"2"，单击"确定"按钮，如图 8-1-7 所示。得到各机构营业收入条形图，如图 8-1-8 所示。

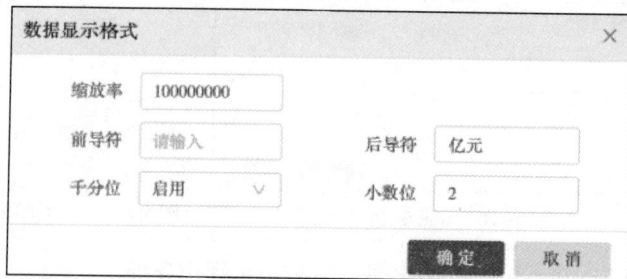

图 8-1-7 设置数据显示格式

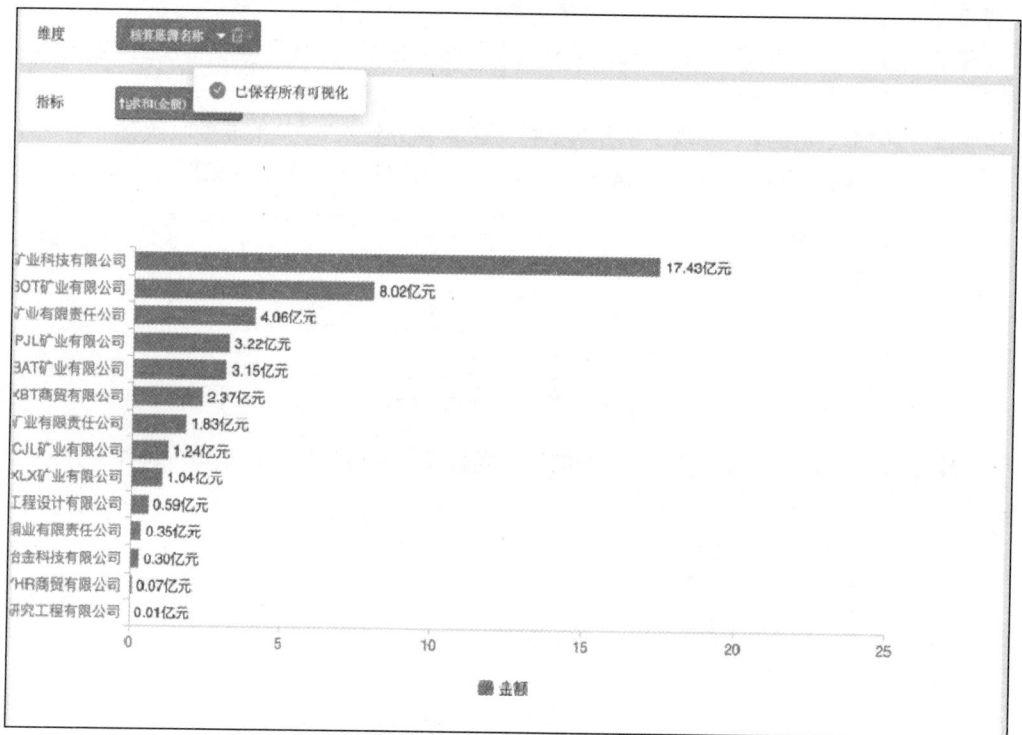

图 8-1-8 各机构营业收入条形图

【**子任务 3**】对母公司营业收入结构进行可视化分析。

步骤一：新建可视化，选择数据集"AJHXJL 利润表"，将可视化命名为"母公司营业收入结构"。

步骤二：将左侧"指标"中的"主营业务收入""其他业务收入"拖至右侧"指标"处，"维度"为空。

步骤三：添加过滤条件"年_报表日期""等于""2023"，单击"确定"按钮，如图 8-1-9 所示。

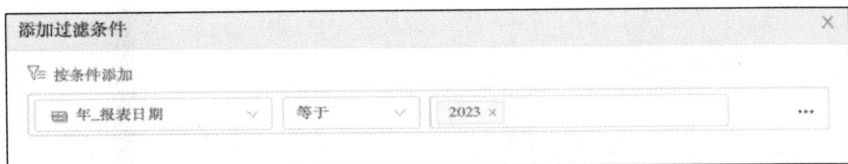

图 8-1-9　添加过滤条件

步骤四：选择"图形"中的饼图。单击"显示设置"中的"批量设置数据格式"按钮，在打开的对话框中设置"缩放率"为"100000000"，"后导符"为"亿元"，"千分位"为"启用"，"小数位"为"2"，单击"确定"按钮，如图 8-1-10 所示。得到母公司营业收入结构饼图，如图 8-1-11 所示。

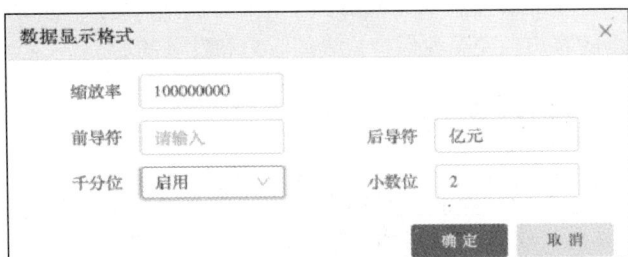

图 8-1-10　设置数据显示格式

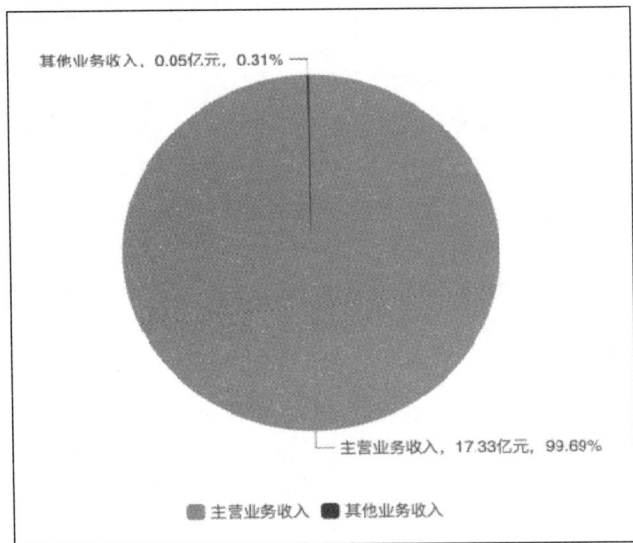

图 8-1-11　母公司营业收入结构饼图

任务二　销售客户维度分析

任务场景

在 AJHXJL 公司业务经营会议上，总经理要求从销售客户维度进行分析，了解公司客户状况。

任务要求：对 AJHXJL 公司的本期客户数量、客单价、客单价与客户数量同比进行可视化分析。

任务准备

一、销售客户维度分析概述

企业的根本目标在于实现盈利。在客户管理上，企业通常会根据客户的价值进行分级，以便将资源集中投入那些能带来最大回报的客户群体上。这种分级基于客户的消费额度或者为企业创造的利润进行。

通过对客户分类，企业能够为不同层级的客户制定差异化的关系维护策略和定制化的销售方案，以实现销售目标。依据帕累托原则，通常是小部分（约 20%）的高价值客户为企业创造了大部分（约 80%）的利润。企业需要识别并专注于这些关键客户，提升他们的满意度，同时淘汰那些对企业价值贡献较低的客户，使企业保持持续的活力和发展动力。

二、销售收入客户分类方法

1. ABC 分类法

ABC 分类法又称帕累托分析法，它是根据事物在技术或经济方面的主要特征，进行分类排队，分清重点和一般，从而有区别地确定管理方式的一种分析方法。由于它把分析的对象分成 A、B、C 这 3 类，所以又称为 ABC 分析法。其中，A 类占 10%～15%，B 类占 15%～25%，余下为 C 类。A 类为最重要的成熟客户。客户分类的依据可以客户进货额或毛利贡献额为指标。

2. 新老客户分类法

企业获取盈利主要依赖于两种客户群体：一种是新客户，企业通过实施经典的 4P 营销策略（产品、价格、地点、促销）进行广泛的市场宣传和促销活动，以吸引潜在客户进行首次购买；另一种是企业的回头客，这些客户已经购买并使用过企业的产品，并对产品感到满意，通过企业的持续维护和服务，他们愿意持续购买企业的产品。

维持老客户对企业长期保持竞争力至关重要。企业的服务模式已经从提供标准化的细致服务演变为推行个性化和客户参与的服务体验。优秀的企业和营销人员都将保持老客户的忠诚度视为企业发展的核心任务。

根据多家咨询机构的反复研究，与单纯追求市场份额和规模经济相比，维护老客户给企业带来的效益更为显著。衡量企业留住老客户能力的关键指标是客户续约率。

任务实施

根据任务要求对 AJHXJL 公司的销售客户情况进行分析，主要从本期客户数量、客单价、客单价与客户数量同比进行分析。

【子任务 1】对本期客户数量进行可视化分析。

步骤一：新建可视化，选择数据集"客户销售情况表"，将可视化命名为"客户数量"。

步骤二：单击左侧"指标"旁的"+"按钮，从弹出的下拉菜单中选择"新建指标"，在打开的"添加字段"对话框中设置"名称"为"客户数量"，"字段类型"为"数字"，"表达式"为"distinctcount（客户档案名称）"，其中"客户档案名称"在下面"可选字段"列表框的"客户销售情况表"中选择，如图 8-2-1 所示。

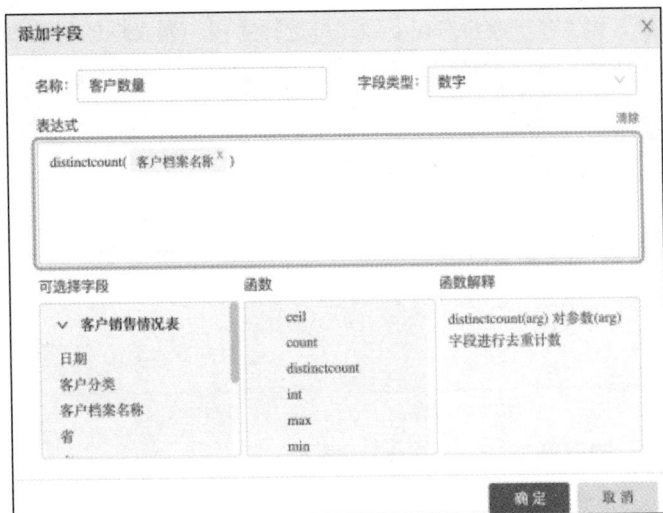

图 8-2-1 新建指标"客户数量"

步骤三：将左侧"维度"中的"年_日期"拖至右侧"维度"处，将左侧"指标"中的"客户数量"拖至右侧"指标"处。选择"图形"中的柱形图。

步骤四：单击"年_日期"维度旁的倒三角按钮，从弹出的下拉菜单中选择"升序"→"年_日期"，得到客户数量柱形图，如图 8-2-2 所示。

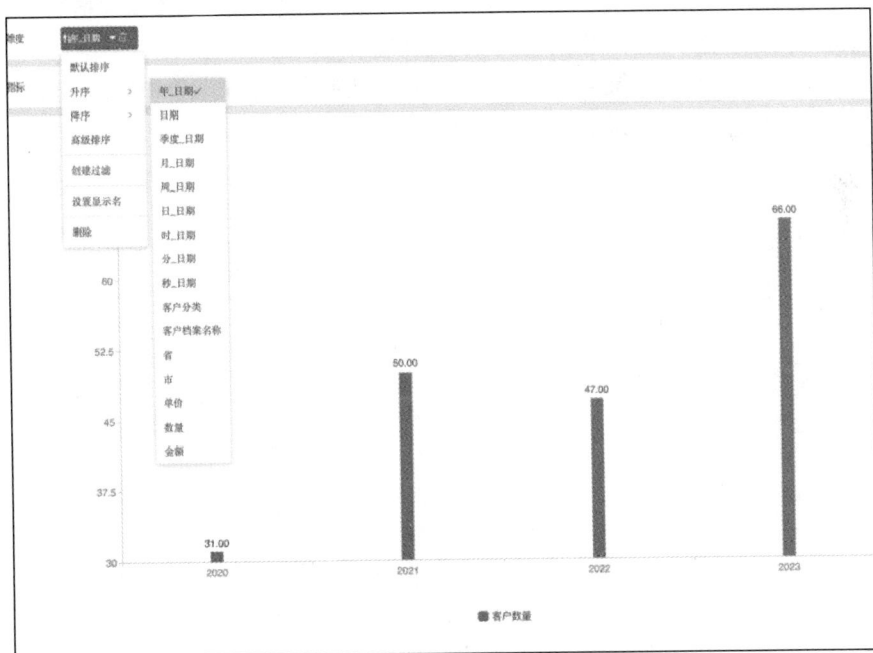

图 8-2-2 维度排序

【子任务 2】 对本期客单价进行可视化分析。

步骤一：新建可视化，选择数据集"客单价计算表"，将可视化命名为"客单价"。

步骤二：单击左侧"指标"旁边"+"按钮，从弹出的下拉菜单中选择"新建指标"，在打开的对话框中设置"名称"为"客单价"，"字段类型"为"数字"，"表达式"为"销售金额/客户数量"，其中"销售金额"和"客户数量"在下面"可选择字段"列表框的"客单价计算表"中选择，如图 8-2-3 所示。

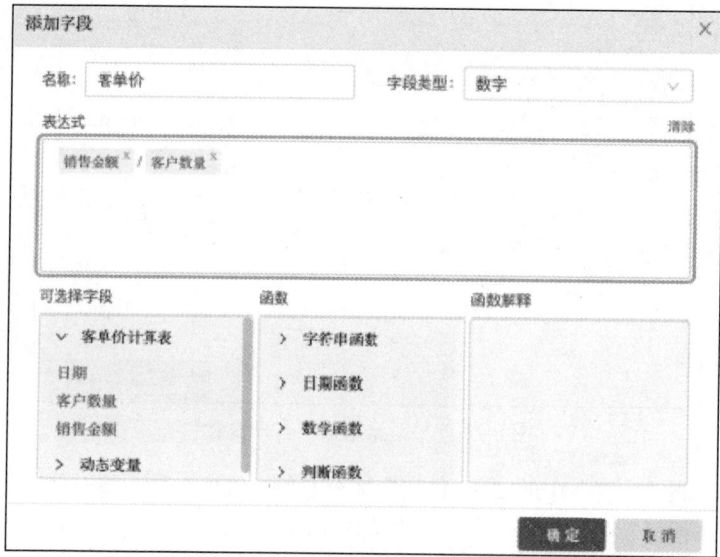

图 8-2-3 新建指标"客单价"

步骤三：将左侧"维度"中的"年_日期"拖至右侧"维度"处，将左侧"指标"中的"客单价"拖至右侧"指标"处。选择"图形"中的柱形图。

步骤四：单击"年_日期"维度旁的倒三角按钮，从弹出的下拉菜单中选择"升序"→"年_日期"，得到客单价柱形图，如图 8-2-4 所示。

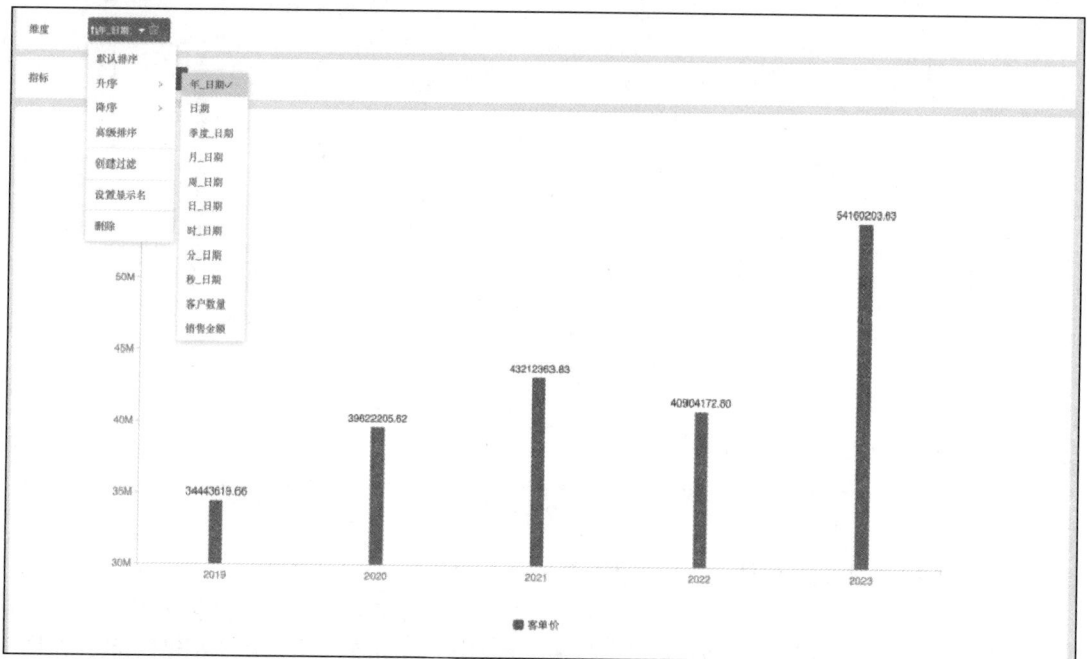

图 8-2-4 维度排序

【子任务3】对本期客单价与客户数量同比进行可视化分析。

步骤一：新建可视化，选择数据集"客单价计算表"，将可视化命名为"客单价与客户数同比分析"。

步骤二：单击左侧"指标"旁边"+"按钮，从弹出的下拉菜单中选择"新建指标"，在打开的对话框中设置"名称"为"客单价"，"字段类型"为"数字"，表达式为"销售金额/客户数量"，其中"销售金额"和"客户数量"在下面"可选择字段"列表框的"客单价计算表"中选择。

步骤三：将左侧"指标"中的"客单价""客户数量"拖至右侧"指标"处，"维度"为空。单击"求和（客单价）"指标旁的倒三角按钮，从弹出的下拉菜单中选择"高级计算"→"同比/环比"。在打开的"同比/环比设置"对话框中，设置"日期字段"为"日期"，单位为"年"；"对比类型"为"同比"；"所选日期"为"1"，单位为"年"；"计算"为"增长率"；"间隔"为"1"，单位为"年"，单击"确定"按钮，如图8-2-5所示。单击"求和（客户数量）"指标旁的倒三角按钮，从弹出的下拉菜单中选择"高级计算"→"同比/环比"，在打开的对话框中设置"日期字段"为"日期"，单位为"年"；"对比类型"为"同比"；"所选日期"为"1"，单位为"年"；"计算"为"增长率"；"间隔"为"1"，单位为"年"，单击"确定"按钮。

图8-2-5　高级计算设置

步骤四：选择"图形"中的表格，得到客单价与客户数量同比分析表格，如图8-2-6所示。

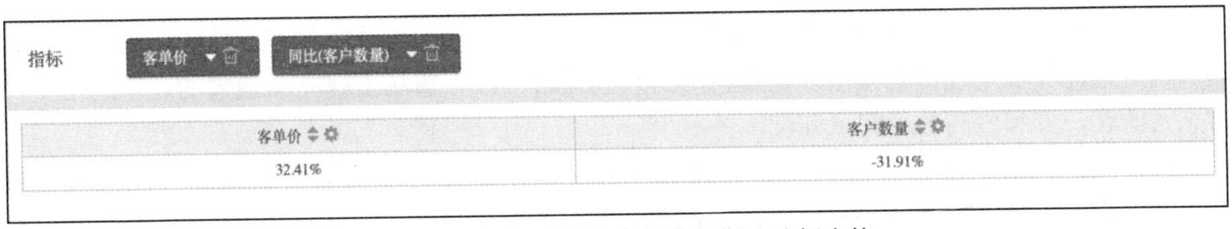

图8-2-6　客单价与客户数量同比分析表格

任务三　销售产品价格维度分析与预测

任务场景

在AJHXJL公司的业务经营会议上，总经理要求从销售产品价格维度进行分析与预测，了解企业客户状况。

任务要求：对 AJHXJL 公司的产品销售收入排名进行可视化分析；对确定的现金牛产品，依据产品销售价格历史趋势进行可视化分析；对产品价格影响因素进行数据清洗，并运用线性回归算法预测产品销售价格。

任务准备

一、销售产品维度分析概述

产品是企业赖以生存的根本，而产品创新是企业的生命线，产品的优劣对一个企业是至关重要的。销售收入的增长分析，可以按照客户进行多维度分析，还可以按照产品进行多维度分析。常用的产品分析方法是波士顿矩阵。

二、波士顿矩阵

波士顿矩阵，又称为产品组合矩阵，是由波士顿咨询集团在 20 世纪 70 年代初期提出的一种企业战略分析工具。该矩阵通过考虑企业产品组合中各个业务单元的市场增长率和市场占有率两个维度，将产品或业务单元分为 4 类，以帮助企业在资源分配和战略规划方面作出决策。

波士顿矩阵中的四种产品分类，如图 8-3-1 所示。

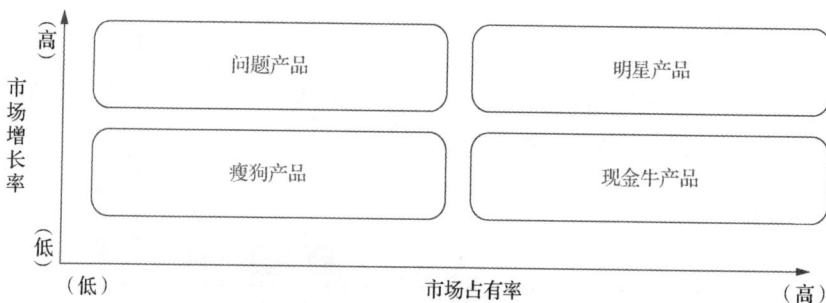

图 8-3-1　波士顿矩阵

1. 现金牛产品

现金牛产品，指的是那些在成熟市场中占有较高市场份额但市场增长率较低的产品。这类产品的特点是能够稳定地产生大量现金流，因为它们通常已经在市场上建立了强大的竞争地位，拥有忠实的客户群和较高的品牌认知度。

现金牛产品对企业来说非常重要，因为它们提供了企业运营所需的资金，可以用来支持其他业务单元，尤其是那些需要大量投资以增加市场份额的问题产品。同时，由于市场增长缓慢，现金牛产品不需要太多的新增投资，企业可以通过维持现有的市场地位来保持其盈利能力。

然而，企业也需要警惕现金牛产品可能面临的风险，如市场饱和、竞争加剧或技术变革等，这些都可能导致现金牛产品的市场份额和盈利能力下降。因此，企业需要不断监控市场动态，适时调整战略，以保持现金牛产品的竞争优势和盈利状态。

2. 明星产品

明星产品，指的是那些高市场增长率和高市场占有率的产品。这类产品通常表现出强劲的市场竞争力和增长潜力，能够为企业带来显著的市场份额和促使企业收益增长。

明星产品在市场中的地位使其成为企业的重要收入来源之一，同时企业需要持续投入资源以支持明星产品增长和维护市场地位。这些投入包括研发、营销、生产能力扩张等方面的投资。由于市场增长率高，明星产品所在的行业或市场通常竞争激烈，企业需要不断创新和改进以保持领先。

明星产品对企业来说具有战略意义，它们不仅能够立即产生利润，还能够为企业提供长期的成长机会。企业通过有效管理和投资明星产品，可能会在未来获得更大的市场份额和更高的收益。然而，企业也需要警惕市场的变化和竞争者的动向，以确保明星产品能够保持其市场地位。

3. 问题产品

问题产品，指的是那些高市场增长率但低市场占有率的产品。这类产品具有较大的潜力，但目前在市场中的竞争地位尚未稳固，因此需要企业进行大量的投资以支持其发展和提升市场份额。

问题产品面临的挑战是如何有效地利用资源和策略来提高市场占有率，从而转变为明星产品或现金牛产品。在这个过程中，企业需要评估产品的长期潜力、竞争环境、投资回报率等因素，以决定是否继续投资或寻找合适的市场定位。

由于问题产品所在的市场通常处于快速发展阶段，企业需要密切关注市场动态，快速响应消费者需求和竞争对手的行动。如果管理得当，问题产品有可能成为企业未来的增长引擎；但如果投资失误或判断不准确，企业可能会面临财务压力和造成资源浪费。因此，对于问题产品的投资决策需要谨慎考虑，确保与企业的整体战略和资源能力相匹配。

4. 瘦狗产品

瘦狗产品，是指那些低市场增长率和低市场占有率的产品。这类产品通常处于成熟或衰退的市场阶段，难以产生显著的收益增长，同时不具备强大的市场竞争力。

瘦狗产品面临的主要问题是市场份额小，增长潜力有限，因此往往需要减少投资，甚至考虑撤出市场。瘦狗产品可能会消耗企业的资源，而这些资源如果能够重新分配到更有潜力的产品上，可能会带来更好的回报。

企业在管理瘦狗产品时需要进行严格的财务分析和市场评估，以确定是否有可能通过改变策略或投资来提升其市场地位。如果评估结果表明瘦狗产品的前景不佳，企业可能会选择剥离这些产品，专注于更有盈利前景的产品。在某些情况下，企业也可能通过降低成本、提高效率或寻找细分市场的方式来尝试改善瘦狗产品的业绩。

三、销售价格维度分析

（一）价格分析概述

增加销售收入的途径之一，就是提高产品价格。价格过高会导致客户流失，价格过低会导致销售收入减少，从而影响企业的整体运营表现。可见，价格变化会导致产品需求量发生变化。

（二）价格弹性及需求曲线

1. 价格弹性

价格弹性是指价格变动引起的市场需求量的变化程度。

（1）价格弹性的作用。价格弹性是企业在选择是否调整产品价格时的重要参考因素。通常情况下，如果产品的需求对价格变化较为敏感，即需求具有较高弹性，企业可能会选择降低价格来吸引更多的消费者；相对地，如果需求对价格变化不太敏感，即需求具有较低弹性，企业则有可能提高价格，从而在不损失太多销量的情况下增加收入。

（2）价格弹性的属性。产品的价格、消费者的收入水平、替代品的价位以及消费者的偏好等因素均会对产品的需求产生影响。价格弹性描述的是一种特定情况，即在其他所有影响因素恒定的前提下，产品价格的变动所导致的需求量变化的程度。

2. 需求曲线

需求曲线表示在每一价格下消费者对产品数量的要求，是显示价格与需求量关系的曲线。需求曲线通常以价格为纵轴（y 轴），以需求量为横轴（x 轴）。

3. 不同产品的价格分析

（1）工业品的价格弹性表现为成本导向、价格弹性小，适合采用的定价策略为地区差别定价策略和客户差别定价策略。

（2）消费品的价格弹性表现为需求导向、价格弹性大，适合采用的定价策略为心理定价策略和折扣定价策略。

（3）农产品的价格弹性表现为供应导向、季节因素明显，适合采用的定价策略为分档定价策略、折扣定价策略。

四、销售价格维度预测

回归分析就是从已有数据和结果中获取规律，对其他数据进行预测。按照涉及的自变量的多少，回归分析可分为一元回归分析和多元回归分析。按照自变量和因变量之间的关系类型，可分为线性回归分析和非线性回归分析。

任务实施

根据任务要求，对 AJHXJL 公司进行价格维度分析，并进行价格预测。

【子任务 1】根据产品销售收入排名进行产品维度可视化分析。

步骤一：新建可视化，选择数据集"产品销售汇总表"，将可视化命名为"产品销售收入排名"。

步骤二：将左侧"维度"中的"产品名称"拖至右侧"维度"处，将左侧"指标"中的"金额"拖至右侧"指标"处。添加过滤条件"年份""等于""2023"，如图 8-3-2 所示。

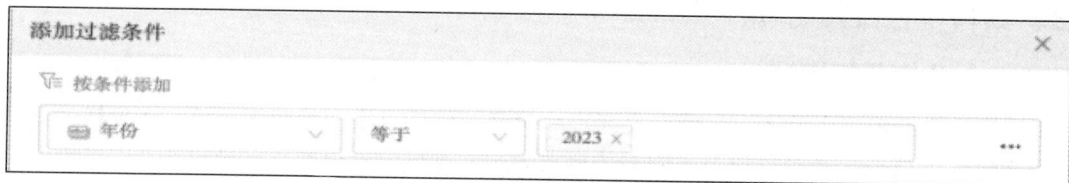

图 8-3-2　添加过滤条件

步骤三：选择"图形"中的条形图。单击"求和（金额）"指标旁的倒三角按钮，从弹出的下拉菜单中选择"升序"，如图 8-3-3 所示。

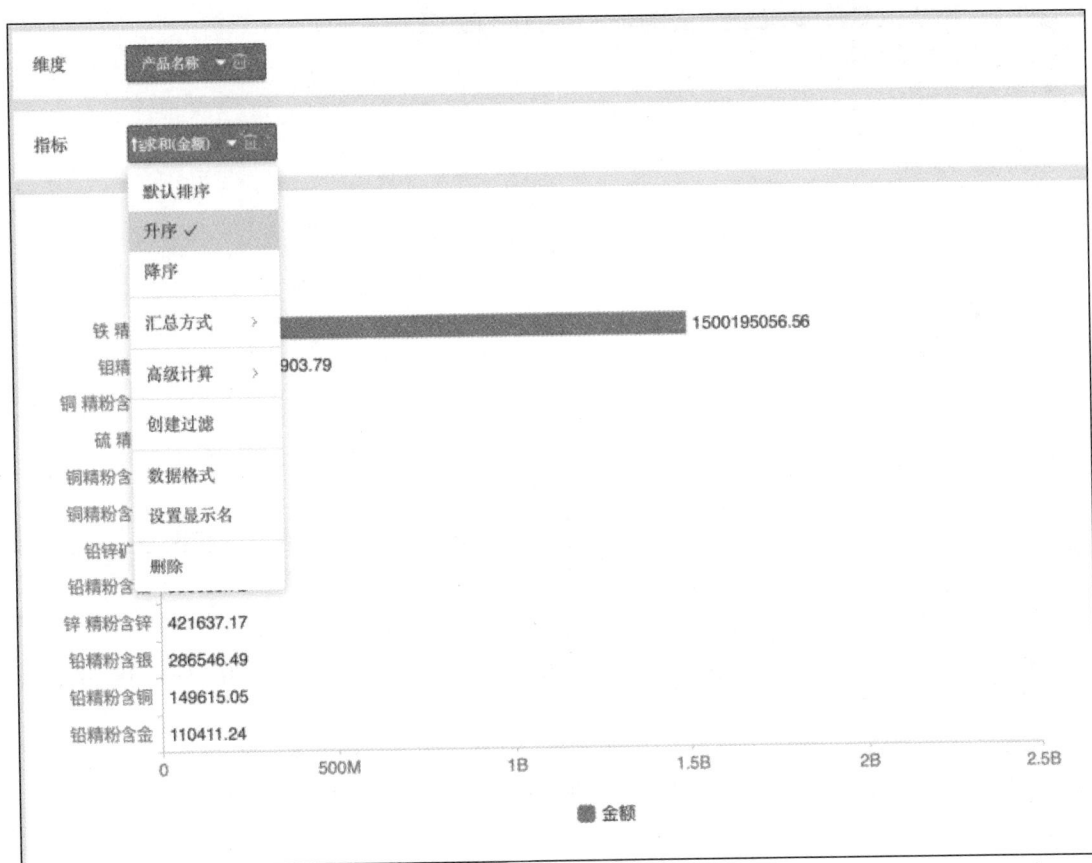

图 8-3-3 排序设置

步骤四：单击"求和（金额）"指标旁的倒三角按钮，从弹出的下拉菜单中选择"数据格式"，打开"数据显示格式"对话框。设置"缩放率"为"10000"，"千分位"为"启用"，"小数位"为"2"，单击"确定"按钮，如图 8-3-4 所示。

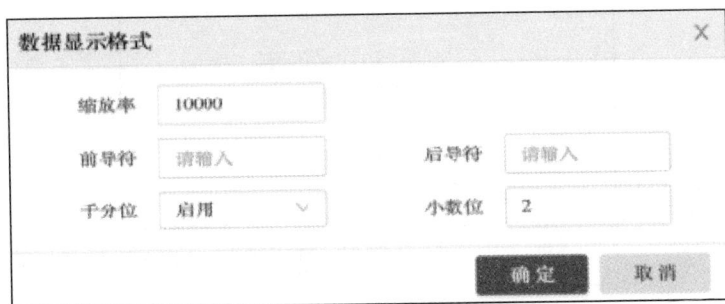

图 8-3-4 设置数据显示格式

步骤五：单击"求和（金额）"指标旁的倒三角按钮，从弹出的下拉菜单中选择"设置显示名"，在打开的对话框中将别名设置为"金额（万元）"，单击"确定"按钮，得到产品销售收入排名条形图，如图 8-3-5 所示。

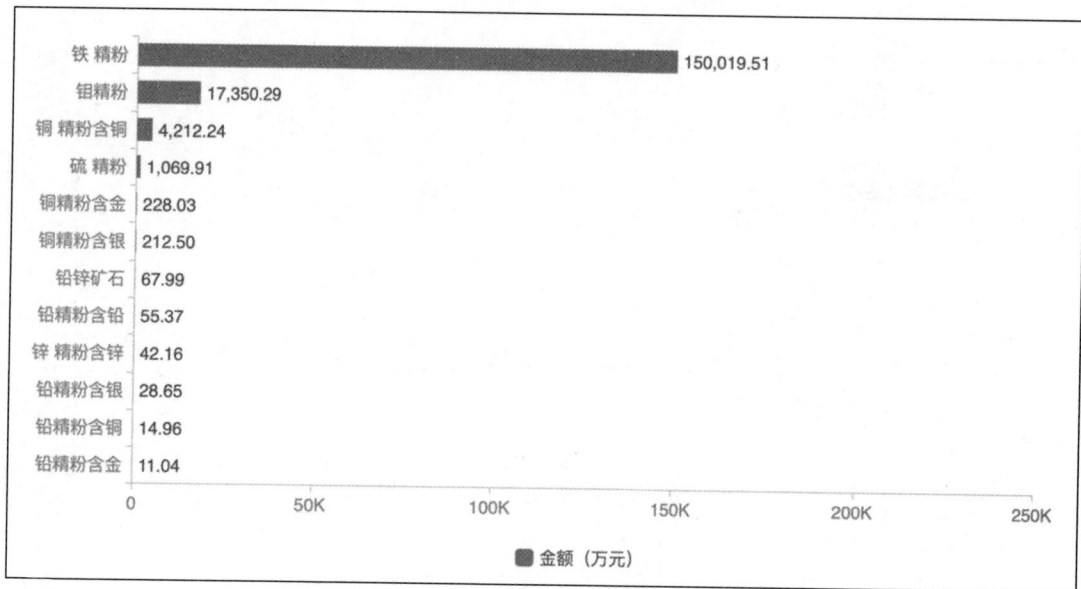

图 8-3-5 产品销售收入排名条形图

【子任务 2】根据现金牛产品销售价格历史趋势进行价格维度可视化分析。

步骤一：新建可视化，选择数据集"铁精粉销售收入表"，将可视化命名为"现金牛产品销售价格历史趋势"。

步骤二：单击左侧"维度"旁边的"+"按钮，从弹出的下拉菜单中选择"层级"，在打开的对话框中设置"层级名称"为"年穿透月"，"钻取路径"为"年_日期>月_日期"，单击"确定"按钮，如图 8-3-6 所示。

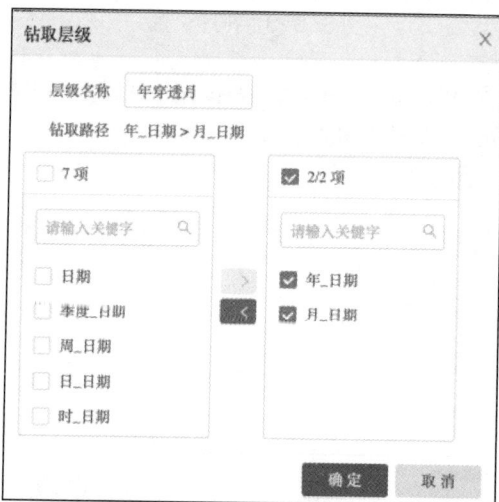

图 8-3-6 新建层级

步骤三：将左侧"维度"中的"年穿透月"拖至右侧"维度"处，将左侧"指标"中的"单价"拖至右侧"指标"处。

步骤四：单击"（平均值）单价"指标旁的倒三角按钮，从弹出的下拉菜单中选择"汇总方式"→"平均值"，如图 8-3-7 所示。

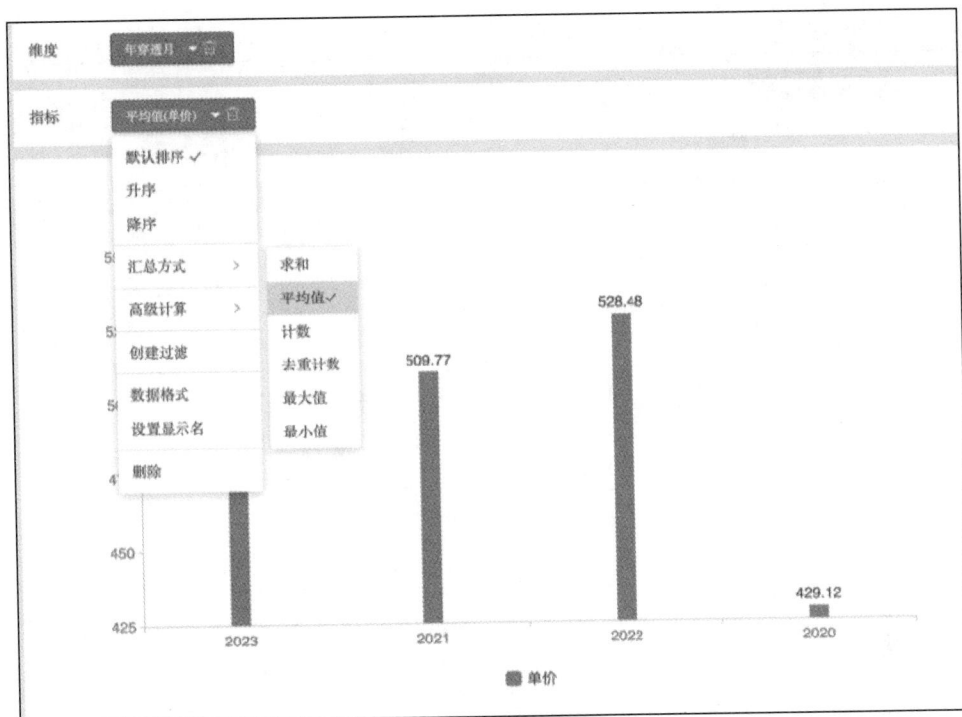

图 8-3-7 设置指标汇总方式

步骤五： 选择"图形"中的折线图。单击"年穿透月"维度旁的倒三角按钮，从弹出的下拉菜单中选择"升序"→"年_日期"，如图 8-3-8 所示。单击"年穿透月"维度旁的倒三角按钮，从弹出的下拉菜单中选择"升序"→"月_日期"，如图 8-3-9 所示。

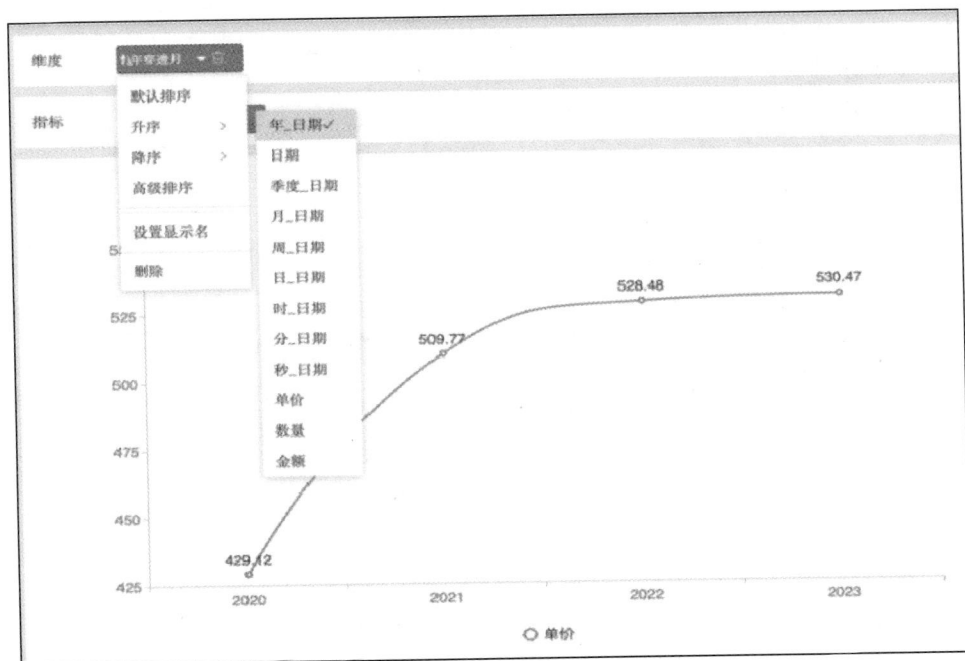

图 8-3-8 按"年_日期"升序排列

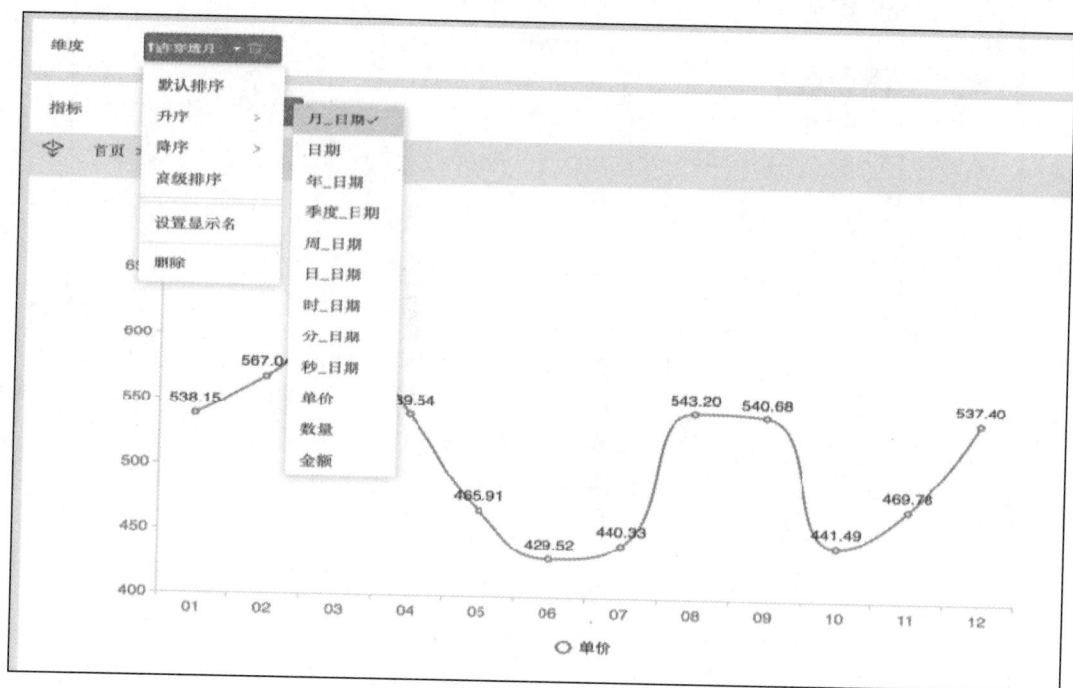

图 8-3-9 按"月_日期"升序排列

步骤六：单击"平均值（单价）"指标旁的倒三角按钮，从弹出的下拉菜单中选择"设置显示名"，在打开的对话框中将别名设置为"单价（元）"，单击"确定"按钮，得到现金牛产品销售价格历史趋势折线图，如图 8-3-10 所示。

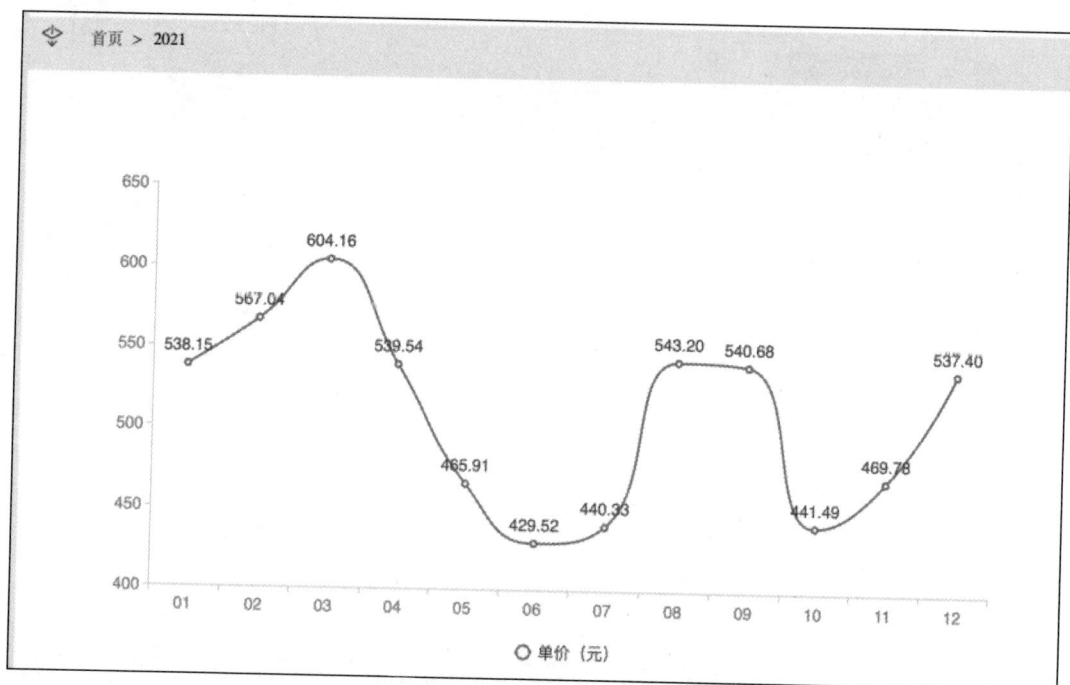

图 8-3-10 现金牛产品销售价格历史趋势折线图

【子任务 3】对产品价格影响因素进行数据清洗。

步骤一：选择数据源。单击"选择数据源"，在左侧下拉列表框中选择需要清洗的数据表"价格预测数据-历史数据.xlsx"，然后单击"保存"按钮，如图 8-3-11 所示。单击右侧的"查看数据源"，查看数据情况，如图 8-3-12 所示。查看完毕，单击"返回"按钮。

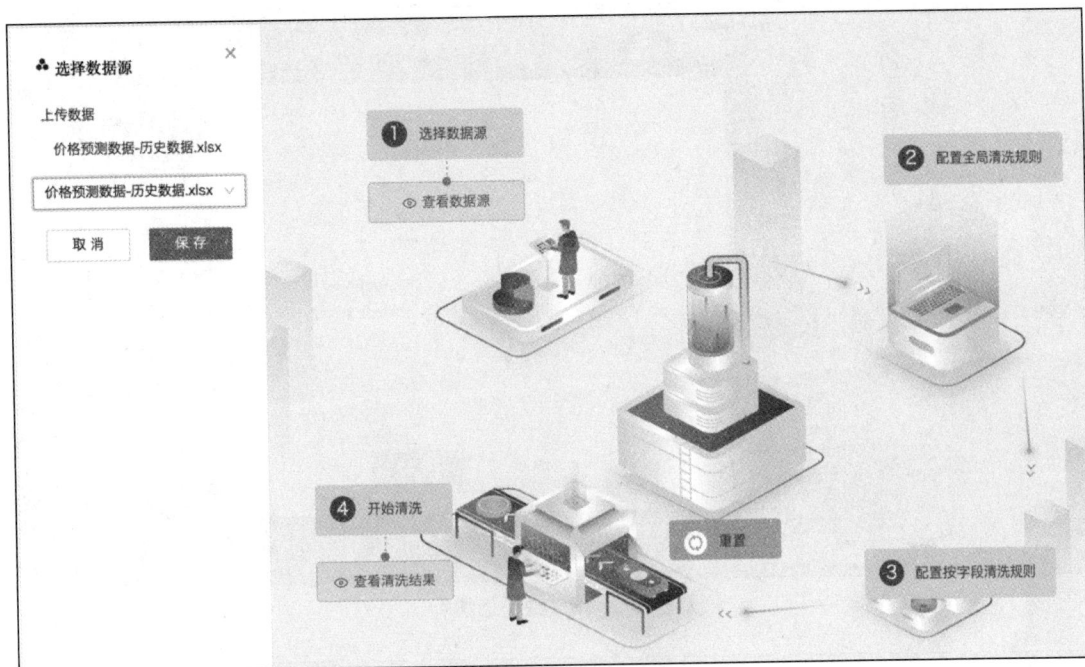

图 8-3-11　选择数据源

日期	公司铁精粉销售价格	国内市场铁精粉价格	下游钢材产量	下游钢材价格	政策影响
2019/01/31	498.5803	570		2550	0
2019/02/28	492.3964	630	8240.2	2503	0
2019/03/31	491.5334		10510.1	2462	0
2019/04/30	445.6048	620	10409.5	2423	0
2019/05/31	449.9232	590	11766.2	2383	1
2019/06/30	447.5973	530	12848.1	2356	0
2019/07/31	447.4705	530	12619	2135	0
2019/08/31	426.7088	535	12381.4	2095	0
2019/09/30	426.4717	535	13156.4	1955	0
2019/10/30	424.3297	427.5	12534.8	1837	0
2019/11/30	394.4807	420	11753.3	1782	0
2019/12/31	367.9288	335	11967.2	1628	1
2020/01/31	345.3107	305		1821	0
2020/02/29	333.8809	325		1816	0
2020/03/31	397.8384	365	9815.8	1975	0
2020/04/30	402.2955	427.5	10256.7	2140	1
2020/05/31	440.0836	455	10754.1	2545	0
2020/06/30	406.2681	385	12106.4	1975	0
2020/07/30	394.1908	395	11574.3	2341	0

图 8-3-12　查看数据情况

　　步骤二：单击"配置按字段清洗规则"，在左侧单击"添加规则"按钮，选择"缺失值填补"，单击"+"按钮打开"选择字段"对话框，勾选需要清洗的字段（国内市场铁精粉价格、下游钢材产量），将这两项移至右侧空白区域内，单击"确定"按钮，如图 8-3-13 所示。从"填补方法"下拉列表中选择"均值填补"，单击"保存"按钮，如图 8-3-14 所示。

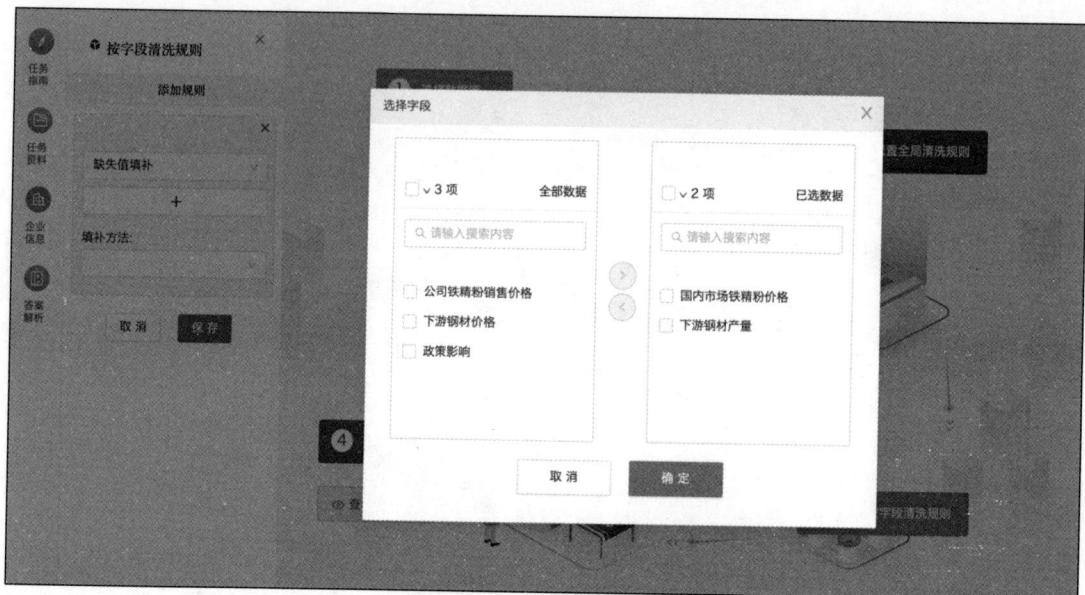

图 8-3-13　缺失值填补

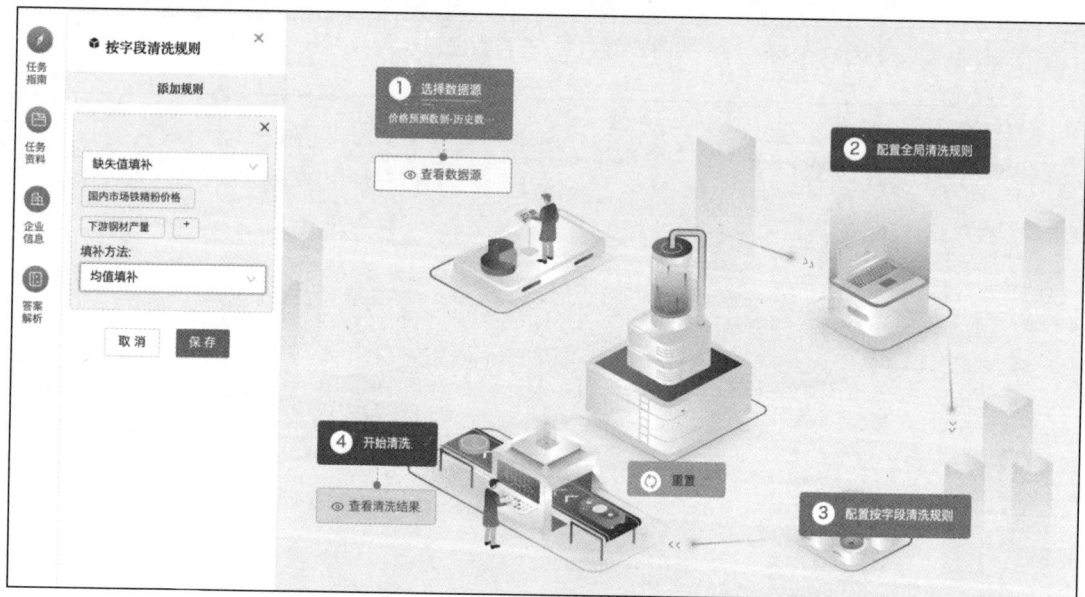

图 8-3-14　均值填补

　　步骤三：单击"开始清洗"，最终得到的结果如图 8-3-15 所示。查看清洗结果，看缺失值是否都填补完毕。如果缺失值已填补完毕，单击"下载"按钮，将清洗后的数据表下载到本地计算机中保存。

图 8-3-15　查看清洗结果

【子任务 4】运用线性回归算法预测产品销售价格

步骤一：选择数据源，上传"价格预测数据（清洗后）.xlsx"，单击"保存"按钮，如图 8-3-16 所示。

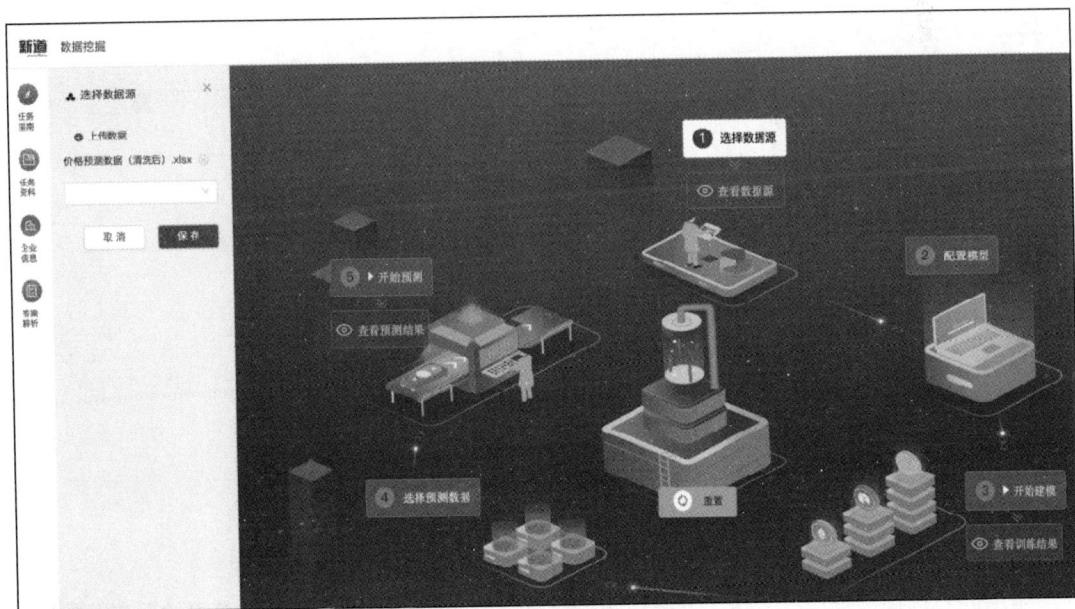

图 8-3-16　选择数据源

步骤二：配置模型。单击"配置模型"，再单击左侧"选择模型"按钮，"回归分析"选择"线性回归"，单击右侧"自变量"下的"+"按钮，在打开的"选择字段"对话框中勾选"国内市场铁精粉价格""下游钢材产量""下游钢材价格"，将其移至右侧空白区域内，单击"确定"按钮，如图 8-3-17 所示。按照类似的方法设置因变量，勾选"公司铁精粉销售价格"，将其移至右侧空白区域内，单击"确定"按钮，如图 8-3-18 所示。将"测试集比例（0~1）"设置为"0.25"，如图 8-3-19 所示，单击"保存"按钮。

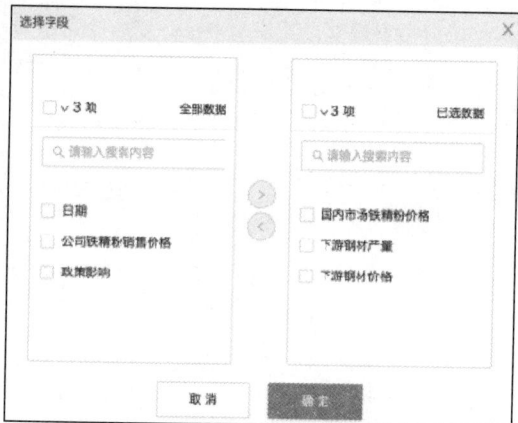

图 8-3-17　自变量选择

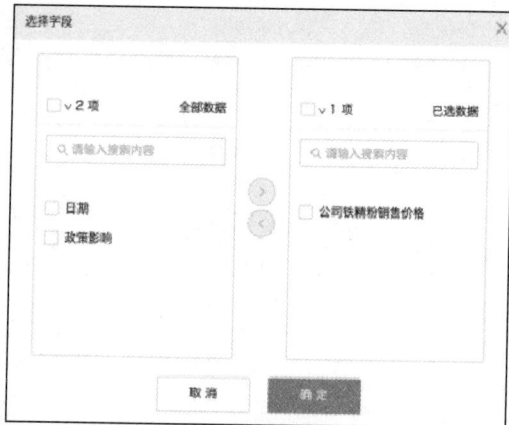

图 8-3-18　因变量选择

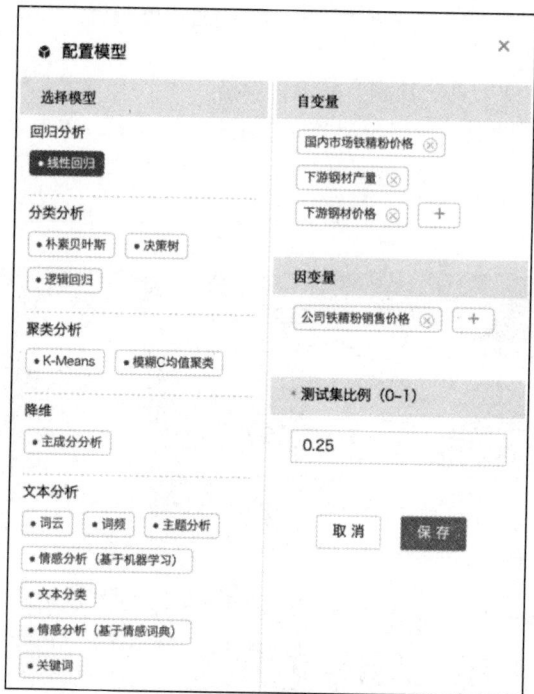

图 8-3-19　设置测试集比例

步骤三：建立模型。单击"开始建模"，查看建模结果，如图 8-3-20 所示。

步骤四：选择数据源，上传"价格预测数据-下期因素数据.xlsx"文件，单击"保存"按钮，如图 8-3-21 所示。

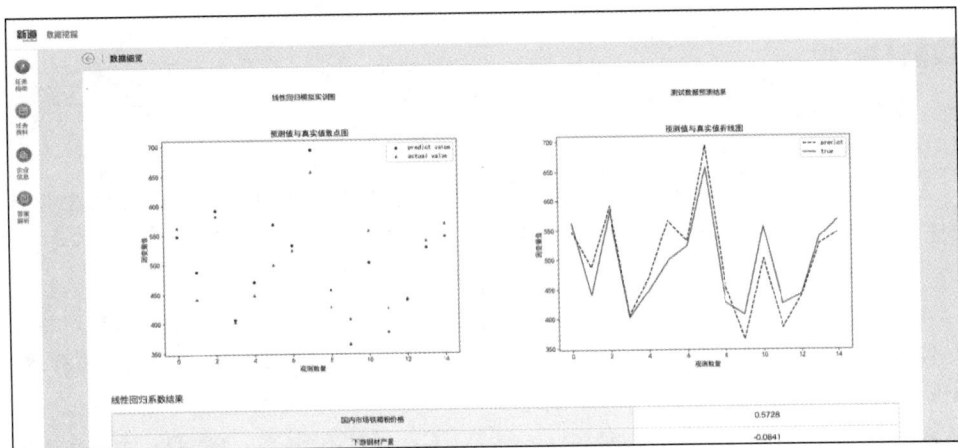

图 8-3-20 查看建模结果

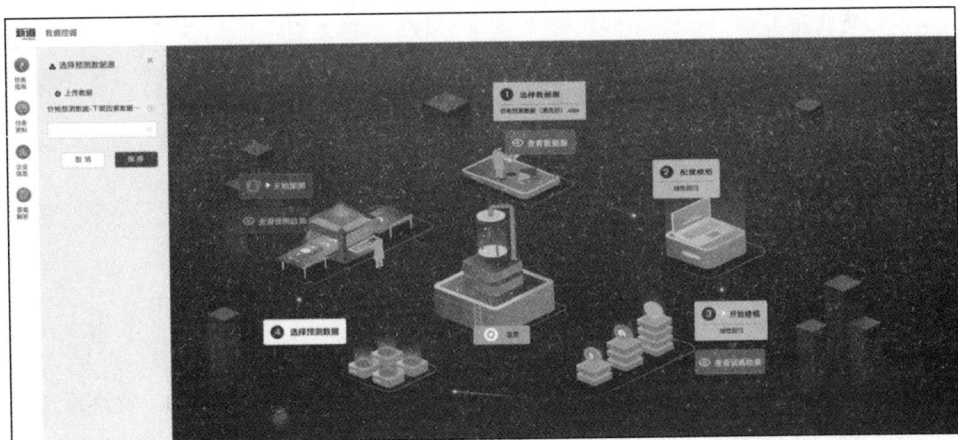

图 8-3-21 上传预测数据

步骤五：模型预测。单击"开始预测"，查看预测结果，如图 8-3-22 所示。

图 8-3-22 查看预测结果

项目小结

在本项目中，我们主要完成了销售收入整体分析、销售客户维度分析、销售产品价格维度分析与预测 3 个任务的财务数据分析工作，对目标公司的销售数据进行了整理、清洗、分析和可视化。

使用大数据财务分析技术，可实现对销售数据的精准分析和应用，为企业带来显著的商业价值。然而，我们应意识到在任务实施过程中仍存在一些不足和挑战，如数据质量不稳定、分析算法的局限性等。未来，我们将继续深入大数据财务分析技术的研究和应用，探索更多的分析方法和模型，以更好地服务企业的销售决策和业务发展。同时，我们将加强与其他部门的合作与沟通，共同推动企业财务管理工作的数字化转型和升级。

项目测试

一、单项选择题

1. 常用的客户分类方法是（　　）。

    A. 波士顿矩阵法　　　B. 帕累托分析法　　　C. PEST 分析法　　　D. SWOT 分析法

2. （　　）是指高市场增长率、低市场占有率的产品，发展前景好但市场开拓不足，需谨慎投资。

    A. 现金牛产品　　　B. 瘦狗产品　　　C. 明星产品　　　D. 问题产品

3. 价格弹性是企业决定产品提价或降价的主要依据。一般来说，在需求曲线具有弹性的情况下，企业可以采取（　　）策略。

    A. 降价　　　B. 提价　　　C. 保持不变　　　D. 降价或提价

4. 农产品一般以供应为导向，季节因素明显，通常可采取（　　）。

    A. 心理定价策略　　　　　　　　　　　B. 地区差别定价策略

    C. 折扣定价策略　　　　　　　　　　　D. 高端客户定价策略

5. 对于现金牛产品，通常应采取的发展战略是（　　）。

    A. 进行必要的投资，从而进一步扩大产品竞争优势

    B. 采取稳定的战略，保持市场份额

    C. 进行必要投资，以增加市场占有率，使其转变为明星产品

    D. 采取转向或放弃战略

二、多项选择题

1. 销售收入整体分析可以分为哪些部分？（　　）

    A. 整体销售　　　B. 客户维度　　　C. 产品维度　　　D. 价格维度

2. 关于产品的价格弹性，以下说法正确的是（　　）。

    A. 价格弹性指价格变动引起的市场需求量的变化程度

    B. 在需求曲线具有弹性的情况下，企业可以采取降价策略

    C. 一般工业品的价格弹性比消费品的价格弹性大

    D. 价格弹性小的产品，价格变动引起的需求变动也小

3. 影响产品需求量的因素有（　　）。

    A. 产品本身的价格　　　　　　　　　　B. 消费者的收入

    C. 产品替代品的价格　　　　　　　　　D. 消费者的喜好

三、判断题

1. 销售收入是评估企业经营状况和市场占有率、预测业务发展动态的重要指标。（　　）

2. 当应收账款增长率小于销售收入增长率时，说明销售收入中的大部分属于赊销，资金回笼较慢，企业的资金利用效率有所降低。（　　）

3. 波士顿矩阵把销售增长率和市场占有率作为两个判断指标，将企业产品分为 4 类。（　　）

四、任务实战

进入 DBE 财务大数据分析与决策平台，运用线性回归算法预测产品销售价格。

企业资金分析与预测

项目导读

树立全局观念，注重团队协作

    企业的经营数据不是孤立存在的。例如，企业的货币资金存量是企业现金流量的最终成果，现金流量又来源于企业的销售和采购等业务活动。这就要求我们在对企业的经营数据进行分析时树立全局观念，把握好全局和局部、前因和后果、特殊与一般的关系，分析数据之间的运作规律，掌握事物的本质和发展方向，深入分析各经营数据之间存在的关系。团结是发展的动力，是胜利的保证，是社会和谐的源泉。财务数据分析师在进行企业经营数据分析时，要注重团队协作和集体意识。例如，资金分析涉及企业多个部门的协同，每个人都要齐心协力，认真履行各自的职责。

学习目标

知识目标

1. 了解资金管理的重要性；
2. 掌握资金的相关概念及资金存量分析的相关指标；
3. 了解资金的来源和债务的构成。

技能目标

1. 能够依据案例资料分析企业资金状况；
2. 能够使用数据表进行资金存量、资金来源、债务可视化分析。

素养目标

1. 培养数据思维；
2. 强化独立钻研数据分析的职业素养。

任务一　资金存量分析

任务场景

    在 AJHXJL 公司的业务经营会议上，财务总监对公司的资金状况进行专项汇报，从而使管理层全面、深入地了解公司资金状况，为经营决策提供数据支撑。作为财务数据分析师，请从资金存量维度对企业资金进行数据分析，完成下面的任务。

任务要求： 对集团资金存量、资金存量中各项资金的构成、应收票据金额、资金构成进行可视化分析。

🧑‍💼 任务准备

一、货币资金概述

货币资金是指企业生产经营过程中停留于货币形态的那部分资金，它具有可立即作为支付手段并被普遍接受等特性。资产负债表中反映的货币资金包括库存现金、银行结算存款、外埠存款、银行汇票存款、银行本票存款、信用证存款、信用卡存款等。由于货币资金形态的特殊性，在会计上一般不存在估价问题，其价值永远等于各时点上的货币一般购买力。

企业持有现金的动机主要有 3 个。

（1）交易性动机：满足日常业务现金支付需要。

（2）预防性动机：持有现金以防发生意外的支付。

（3）投机性动机：持有现金用于不寻常的购买机会。

企业需要持有一定量的现金以满足自身的交易性动机、预防性动机和投机性动机。持有现金过多，会影响企业对经营的投入，进而影响企业的收入；持有现金过少，可能会使企业出现流动性危机。

站在企业经营者和管理者的角度，资金分析包括资金存量分析、资金来源分析及债务预警分析 3 个方面。本任务重点讲述资金存量分析。

二、资金存量分析概述

1. 资金存量的概念

资金存量是指企业持有的现金量，也就是资产负债表中的货币资金量。其中，货币资金是指可以立即投入流通环节，用以购买商品或劳务，或用以偿还债务的交换媒介物。

2. 资金存量分析的作用

在流动资产中，货币资金的流动性最强，并且是唯一能够直接转化为其他任何资产形态的流动性资产，也是唯一能代表企业现实购买力的资产。为了确保生产经营活动的正常进行，企业必须拥有一定数量的货币资金，以便进行购买材料、缴纳税金、发放工资、支付利息及股利或进行投资等活动。企业所拥有的货币资金量是分析判断企业偿债能力及支付能力的重要指标。

3. 资金存量的形式

（1）货币资金。货币资金是指在企业生产经营过程中处于货币形态的资金，属于流动资产，包括库存现金、银行存款和其他金融机构的活期存款，以及本票和汇票存款等可以立即支付使用的交换媒介物。

（2）现金等价物。现金等价物指企业持有的期限短、流动性强、易于转换为已知金额现金、价值变动风险很小的投资（通常自投资日起 3 个月到期的国库券、商业本票、货币市场基金、可转让定期存单、商业本票及银行承兑汇票等皆可列为现金等价物）。

（3）受限资金。受限资金主要指的是保证金、不能随时用于支付的存款（如定期存款）、在法律上被质押或以其他方式设置了担保权利的货币资金。

4．资金存量分析指标

（1）资金存量分析指标。

企业常用 N_1、N_2 表示企业货币资金储备（即资金存量），反映企业直接支付的能力。其中：

$$N_1=库存现金+银行存款+其他货币资金$$

$$N_2=N_1+交易性金融资产+应收票据$$

（2）资金使用效率分析指标。

① 货币资金占总资产的比重。企业常用 N_1、N_2 占总资产的比重反映资金使用效率，该指标越高，说明资金使用效率越低，支付风险越大。N_1、N_2 占总资产的比重的计算公式为：

$$N_1 占总资产的比重=N_1÷总资产×100\% \qquad N_2 占总资产的比重=N_2÷总资产×100\%$$

货币资金占总资产的比重越高，说明本企业的资金储备率越高，经营风险越小，偿债能力越强；货币资金占总资产的比重越低，说明企业的资金链风险越大，且偿债能力也越弱。

② 货币资金与流动负债的比率。企业常用 N_1、N_2 与流动负债的比率反映企业短期债务的偿还能力，指标越高，说明短期债务偿还能力越强。N_1、N_2 与流动负债比率的计算公式为：

$$N_1 与流动负债的比率=N_1÷流动负债 \qquad N_2 与流动负债的比率=N_2÷流动负债$$

对债权人来说，目标企业 N_1、N_2 与流动负债的比率越高，说明目标企业偿债的能力越强，因此，从债权人角度来看，该比率越高越好。

对企业管理者来说，N_1、N_2 与流动负债的比率不宜过高。货币资金是企业资产中获利能力最差的，将资金过多地保留在货币资金形式，将使企业失去很多的获利机会，从而降低获利能力。

📟💻 任务实施

根据任务要求对 AJHXJL 公司的资金存量状况进行可视化分析。

【子任务 1】对集团资金存量 N_1 进行可视化分析。

步骤一：新建可视化，选择数据集"集团资金存量分析表"，单击"确定"按钮，如图 9-1-1 所示。将可视化命名为"集团资金存量分析"。

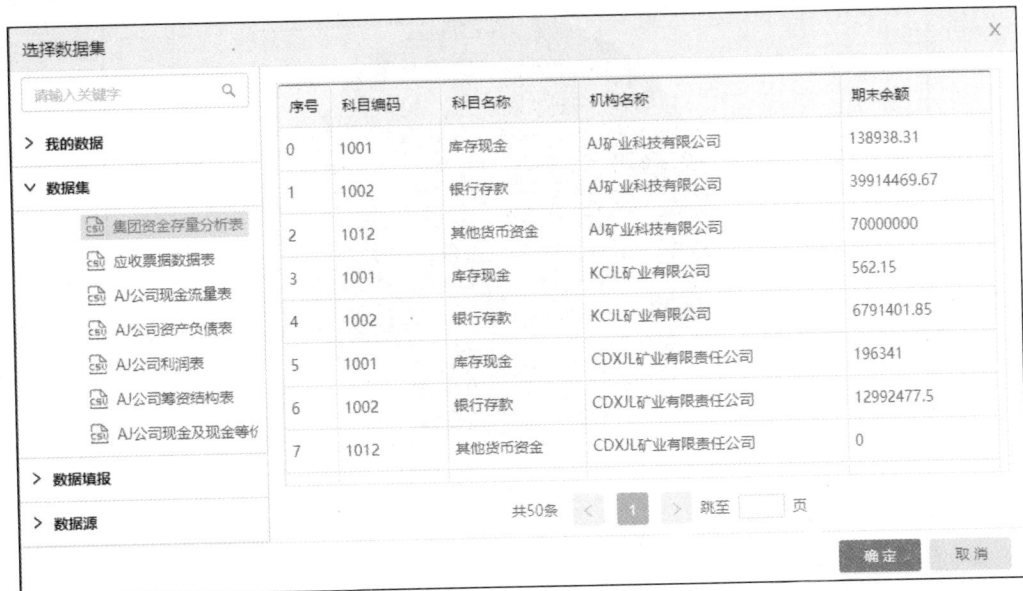

图 9-1-1 选择数据集

步骤二："维度"为空（不需要任何维度），将左侧"指标"中的"期末余额"拖至右侧"指标"处。在"图形"中选择指标卡。

步骤三：单击"求和（期末余额）"指标旁的倒三角按钮，从弹出的下拉菜单中选择"数据格式"，打开"数据显示格式"对话框。将"缩放率"设置为"100000000"，"后导符"设置为"亿元"，"千分位"设置为"启用"，"小数位"设置为"2"，单击"确定"按钮，如图 9-1-2 所示。完成集团资金存量 N_1 指标卡的制作，如图 9-1-3 所示。

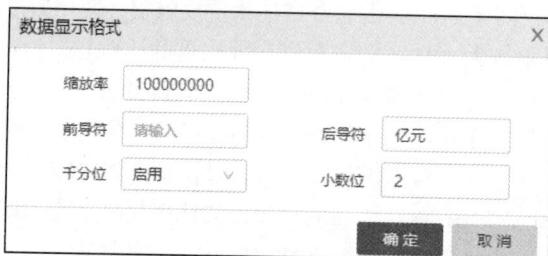

图 9-1-2　设置数据显示格式

图 9-1-3　集团资金存量指标卡

【**子任务 2**】对集团资金中各项资金的构成进行可视化分析。

步骤一：新建可视化，选择数据集"集团资金存量分析表"，将可视化命名为"集团资金构成分析"。

步骤二：将左侧"维度"中的"科目名称"拖至右侧"维度"处，将左侧"指标"中的"期末余额"拖至右侧"指标"处。在"图形"中选择饼图。

步骤三：单击"求和（期末余额）"指标旁的倒三角按钮，从弹出的下拉菜单中选择"数据格式"，打开"数据显示格式"对话框。将"缩放率"设置为"100000000"，"后导符"设置为"亿元"，"千分位"设置为"启用"，"小数位"设置为"2"，单击"确定"按钮。完成集团资金构成分析饼图的制作，如图 9-1-4 所示。

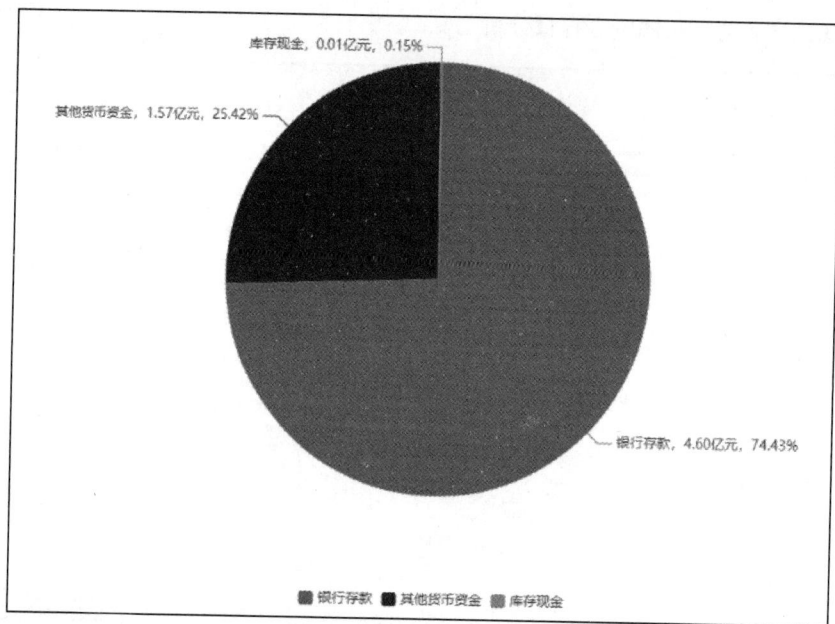

图 9-1-4　集团资金构成分析饼图

由图 9-1-4 可知，集团资金构成中，占比最大的是银行存款，占 74.43%；占比最小的是库存现金，仅占 0.15%。

【子任务 3】对集团应收票据金额进行可视化分析。

步骤一：新建可视化，选择数据集"应收票据数据表"，将可视化命名为"集团应收票据金额分析"。

步骤二："维度"为空（不需要任何维度），将左侧"指标"中的"期末余额"拖至右侧"指标"处。在"图形"中选择指标卡。

步骤三：单击"求和（期末余额）"指标旁的倒三角按钮，从弹出的下拉菜单中选择"数据格式"，打开"数据显示格式"对话框。将"缩放率"设置为"100000000"，"后导符"设置为"亿元"，"千分位"设置为"启用"，"小数位"设置为"2"，单击"确定"按钮。完成集团应收票据金额指标卡的制作，如图 9-1-5 所示。

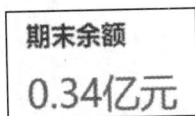

期末余额

0.34亿元

图 9-1-5 集团应收票据金额指标卡

【子任务 4】对资金结构进行可视化分析。

步骤一：新建可视化，选择数据集"AJ公司现金及现金等价物明细表"，将可视化命名为"AJ公司资金结构分析"。

步骤二："维度"为空，将左侧"指标"中的"现金""银行存款""应收票据""其他货币资金"拖至右侧"指标"处。在"图形"中选择饼图。

步骤三：打开"过滤"，单击"设置"按钮，在弹出的"添加过滤条件"对话框中选择"年_日期""等于""2023"，"月_日期""等于""09"，单击"确定"按钮，如图 9-1-6 所示。

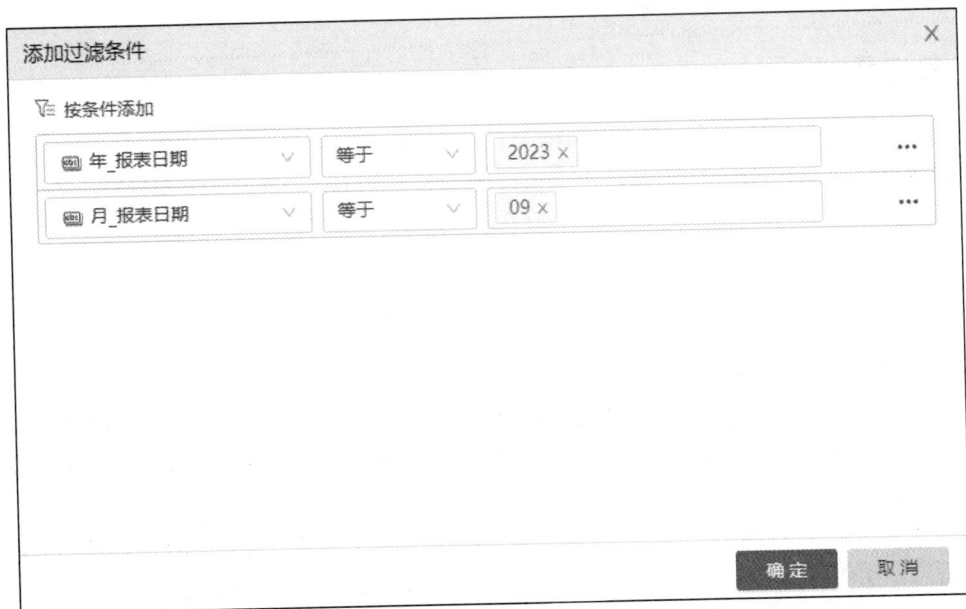

图 9-1-6 添加过滤条件

步骤四：单击"求和（现金）"指标旁的倒三角按钮，从弹出的下拉菜单中选择"数据格式"，打开"数据显示格式"对话框。将"缩放率"设置为"100000000"，"千分位"设置为"启用"，"小数位"设置为"2"，单击"确定"按钮。完成资金结构分析饼图的制作，如图 9-1-7 所示。

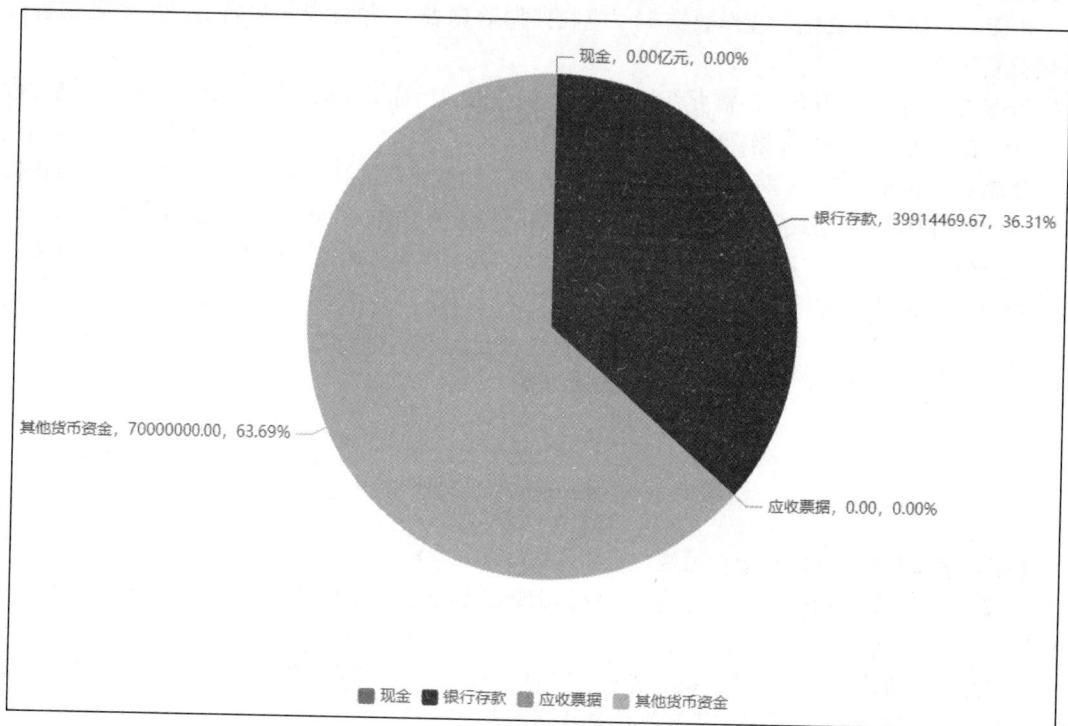

图 9-1-7　资金结构分析饼图

任务二　资金来源分析

任务场景

作为财务数据分析师，请从资金来源维度对企业资金进行数据分析，完成下面的任务。

任务要求：对 AJHXJL 公司 2023 年 9 月的现金流量构成、三大活动流量净额趋势、销售获现比、盈利现金比进行可视化分析。

任务准备

一、资金来源分析概述

从现金流量表来看，资金来源分为经营活动产生的现金流量、投资活动产生的现金流量、筹资活动产生的现金流量 3 部分。分析现金流量及其结构，可以了解企业现金的来龙去脉和现金收支情况，其作用主要有以下 4 个方面。

（1）评价企业的经营情况。资金来源分析能够帮助企业管理者了解企业在会计期间的经营、投资、筹资活动的现金流入、流出的情况，分析判断企业的运营情况，可以帮助管理者做出更科学的决策，特别是短期内如何管理企业现金的决策。

（2）评估企业的支付能力。通过对现金来源的分析，可以直观看出企业日常活动支付资金的主要来源。

（3）揭示企业的投资风险和融资能力。分析投资活动的现金流可以对企业的投资行为进行评价，以作为企业管理者未来投资的参考。分析筹资活动的现金流可以揭示企业的融资能力、偿债能力等，进而对企业的债务水平进行分析。

（4）揭示企业创造现金的能力。对资金来源进行分析，可以对企业创造现金的能力做出一定的评价，并且可以对企业未来获取资金的能力做出预测。

二、资金来源分析方法

1. 销售现金流量分析指标

（1）销售现金比率。销售现金比率是指经营活动产生的现金净流量和营业收入的比率。其计算公式为：

$$销售现金比率=经营活动产生的现金净流量÷营业收入$$

销售现金比率可以反映企业在会计期间每实现1元营业收入能获得多少经营性现金净流入。该指标若大于销售净利率，则表明企业收入质量好，资金利用效果好。

（2）销售获现比率。销售获现比率是销售商品、提供劳务收到的现金和营业收入的比率。其计算公式为：

$$销售获现比率=销售商品、提供劳务收到的现金÷营业收入$$

销售获现比率可以反映企业通过销售获取现金的能力。销售获现比率高，反映出企业的销售形势可能较好，有合理的信用政策，能及时收回货款，运营效率较高。

（3）盈利现金比率。盈利现金比率是指经营活动产生的现金流量净额和净利润的比率。其计算公式为：

$$盈利现金比率=经营活动产生的现金流量净额÷净利润$$

盈利现金比率可以反映企业在会计期间每实现1元净利润能获得多少经营性现金净流入。一般情况下，该指标越大，表明企业的盈利能力越强；若该指标小于1，则表明净利润中存在没有实现的现金收入，即使企业是盈利的，也可能发生现金短缺的情况，给企业的资金流形成一定压力。

2. 现金流量趋势分析

现金流量趋势分析是指根据连续几期现金流量表中的经营活动、投资活动和筹资活动的现金流量特征，比较、分析、确定各项现金流量的变化趋势和变化规律，并对未来的总体发展做出预测。分析现金流量趋势时，可选用数年的现金流量表作为资料，一般选取 3~5 年的现金流量表。分析现金流量变动，可以预测企业生产经营过程中产生的风险，对企业经营者做出预警。

知识链接

企业发展周期与现金分析

3. 企业发展周期对现金的需求分析

分析一家企业的经营情况，还需要考虑企业处于什么样的发展阶段。企业处于不同的发展阶段，对资金的需求是不同的。

任务实施

根据任务要求，从现金流量构成、三大活动流量净额趋势、销售获现比、盈利现金比全面、深入地了解公司资金来源状况，为经营决策提供数据支撑。

【子任务 1】对公司的现金流量构成进行可视化分析。

步骤一：新建可视化，选择数据集"AJ 公司现金流量表"，将可视化命名为"现金流量构成分析"。

步骤二：将左侧"维度"中的"年_日期""月_日期"拖至右侧"维度"处，将左侧"指标"中的"经营活动产生的现金流量净额""投资活动产生的现金流量净额""筹资活动产生的现金流量净额"拖至右侧"指标"处。在"图形"中选择表格。

步骤三：打开"过滤"，单击"设置"按钮，在弹出的对话框中选择"年_日期""等于""2023"，"月_日期""等于""09"，单击"确定"按钮，如图 9-2-1 所示。

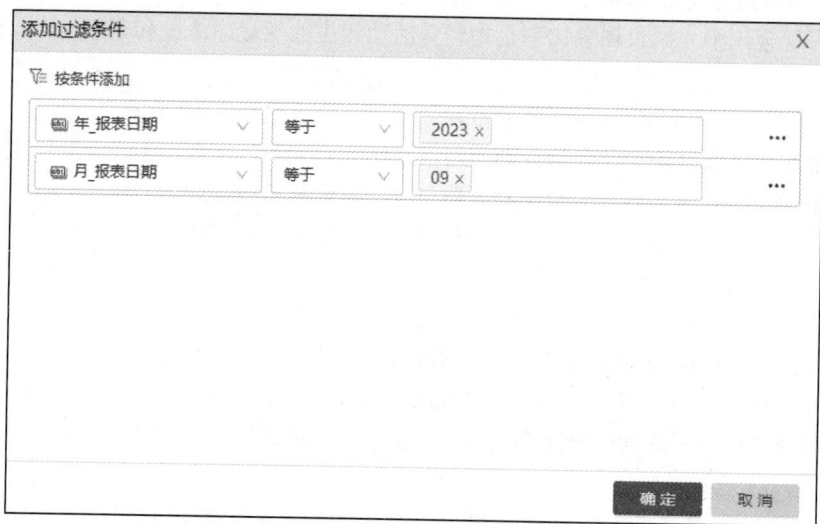

图 9-2-1　设置过滤条件

步骤四：打开"显示设置"，取消勾选"显示行合计"，单击"批量设置数据格式"按钮，在弹出的"数据显示格式"对话框中，将"缩放率"设置为"100000000"，"后导符"设置为"亿元"，"千分位"设置为"启用"，"小数位"设置为"2"，单击"确定"按钮，如图 9-2-2 所示。完成现金流量构成表格的制作，如图 9-2-3 所示。

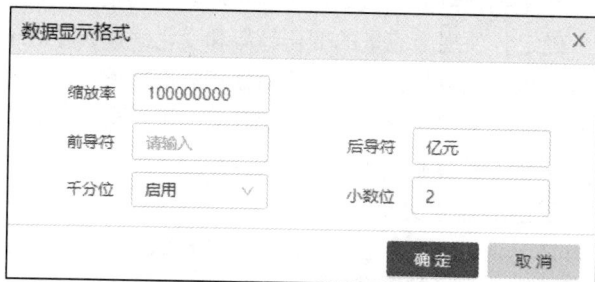

图 9-2-2　设置数据显示格式

年_报表日期 ⇅	月_报表日期 ⇅	经营活动产生的现金流量净额 ⇅ ⊙	投资活动产生的现金流量净额 ⇅ ⊙	筹资活动产生的现金流量净额 ⇅ ⊙
2023	09	-0.04亿元	0.02亿元	0.03亿元

图 9-2-3　现金流量构成表格

【子任务2】对公司的三大活动流量净额趋势进行可视化分析。

步骤一：新建可视化，选择"AJ公司现金流量表"，将可视化命名为"三大活动流量净额趋势"。

步骤二：将左侧"维度"中的"年_日期"拖至右侧"维度"处，将左侧"指标"中的"经营活动产生的现金流量净额""投资活动产生的现金流量净额""筹资活动产生的现金流量净额"拖至右侧"指标"处。在"图形"中选择折线图。

步骤三：单击"年_日期"维度旁的倒三角按钮，从弹出的下拉菜单中选择"升序"→"年_日期"，如图9-2-4所示。

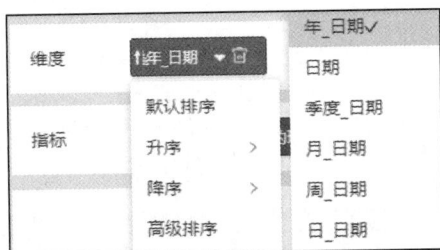

图 9-2-4 进行排序设置

步骤四：打开"显示设置"，单击"批量设置数据格式"按钮，在弹出的"数据显示格式"对话框中，将"缩放率"设置为"100000000"，"千分位"设置为"启用"，"小数位"设置为"2"，单击"确定"按钮。

步骤五：在"维度轴设置"中设置"标题"为"年度"，在"数值轴设置"中设置"标题"为"金额"，设置"单位"为"亿元"，如图9-2-5所示。完成三大活动流量净额趋势图的制作，结果如图9-2-6所示。

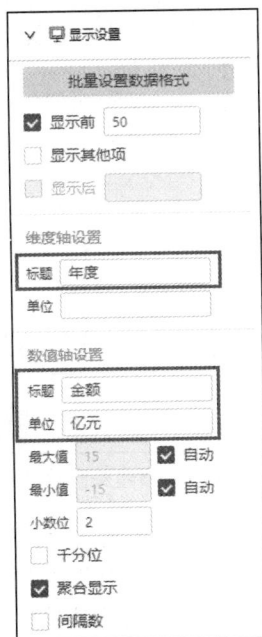

图 9-2-5 设置维度轴与数值轴

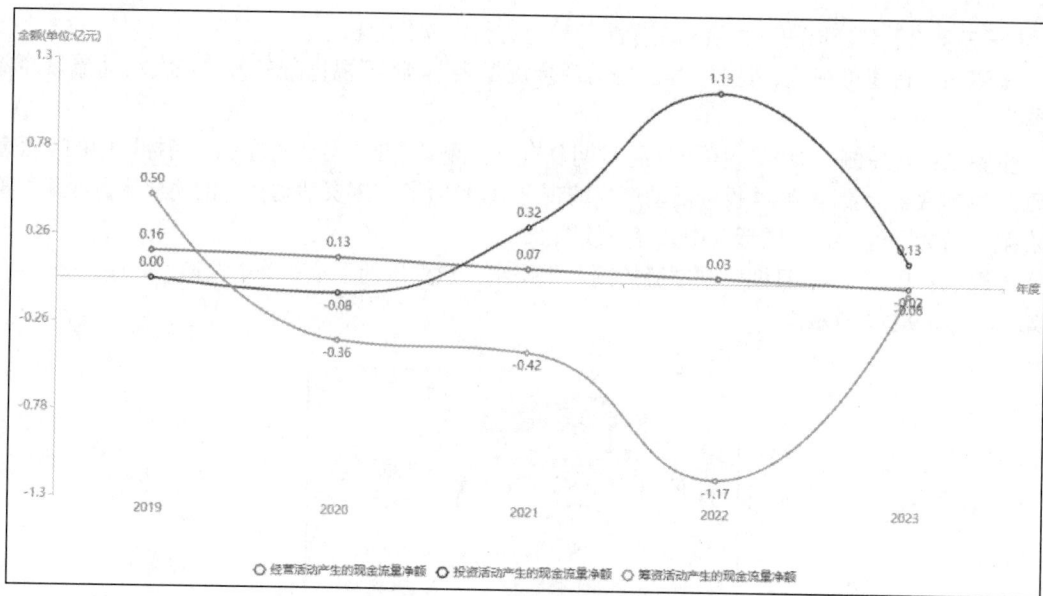

图 9-2-6　三大活动流量净额趋势图

由图 9-2-6 可看出，企业经营活动产生的现金流量净额较为稳定，投资活动、筹资活动产生的现金流量净额在 2021—2023 年波动较大。

【子任务 3】对公司的销售获现比进行分析。

步骤一：单击"数据准备"中的"新建"按钮，在打开的对话框中设置"选择数据集类型"为"关联数据集"，将数据集命名为"利润表与现金流量表数据集"，单击"确定"按钮，如图 9-2-7 所示。

图 9-2-7　新建关联数据集

步骤二：将"AJ 公司利润表"和"AJ 公司现金流量表"拖至"利润表与现金流量表数据集"中，两表的唯一约束字段是"报表日期""日期"，因此将"报表日期""日期"作为两表的关联条件；为显示满足关联条件的两表数据记录，选择"内连接"方式进行数据关联；单击"确定"按钮，如图 9-2-8 所示。

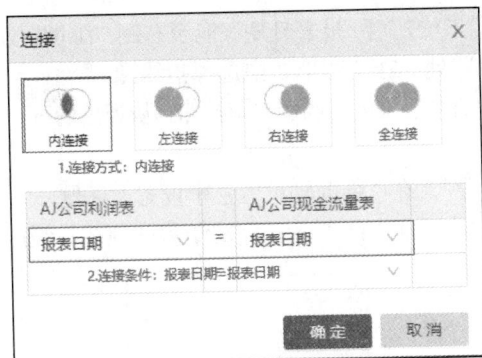

图 9-2-8 设置关联数据集

步骤三：单击"实时"按钮，在弹出的面板中选中"数据物化"单选按钮，单击"保存"按钮，如图 9-2-9 所示。之后单击"执行"按钮和"保存"按钮，完成操作。

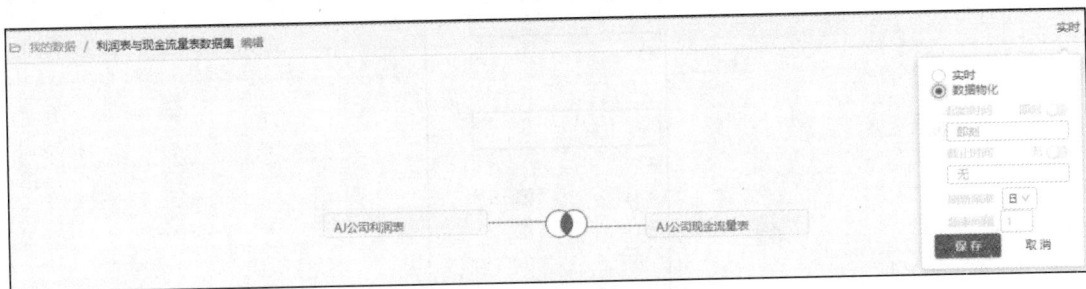

图 9-2-9 数据物化数据表

步骤四：新建可视化，选择数据集"利润表与现金流量表数据集"，将可视化命名为"销售获现比"。

步骤五：单击"指标"旁边的"+"按钮，从弹出的下拉菜单中选择"计算字段"，在打开的对话框中，设置"名称"为"销售获现比"，"字段类型"为"数字"，"表达式"为"sum(销售商品提供劳务收到的现金)/sum(营业收入)"，单击"确定"按钮，完成指标的创建，如图 9-2-10所示。

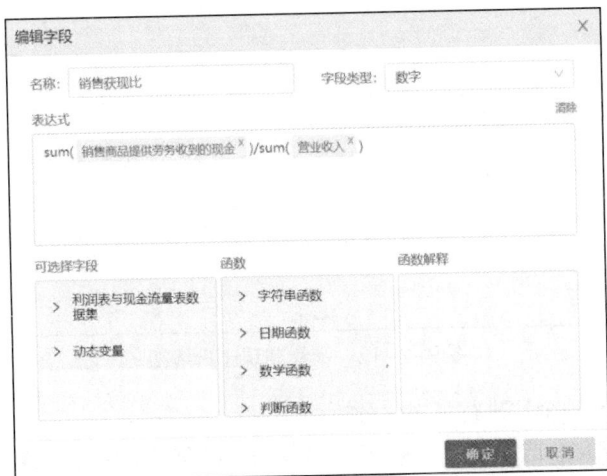

图 9-2-10 创建"销售获现比"指标

步骤六：将左侧"维度"中的"年_报表日期"拖至右侧"维度"处，将左侧"指标"中的"销售获现比"拖至右侧"指标"处。在"图形"中选择折线图。

步骤七：单击"年_报表日期"维度旁的倒三角按钮，从弹出的下拉菜单中选择"升序"→"年_报表日期"。

步骤八：打开"显示设置"，在"维度轴设置"中设置"标题"为"年份"，在"数值轴设置"中设置"标题"为"比率"，如图 9-2-11 所示。完成销售获现比折线图的制作，如图 9-2-12 所示。

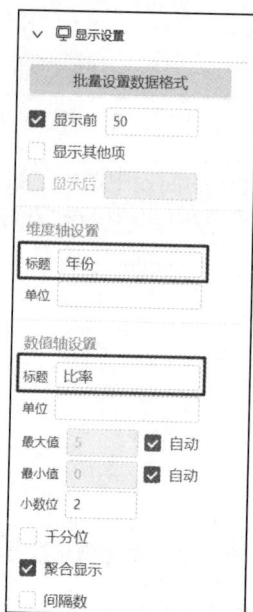

图 9-2-11　设置维度轴与数值轴

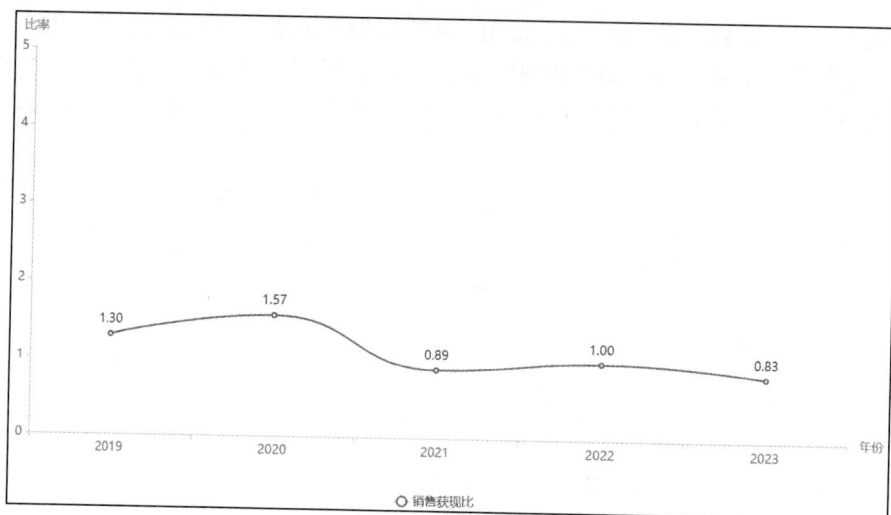

图 9-2-12　销售获现比折线图

【**子任务 4**】对盈利现金比进行可视化分析。

步骤一：新建可视化，选择"利润表与现金流量表数据集"，单击"确定"按钮。将可视化命名为"盈利现金比"。

步骤二： 由于"盈利现金比"指标并不在"利润表与现金流量表数据集"的字段中，需要新建计算指标。单击"指标"旁边的"+"按钮，从弹出的下拉菜单中选择"计算字段"，在打开的对话框中设置"名称"为"盈利现金比"，"字段类型"为"数字"，"表达式"为"sum(经营活动产生的现金流量净额)/sum(净利润)"，单击"确定"按钮，如图 9-2-13 所示。

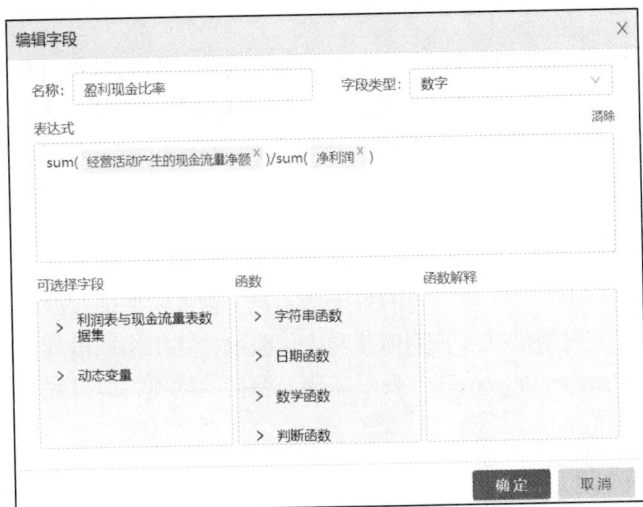

图 9-2-13　新建"盈利现金比"指标

步骤三： 将左侧"维度"中的"年_报表日期"拖至右侧"维度"处，将左侧"指标"中的"盈利现金比"拖至右侧"指标"处。在"图形"中选择折线图。

步骤四： 单击"年_报表日期"维度旁的倒三角按钮，从弹出的下拉菜单中选择"升序"。

步骤五： 打开"显示设置"，在"维度轴设置"中设置"标题"为"年度"，在"数值轴设置"中设置"标题"为"比率"，单击"确定"按钮。完成盈利现金比折线图的制作，如图 9-2-14 所示。

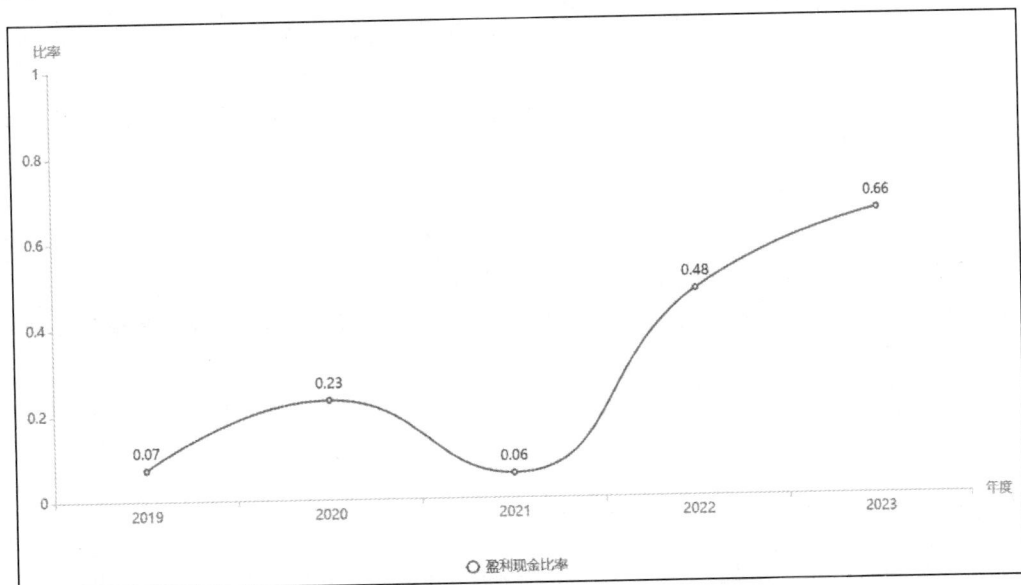

图 9-2-14　盈利现金比折线图

由图 9-2-14 可看出，企业的盈利现金比在 2021 年有所下降，后逐步上升。

任务三　债务预警分析

📎任务场景

作为财务数据分析师，请从债务预警分析维度对企业资金进行数据分析，完成下面的任务。

任务要求： 对 AJHXJL 公司本期的短期借款金额、未还款金额预警进行可视化分析。

📔任务准备

一、企业债务构成

企业在生产经营过程中，为了弥补自有资金的不足，常常需要通过融资来获取资金。对企业来说，债务的来源主要有短期借款、长期借款和应付账款，其中短期借款是企业短期资金不足而借入的款项，长期借款是出于企业战略性发展需要而筹措的款项，应付账款是企业为开展日常经营活动应支付的款项。

二、债务预警分析概述

债务预警分析是通过对债务风险的识别、评估和预测，及时发现潜在风险，采取有效措施进行防范和控制。除了短期及长期借款，企业还需要监控大额贷款的使用情况，形成监控机制。企业应设置相关的监控数据指标，并对资金使用有效性进行分析。

三、债务风险的应对策略

1. 短期应对策略

（1）优化债务结构。根据企业的实际经营情况和现金流情况，调整短期债务和长期债务的比例，以降低短期偿债压力。

（2）建立应急储备。企业应建立应急储备，以应对突发的债务危机，确保企业能够顺利渡过难关。

（3）积极与债权人沟通。企业应主动与债权人沟通，争取达成债务重组或延期偿债等协议，以缓解短期的偿债压力。

2. 中长期应对策略

（1）多元化融资渠道。开发不同的融资渠道来降低企业的偿债压力，如发行债券、股权融资等，以降低企业对单一融资渠道的依赖。

（2）控制投资规模和节奏。根据企业的实际情况和现金流情况，控制投资的规模和节奏，避免因过度扩张造成债务危机。

（3）提升经营效益。加强内部管理、提高生产效率来提升企业的经营效益，以降低债务风险。

💻任务实施

根据任务要求，从短期借款金额、未还款金额预警角度对债务状况进行可视化分析。

【子任务 1】对短期借款金额进行可视化分析。

步骤一： 新建可视化，选择"AJ 公司资产负债表"（见图 9-3-1），将可视化命名为"短期借款金额分析"。

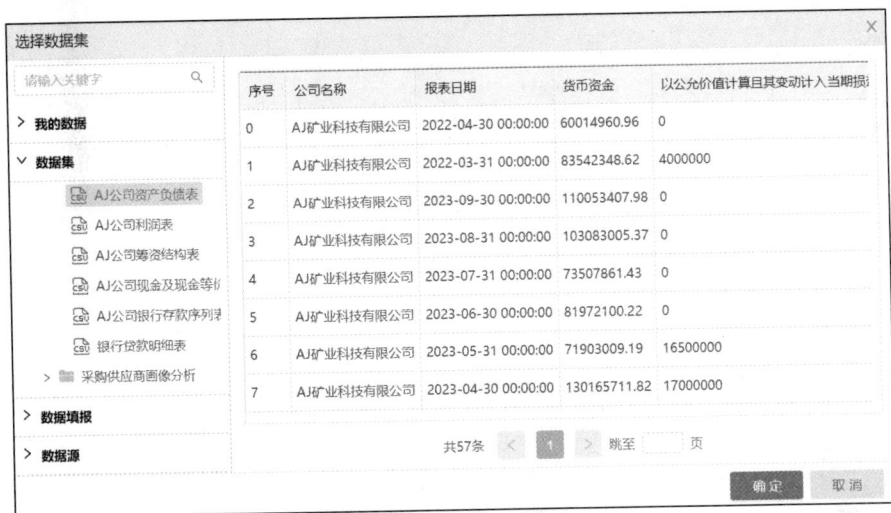

图 9-3-1　导入数据集

步骤二： 将左侧"维度"中的"月_报表日期"拖至右侧"维度"处，将左侧"指标"中的"短期借款"拖至右侧"指标"处。在"图形"中选择折线图。

步骤三： 单击"求和（短期借款）"指标旁的倒三角按钮，从弹出的下拉菜单中选择"数据格式"，打开"数据显示格式"对话框。将"缩放率"设置为"100000000"，"后导符"设置为"亿元"，"千分位"设置为"启用"，"小数位"设置为"2"，单击"确定"按钮，如图 9-3-2 所示。

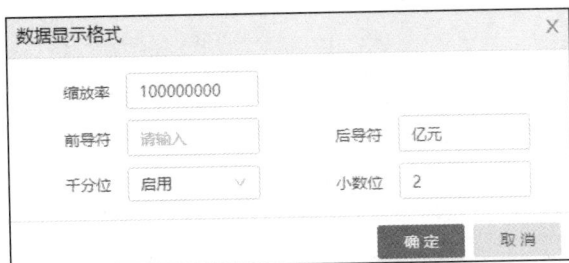

图 9-3-2　设置数据显示格式

步骤四： 打开"过滤"，单击"设置"按钮，在弹出的"添加过滤条件"对话框中选择"年_报表日期""等于""2023"，如图 9-3-3 所示。

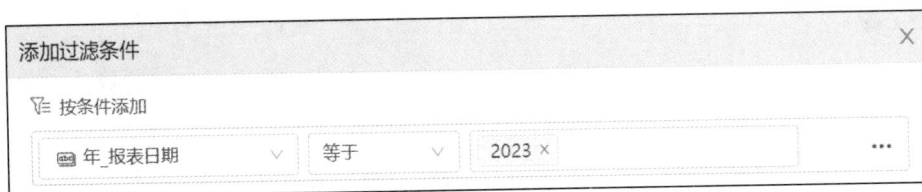

图 9-3-3　添加过滤条件

步骤五： 单击"月_报表日期"维度旁的倒三角按钮，从弹出的下拉菜单中选择"升序"。

步骤六：打开"显示设置"，在"维度轴设置"中设置"标题"为"月份"，在"数值轴设置"中设置"标题"为"金额"，"单位"设置为"亿元"，单击"确定"按钮。完成短期借款折线图的制作，如图 9-3-4 所示。

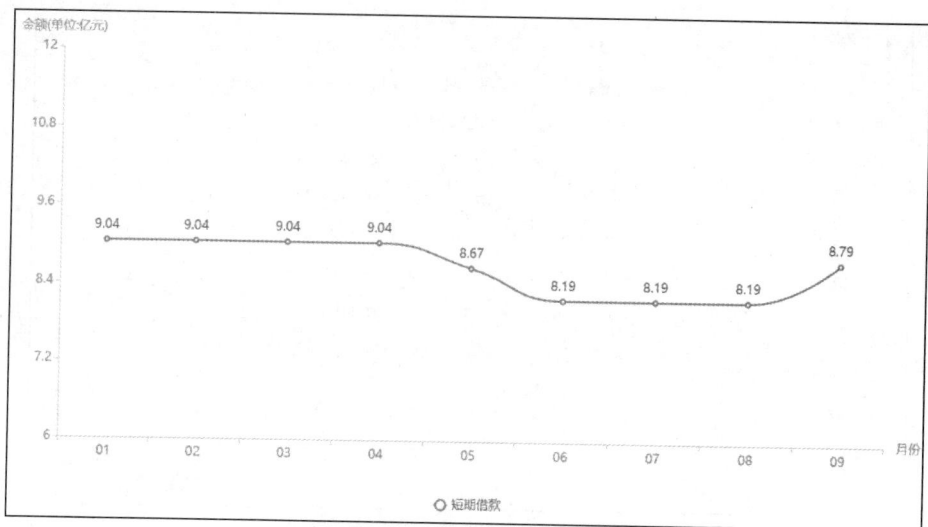

图 9-3-4　短期借款金额分析折线图

由图 9-3-4 可知，短期借款余额在 5—8 月有所下降，在 9 月明显上升。

【子任务 2】对未还款情况预警进行可视化分析。

步骤一：新建可视化，选择"银行贷款明细表"（见图 9-3-5），将可视化命名为"未还款情况预警"。

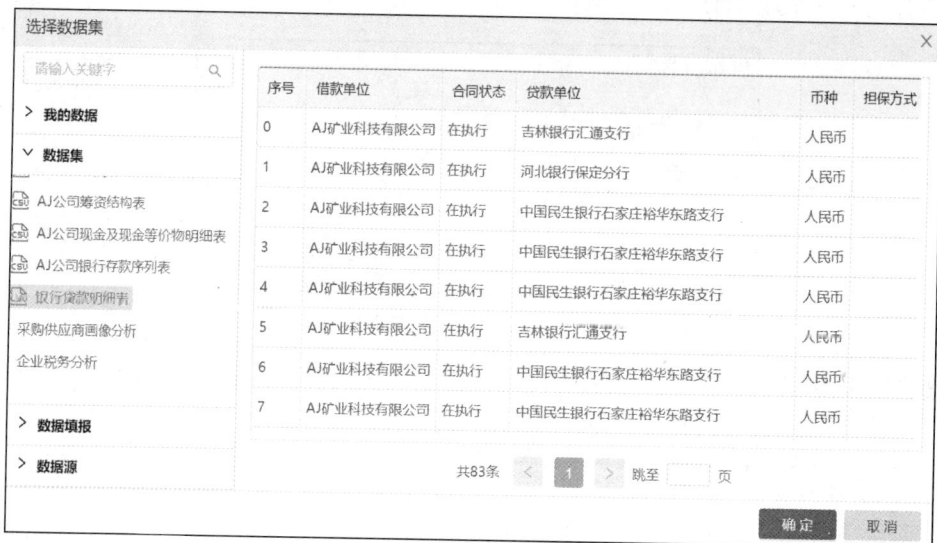

图 9-3-5　选择数据集

步骤二：单击"维度"旁边的"+"按钮，从弹出的下拉菜单中选择"层级"，如图 9-3-6 所示。在打开的对话框中设置"名称"为"贷款单位穿透"，将"钻取路径"下方的"贷款单位""结束日期"选中，移至右侧，单击"确定"按钮，如图 9-3-7 所示。

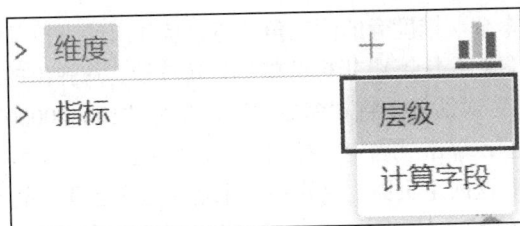

图 9-3-6 选择层级

图 9-3-7 设置钻取层级

步骤三：将左侧"维度"中的"贷款单位穿透"拖至右侧"维度"处，将左侧"指标"中的"未还本金"拖至右侧"指标"处。在"图形"中选择条形图。此时，选择可视化图形中任意一个指标，将会穿透到结束日期界面，如图 9-3-8 所示。

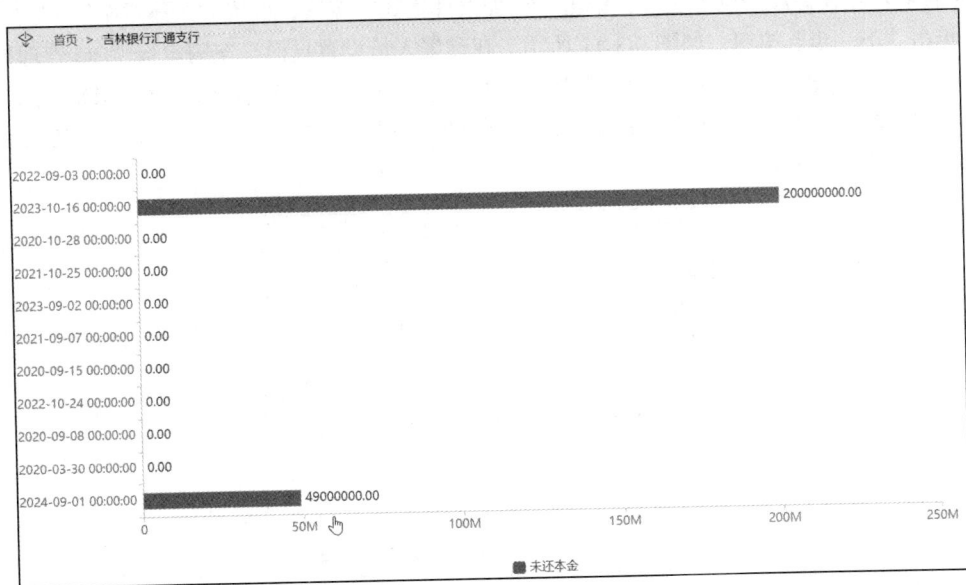

图 9-3-8 设置穿透显示图形

步骤四：单击"未还本金"维度旁的倒三角按钮，从弹出的下拉菜单中选择"升序"。

步骤五：单击"求和（未还本金）"指标旁的倒三角按钮，从弹出的下拉菜单中选择"数据格式"，打开"数据显示格式"对话框。将"缩放率"设置为"100000000"，"千分位"设置为"启用"，"小数位"设置为"2"，单击"确定"按钮。

步骤六：单击"首页"返回主页面，将指标"未还本金"拖至"预警线"下，如图 9-3-9 所示。在弹出的"设置指标预警"对话框中，"指标聚合方式"选择"求和"，"预警指标满足"选择"全部条件"，单击"下一步"按钮，如图 9-3-10 所示。

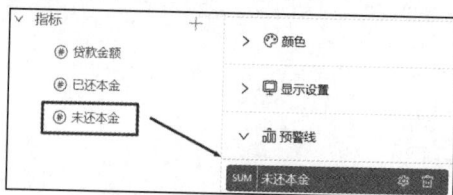

图 9-3-9 设置预警线

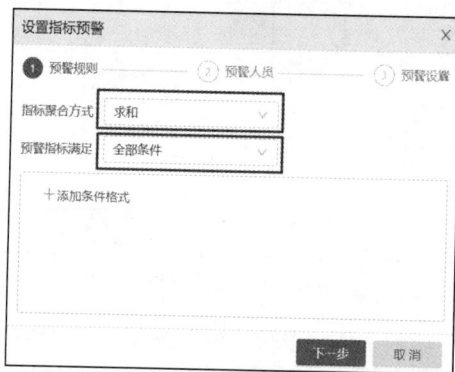

图 9-3-10 设置指标预警

步骤七：在预警规则设置页面，单击"添加条件格式"按钮，设置"未还本金""大于等于""1"，单击"下一步"按钮，如图 9-3-11 所示。在预警人员设置页面，左侧勾选"BQ 管理员"并将其移至右侧，单击"下一步"按钮，如图 9-3-12 所示。在预警设置页面，"预警级别"选择"重要"，"预警线颜色"设置为红色，单击"确认"按钮，如图 9-3-13 所示。完成未还款情况预警图的制作，如图 9-3-14 所示。

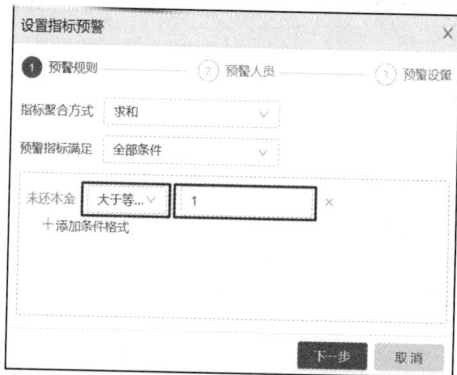

图 9-3-11 设置预警规则

图 9-3-12 设置预警人员

图 9-3-13 预警设置

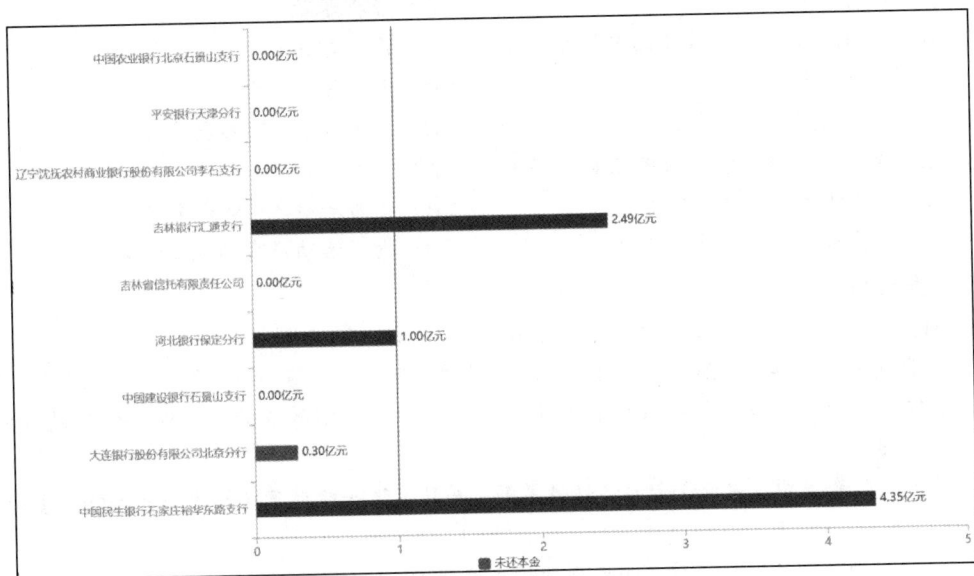

图 9-3-14 未还款情况预警图

项目小结

通过本项目的学习，读者可掌握企业资金的存量和来源分析方法，学会识别财务风险，进行债务预警，并进行可视化的呈现。企业资金分析与预测能够为管理层提供决策依据，帮助企业合理规划资金使用，识别潜在的财务风险，优化资源配置，提升企业竞争力。

项目测试

一、单项选择题

1. 以下哪项是企业的受限资金？（　　　）

   A. 应付票据   B. 银行承兑汇票保证金

   C. 美元存款   D. 持有至到期投资

2. 企业采用（　　）方式筹集资金能够降低财务风险，但是往往资金成本较高。

  A. 发行债券   B. 发行股票   C. 银行借款   D. 商业信用

3. 以下哪项不是现金等价物的特点？（　　）

  A. 期限短   B. 流动性强   C. 价值变动风险大 D. 易于转换

4. 销售获现比率的公式为（　　）。

  A. 营业收入÷经营活动现金净流量

  B. 经营活动现金净流量÷营业成本

  C. 营业收入÷库存现金

  D. 销售商品、提供劳务收到的现金÷营业收入

二、多项选择题

1. 以下哪项可以作为企业的现金及现金等价物？（　　）

  A. 10 年期国库券   B. 银行 30 天到期理财

  C. 活期存款   D. 应收账款

2. 评价企业货币资金存量及比重是否合适时应考虑的因素有（　　）。

  A. 行业特点   B. 企业融资能力

  C. 资产规模与业务量   D. 货币资金的目标持有量

3. 从现金流量表看，资金来源主要有哪 3 个部分？（　　）

  A. 筹资活动产生的现金流量   B. 交易活动产生的现金流量

  C. 经营活动产生的现金流量   D. 投资活动产生的现金流量

三、判断题

1. 对经营者而言，企业货币资金存量越高越好。（　　）

2. 企业发展进入成熟期后，经营活动实现大量现金回笼，为增加市场份额，借款人仍需追加投资，仅靠经营活动现金流量净额可能无法满足投资需求，需筹集必要的外部资金进行补充。（　　）

3. 在流动性资产中，货币资金的流动性最强，并且是唯一能够直接转化为其他任何资产形态的流动性资产。（　　）

4. 经营活动产生的现金流量是企业现金的主要来源。（　　）

四、任务实战

1. 在了解集团资金存量的基础上，进一步分析母公司其他货币资金的明细。请用"AJHXJL 其他货币资金构成.xlsx"数据表，对母公司其他货币资金的明细进行可视化分析。

2. 对 AJHXJL 公司的现金流出进行分析。请用"现金流量表-AJHXJL.xlsx"数据表，对 AJHXJL 公司的现金流出进行可视化分析。

模块三

大数据背景下的财务分析报告

会计人员职业道德规范之【坚持学习，守正创新】

始终秉持专业精神，勤于学习、锐意进取，持续提升会计专业能力。不断适应新形势新要求，与时俱进、开拓创新，努力推动会计事业高质量发展。

撰写财务分析报告

项目导读

增强法治观念，坚持诚实守信

财务分析报告是向财务报告使用者提供的与企业财务状况、经营成果和现金流量等有关的会计信息，帮助财务报告使用者做出经营决策。上市公司的财务报告会直接影响投资者的决策行为。财务工作者编制财务报告时应当增强法治观念，遵守国家法律法规和会计准则，为财务报告使用者提供真实、准确的信息。诚信是经济社会健康发展的重要保障，是中华民族的传统美德。作为财务工作者，我们要大力弘扬诚信文化，遵守诚信为本、不做假账的职业道德。

学习目标

知识目标

1. 了解财务分析报告的作用和分类；
2. 了解财务分析报告的撰写要求。

技能目标

能够借助大数据分析工具撰写财务分析报告。

素养目标

1. 培养发现问题、洞察问题、解决问题的能力；
2. 具备严谨细致、一丝不苟的职业态度。

任务　财务分析报告认识与实践

任务场景

上海复星医药（集团）股份有限公司（以下简称"复星医药"）秉持"持续创新、乐享健康"的经营理念，持续推进创新转型。为方便管理层了解公司的财务状况，财务部需要提供一份财务分析报告。

任务要求：撰写复星医药财务分析报告，主要包括公司 2019—2023 年的偿债能力、营运能力、盈利能力和发展能力指标分析。

任务准备

一、认识财务分析报告

财务分析报告是反映企业财务状况和经营成果的报告性书面文件。撰写财务分析报告是财务数据分析工作的重要环节。财务数据分析师应及时向财务报告使用者提供财务分析评价结果，以便他们了解企业的财务状况、经营成果、发展前景以及存在的问题，从而做出科学、合理的决策。财务分析报告是财务数据分析师工作的最终成果，其撰写质量的高低直接反映财务数据分析师的业务能力和素质。

（一）财务分析报告的作用

财务分析报告的作用包括：有利于掌握企业的财务状况、经营成果及现金流量状况；有利于制定出符合客观经济规律的财务预算计划；有利于改善企业经营管理工作，提高财务管理水平。

（二）财务分析报告的分类

（1）财务分析报告按分析内容范围可分为综合分析报告、专题分析报务和简要分析报告。综合分析报告又称全面分析报告，是对公司整体运营及财务状况进行分析评价。专题分析报告是对某一时期公司经营管理中的某些关键问题、重大经济事项或薄弱环节等进行专门分析后形成的书面报告。简要分析报告是在一定时期内，对存在的问题或比较突出的问题进行概要分析，进而对企业财务活动的发展趋势以及经营管理的改善情况进行判断而形成的书面报告。

（2）财务分析报告按分析时间可分为定期分析报告和不定期分析报告。定期分析报告一般是由上级主管部门或企业内部规定的每隔一段时间应予以编制和上报的财务分析报告，如每半年、每年末编制的综合财务分析报告就属于定期分析报告。不定期分析报告一般是从分析主体的实际出发，不规定编制时间，根据实际需要不定期编制的财务分析报告，如专题报告就属于不定期报告。

二、财务分析报告撰写要求

财务分析报告主要包括提要段、说明段、分析段、评价段和建议段5个部分。在实际撰写时，要根据具体的目的和要求有所取舍，不一定要囊括这5个部分。

第一部分是提要段，对公司综合情况进行说明，让财务分析报告接收者对报告有一个总体的认识。

第二部分是说明段，主要是对公司的运营及财务现状进行介绍。该部分要求文字表述恰当、数据引用准确。对经济指标进行说明时可适当运用绝对数、比较数及复核指标数。要特别关注公司当前运营上的重心，对重要事项进行单独反映。公司在不同阶段、不同月份的工作重点有所不同，所需要的财务分析重点也不同。例如，公司正进行新产品的投产、市场开发，则需要对新产品的成本、回款、利润数据进行分析。

第三部分是分析段，主要是对公司的经营情况进行分析研究。在说明问题的同时还要分析问题，寻找问题的原因，以达到解决问题的目的。财务分析一定要有理有据，要细致分解各项指标，要善于运用图表突出呈现分析的内容。分析问题时一定要抓住当前要点，多反映公司经营焦点和易于忽视的问题。

第四部分是评价段。进行财务说明和分析后，应该从财务角度对公司经营情况、财务状况、盈利业绩给予公正、客观的评价和预测。财务评价不能运用似是而非、可进可退、左右摇摆、不负责任的语言，评价要从正面和负面两方面进行。评价可以单独分段，也可以穿插在说明段和分析段中。

第五部分是建议段，即财务人员在对经营、投资决策进行分析后形成的意见和看法，特别是对运营过程中存在的问题所提出的改进建议。值得注意的是，财务分析报告提出的建议不能太抽象，要具体，最好有一套切实可行的方案。

为了最终得到一份高质量的财务分析报告，在撰写过程中应注意以下要求：

（1）财务分析报告应满足不同报告使用者的需要；

（2）财务分析报告中的数据必须真实可靠；

（3）财务分析报告的内容必须明晰；

（4）财务分析报告要体现重要性原则；

（5）财务分析报告必须及时提供给使用者。

任务实施

根据任务要求撰写复星医药的财务分析报告。

步骤一：介绍复星医药基本背景。

复星医药成立于1994年，是我国领先的医疗健康产业集团。复星医药主要从事药品研发与制造、医疗设备生产、医疗服务等。近年来，复星医药不断采取扩张的企业战略，力求实现资产和效益的扩大化。

步骤二：利用大数据技术，在 XBRL 教学网站采集复星医药 2019—2023 年资产负债表和利润表数据。进入新道代码编辑器，执行以下代码。

```
1   # 一、导入 Python 库文件
2   import requests
3   import re
4   import pandas as pd
5   import time
6   # 二、请输入报表名称
7   code = [("600196", "复星医药")]
8   year = ["2019", "2020","2021", "2022","2023"]
9   report_period_id = ["5000"]
10  url = ["https://ssecurity.seentao.com/debug/security/security.balancesheet.get",
11      "https://ssecurity.seentao.com/debug/security/security.incomestatement.get"]
12  name_dict = {"incomestatement": 利润表", "cashflow": "现金流量表", "balancesheet":
13  "资产负债表"}  # 报表名称
14  # 三、利用 for 循环采集数据，请复制左侧代码到下面代码编辑区域
15  try:
16      for one in url:
17          name = re.search('\/security\.(.*)\.get', one).group(1)
18          sheet_name = 'sz_' + name
19          data = pd.DataFrame()
20          for S_id in code:
21              stock_id = S_id[0]
22              for b in report_period_id:
```

```
23        try:
24            postdata = {"stockId": stock_id, "reporttype": b, "callType": "collection"}
25            json_data = requests.post(one, postdata).json()['result']
26            df = pd.DataFrame(json_data)
27            df = df[df['reportyear'].isin(year)]
28            data = pd.concat([data,df])
29        except Exception as e:
30            print(e)
31            continue
32  # 四、输入文件夹名称
33  name_file = pd.read_excel('数据采集/中英文对照表/中英指标对照.xlsx',
34  sheet_name=sheet_name)
35      name_dir = dict(zip(name_file['en'], name_file['ch']))
36      data.rename(columns=name_dir, inplace=True)
37      print(data)
38      end_data = data[name_file['ch']]
39  except Exception as e:
40      print('采集失败', e)
```

步骤三： 将下载的复星医药资产负债表和利润表保存在本地计算机中，如图 10-0-1 所示上传数据表，然后如图 10-0-2 所示建立关联数据集。

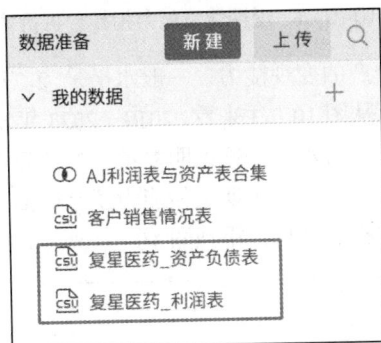

图 10-0-1　上传数据表

图 10-0-2　建立关联数据集

步骤四：进行短期偿债能力指标分析，得到图 10-0-3 所示的折线图。

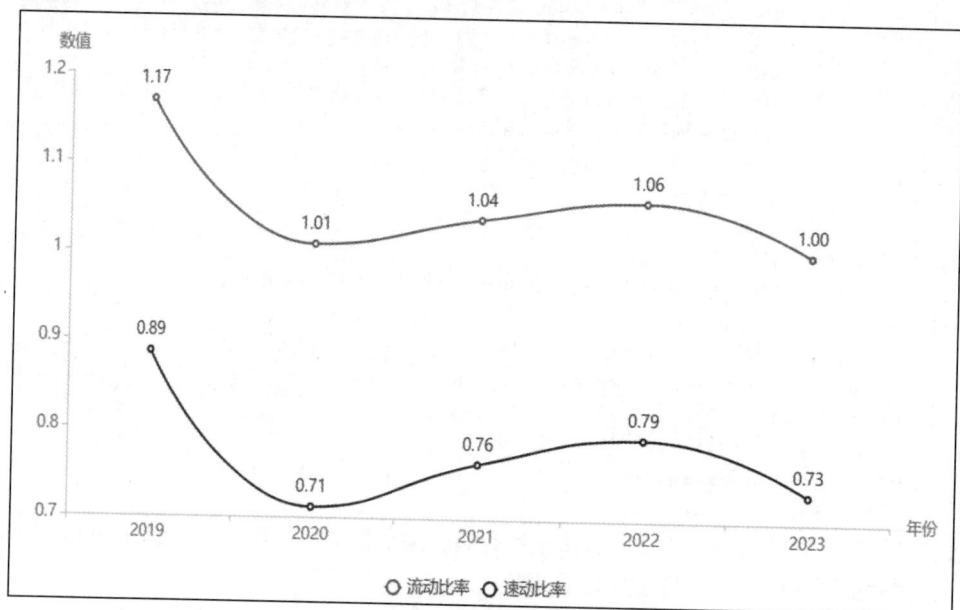

图 10-0-3　短期偿债能力指标分析折线图

　　流动比率反映短期内企业资产的变现能力，一般水平是 2。速动比率反映短期内企业偿还流动负债的能力，一般正常值是 1。从图 10-0-3 来看，2019—2023 年复星医药的平均流动比率是 1.06，平均速动比率约为 0.78，均低于正常水平。这说明复星医药的流动资产不足以覆盖流动负债，短期偿债能力较弱。总体来说，复星医药的短期偿债能力还有待提高。

　　步骤五：进行长期偿债能力指标分析，得到图 10-0-4 所示的长期偿债能力指标分析折线图。

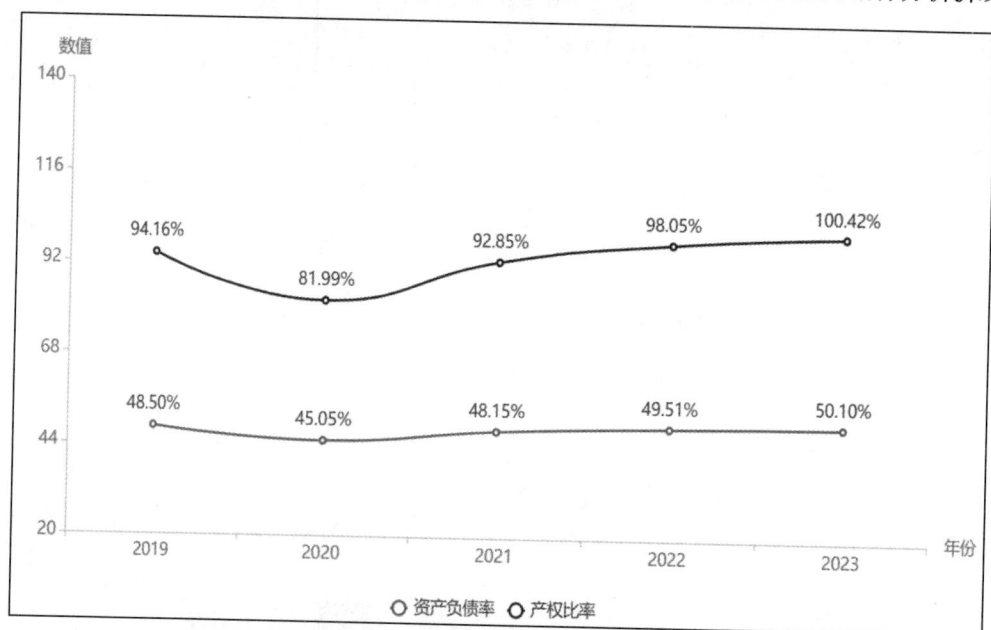

图 10-0-4　长期偿债能力指标分析折线图

企业的资产负债率反映了企业的整体资产负债结构，在40%~50%较为合理。从图10-0-4来看，复星医药2019—2023年的资产负债率一直控制在合理范围内，表明长期偿债能力有加强的趋势；产权比率数值保持在90%左右，说明负债方式筹资略低于权益筹资。

步骤六：进行营运能力指标分析，得到图10-0-5所示的营运能力指标分析折线图。

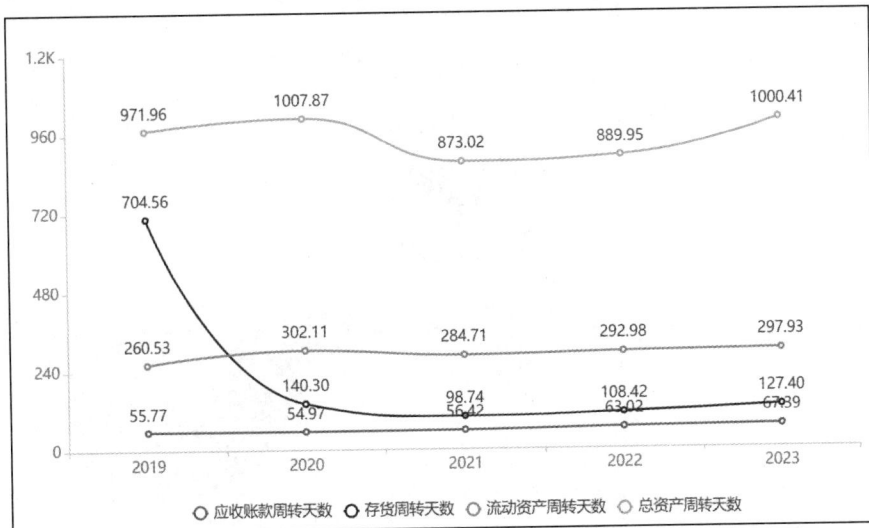

图 10-0-5　营运能力指标分析折线图

从图10-0-5中可以得出，2019—2023年复星医药的平均应收账款周转天数为59.51，平均存货周天数约为235.88，平均流动资产周转天数约为287.65，平均非流动资产周转天数为660.99，平均总资产周转天数约为948.64，平均应收账款周转天数较短，说明企业应收账款的营运能力较强，但复星医药对存货、流动资产、非流动资产、总资产的营运效率有待提高。总体来说，复星医药应收账款的周转能力值得肯定，但是其他方面有待加强。

步骤七：进行盈利能力指标分析，得到图10-0-6所示的盈利能力指标分析折线图。

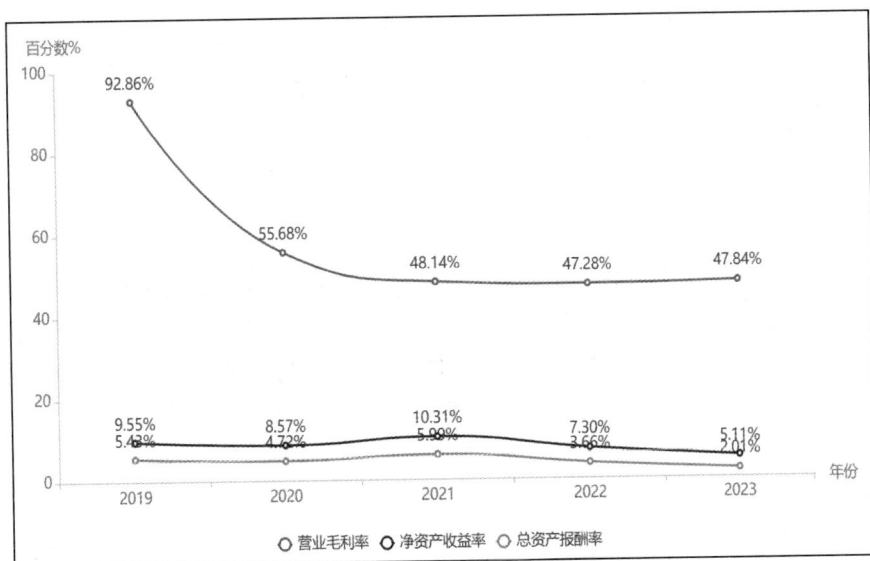

图 10-0-6　盈利能力指标分析折线图

从图 10-0-6 来看，复星医药的营业毛利率波动较大，由 2019 年的 92.86% 降到 2023 年的 47.84%。净资产收益率与总资产报酬率波动较小，但是其平均指标均在 10% 以下，说明复星医药的资产利用率不佳，资产的获利能力不强。

步骤八：进行发展能力指标分析，得到图 10-0-7 所示的发展能力指标分析折线图。

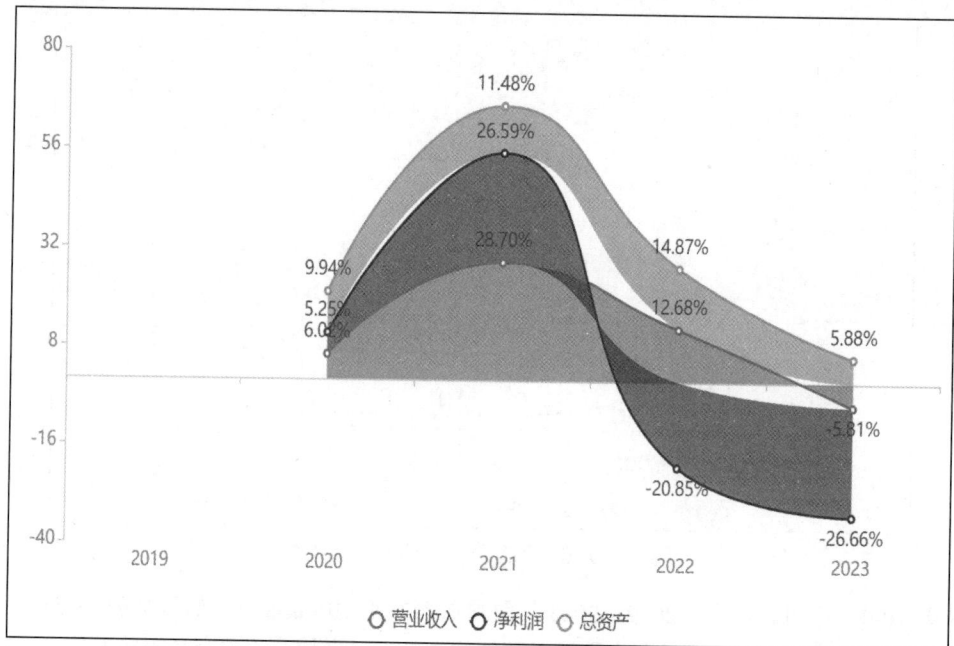

图 10-0-7　发展能力指标分析折线图

营业收入增长率是衡量企业成长能力的核心指标，表明企业主营业务收入的增长趋势和稳定程度。从图 10-0-7 来看，复兴医药 2020—2021 年的营业收入、净利润与总资产均呈上升趋势，2021—2023 年营业收入、净利润与总资产呈下降趋势，这提醒企业需要在投资方面更加谨慎，选择稳健的投入，避免企业利润震荡。

我国医药行业机遇与挑战并存，市场需求扩大，产业结构亟待升级。通过全面了解复星医药的偿债能力、营运能力、盈利能力、发展能力，可以评估公司当前的业绩及业绩的可持续性，为将来的经营决策提供依据。

项目小结

通过本项目的学习，我们对财务分析报告撰写有了深入的了解。财务分析报告通常采用结构分析和报表项目分析相结合的方式撰写。撰写财务分析报告，可以帮助我们了解企业的整体财务概况和变化趋势，分析企业的偿债能力、营运能力、盈利能力、发展能力及其变化趋势，评价企业的经营业绩，分析企业经营中存在的财务问题，为企业的经营决策提供依据。

项目测试

一、单项选择题

1.（　　）一般是上级主管部门或企业内部规定的每隔一段时间应予以编制和上报的财务分

析报告。

  A．定期分析报告 B．专题分析报告 C．简要分析报告 D．综合分析报告

  2．（ ）是对某一时期公司经营管理中的某些关键问题、重大经济事项或薄弱环节等进行专门分析后形成的书面报告。

  A．专题分析报告 B．定期分析报告 C．简要分析报告 D．综合分析报告

  3．进行财务分析的第一步是（ ）。

  A．分析会计政策变化   B．分析会计估计变化

  C．阅读会计报告   D．修正会计报表信息

二、多项选择题

1．财务分析报告按分析内容范围分为（ ）。

  A．专题分析报告 B．简要分析报告 C．综合分析报告 D．年度分析报告

2．财务分析报告的撰写要求包括（ ）。

  A．重点突出   B．语言简练   C．数据准确   D．报告及时

3．财务分析报告的结构应包括（ ）。

  A．标题   B．基本情况

  C．各项财务指标的完成情况   D．建议和要求

4．财务分析的主体包括（ ）。

  A．企业经营者 B．企业债权人 C．企业所有者 D．企业供应商和客户

5．宏观环境分析包括（ ）。

  A．经济周期分析 B．货币政策分析 C．财政政策分析 D．汇率分析

三、判断题

1．某公司本年与上年相比，营业收入增长 10%，营业净利润增长 8%，资产总额增加 12%，负债总额增加 9%。由此可以判断，该公司净资产收益率比上年下降了。（ ）

2．权益乘数的高低取决于企业的资金结构，资产负债率越高，权益乘数越高，财务风险越大。（ ）

3．财务分析的对象是企业的经营活动。（ ）

四、任务实战

  分析目标企业：辽宁成大股份有限公司，股票代码为 600739，企业简称为"辽宁成大"。

  分析企业背景：了解国家政策导向、行业发展特征，分析案例企业所处行业地位，找准对标企业，开展横向与纵向对比分析、财务能力分析，明确企业优势与劣势，预测企业未来发展前景。

  分析要求：采用用友分析云进行可视化图表设计，利用大数据技术开展数据采集、数据预处理，最终形成财务分析报告。

参考文献

[1] 高翠莲，安玉琴，陈强兵. 财务大数据分析[M]. 北京：高等教育出版社，2022.

[2] 张洪波. 财务大数据分析[M]. 北京：高等教育出版社，2022.

[3] 程淮中，王浩. 财务大数据分析[M]. 上海：立信会计出版社，2021.

[4] 孙义，牛力，黄菊英. 大数据财务分析[M]. 北京：中国财政经济出版社，2021.